高等院校"十二五"工商管理类课程系列规划教

U0681389

实用广告理论与方法

哈金芳 编著

Advertising

Theory &

Method

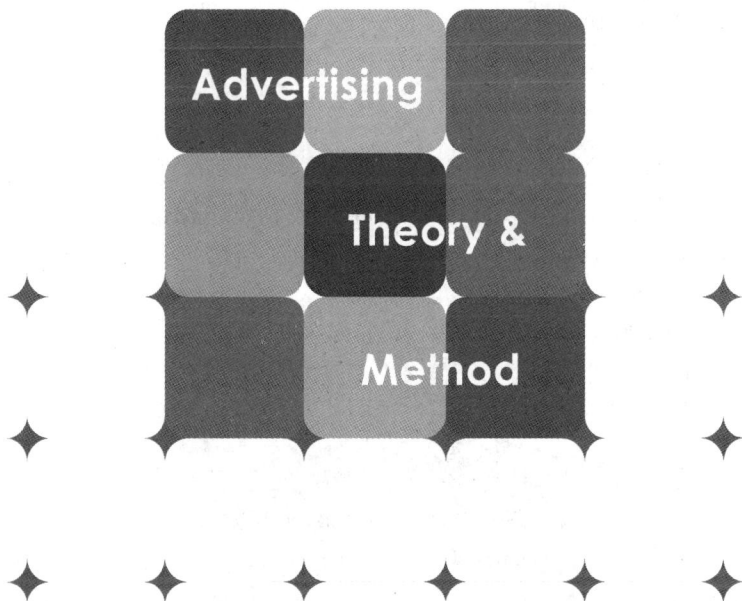

经济管理出版社
ECONOMY & MANAGEMENT PUBLISHING HOUSE

图书在版编目（CIP）数据

实用广告理论与方法/哈金芳编著. —北京：经济管理出版社，2015.3
ISBN 978-7-5096-3667-1

Ⅰ.①实… Ⅱ.①哈… Ⅲ.①广告学 Ⅳ.①F713.80

中国版本图书馆 CIP 数据核字（2015）第 055864 号

组稿编辑：王光艳
责任编辑：许 兵 张 荣
责任印制：黄章平
责任校对：超 凡

出版发行：经济管理出版社
　　　　　（北京市海淀区北蜂窝 8 号中雅大厦 A 座 11 层　100038）
网　　址：www. E-mp. com. cn
电　　话：(010) 51915602
印　　刷：三河市延风印装有限公司
经　　销：新华书店
开　　本：720mm×1000mm/16
印　　张：19
字　　数：319 千字
版　　次：2015 年 10 月第 1 版　2015 年 10 月第 1 次印刷
书　　号：ISBN 978-7-5096-3667-1
定　　价：58.00 元

前　言

　　广告作为一种社会经济现象已有几千年的历史，广告学发展成为一门独立学科也有一百多年了。20 世纪 80 年代，我国就开始正式引进广告学这门学科，90年代后，国内专家学者陆续开始了对广告学的理论研究工作，也相继出版了数量较多的关于广告学理论和实践方法的著作。但是，根据笔者从事广告学本科教学工作近 20 年的经历，一个很深的感触是，很难选到一本称心如意的教材。其主要原因是国内出版的大量广告学著作的理论体系还不够成熟，具体表现在：一是大篇幅地植入了市场营销学中的市场细分、市场定位、消费者行为研究、产品生命周期理论等内容，而无视广告管理环境等方面的重要问题。二是现有著作对一些基本理论和基本概念的表述还不统一。比如广告策划活动和广告创意活动的界定，商业广告和非商业广告的分类与界定，广告效果的事前、事中、事后各阶段测评方法的选择等。三是所涉及的广告监督管理的内容明显滞后于现实的法律环境。

　　本书自成体系，有独立、完整的广告学理论体系和实用的广告实务方法，并试图较好地弥补以上缺憾。本书也是笔者多年教学实践的积累和总结。

　　本书的主要用途及适用对象：可以作为高等院校相关专业本、专科生学习广告学基本理论和实务方法的教材或参考书；可以成为帮助企业管理者或从事相关工作的人士快速、系统地学习和掌握广告学基本理论及基本方法的指导书；可以作为对广告理论及广告实务方法与技巧有兴趣的人士的通俗读物。

　　本书主要特色：本书涵盖了广告学的主要理论及广告实务中除广告设计制作部分的所有内容。书中的理论精练、简明扼要、重点突出；语言表述简洁、通俗；介绍的实务方法实用性强。总体而言，本书有以下几个特点：

一是有自己独立的体系。虽然广告是市场营销活动中的主要内容之一，但笔者认为市场营销学和广告学都应当有自己独立的学科体系。因此，本书避免了大多数广告学书籍中较大篇幅与市场营销学内容重合的现象。

二是对广告的发展历史作了较为详细的介绍。本书第二章以时间为线索，对中外广告几千年的发展和演变的历史进行了较清晰的梳理和翔实的描述。

三是对广告市场调查、广告预算、广告策划、广告媒体选择、广告文案创意、广告效果测评等广告实务活动的几大环节中涉及的实际操作流程和操作方法作了较为详细和全面的介绍，其中涉及的实务方法表述严谨，可操作性强。

四是关注到了数字媒体等广告媒体变化的新动向，分析了传统媒体面临的困境，并专题介绍了广告新媒体的发展动态，分析总结了几种主要的新型数字媒体的现状及特征。

五是对广告管理环境的新动向作了较为翔实的介绍和分析。因笔者有多年广告监督管理课程的教学经历，对广告管理环境较熟悉，也关注到了 2014 年《中华人民共和国广告法》（修订草案）中的诸多变化动向和进步，所以对管理环境的介绍中有较多新内容、新视角。

需要说明的是，书中之所以没有涉及广告设计制作，是因为广告设计制作专业性很强，需要针对不同的媒体分别论述其理论与方法。如果要写，一是篇幅很大，二是自己难以驾驭，所以不敢妄为。

在写作过程中，前人的研究成果及研究方法、研究思路给了我很大的启发，书中所使用的一些有价值的资料或经典广告作品的图片和精彩的案例，也为本书增色不少，在此对这些经典素材的提供者一并表示感谢！由于无法逐一联系到相关作者——沟通，本人行为如有不当之处望各位海涵！另外，个人的能力毕竟有限，书中有不成熟或出现疏漏的地方，欢迎同行善意的批评指正。

作　者

实用广告理论与方法
Advertising Theory & Method

目 录

实用广告理论与方法
Advertising Theory & Method

实用广告理论与方法
Advertising Theory & Method

附 录 / 271

主要参考文献 / 291

后 记 / 293

第一章　认清广告真面目

广告作为一种社会经济和文化现象，已经历了数千年的发展。从原始社会末期的叫卖广告、声响广告、歌舞广告等原始、古朴的广告形式，到后来运用文字、绘画等手段进行宣传的广告形式，再到报纸、杂志、广播、电视等现代大众媒体的出现，广告宣传手段发生了质的飞跃。近几年，随着大量计算机网络用户的出现和越来越多的手机网络用户的加入，可以提供辐射范围更广、信息传递更快捷和可以实现一对一信息传递的新型数字媒体成为广告的新宠。时至今日，广告已经占据了现代城市生活的每个角落，就像人们呼吸的空气一样，广告几乎无处不在。

随着经济的日益发展和科学技术的不断进步，广告已深入到现代社会经济、文化等各个领域，成为人们日常生活的重要组成部分。美国历史学家波特（David M. Potter）在其著作《富足的人民》（People of Plenty）中这样叙述："广告在社会中影响之大，可以和学校、教会等传统机构相匹敌。广告具有支配媒体、创造流行的巨大力量。在这一意义上，广告是能调控社会的少数几种制度之一。"美国前总统罗斯福曾经表示："如果我能重新生活，再次挑选我的职业生涯，我想我会进入广告界。"罗斯福还说："若不是有广告来传播高水平的知识，在过去半个世纪中，各阶层人民现代文明水平的普遍提高是不可能的。"由此可见广告在社会生活中的重要地位。

广告在经济生活中发挥的作用和扮演的角色被人们比喻为"大众情人"。对消费者而言，广告是指导消费、引领生活潮流的"风向标"；对企业而言，广告是走向市场的"敲门砖"，促销的"催化剂"；对媒体而言，广告已成为媒体的

"生命线"，支撑着它的生存和发展。广告也常常被称为一个国家国民经济发展状况的"晴雨表"。

在中国几千年的历史长河中，广告也曾经辉煌过。迄今为止发现的世界上最早的印刷广告就出自我国北宋。但是自"工业革命"以后，各资本主义国家经济发展迅速，现代印刷技术的发展也为报刊等广告的快速发展奠定了媒体技术的基础。而中国因为长期闭关锁国，商品经济发展水平和媒体技术发展相对滞后，广告业也就远远落后了。1840年鸦片战争后，外国商品大量进入中国，外加它所刺激的民族资本主义的兴起，促使我国近代广告业步入了一个新的阶段，报纸广告开始流行，随后又出现了橱窗、路牌等新的广告形式。20世纪20年代广播的出现又为广告提供了更加迅捷的传播途径。但是从日本侵华战争至新中国成立，我国一直笼罩在战争硝烟之中，国民经济总体处于停滞的边缘，中国广告业也因此长时间陷入低谷。中华人民共和国成立后，由于认识上和观念上的原因，商业广告在我国被认为是对社会主义财富的一种浪费，或者总是将广告与"欺骗"、"自夸"相联系，造成商业广告严重倒退。但不容置疑的是，自改革开放以后我国广告业重新起步至今，经过30多年的快速发展，广告已经与我们的生活越来越密切，并且随着商品经济的不断发展和先进的传播媒体的出现，广告也必将在未来的社会经济生活中扮演越来越重要的角色。

第一节
广告的特性

虽然广告作为一种社会经济现象已经历了几千年的发展历程，但是到了19世纪末，人们才开始对广告进行理论探索。对于广告究竟是什么，不同的专家、学者站在不同的角度给予了不同的解释，有强调其信息传播作用的，有强调其促销商品作用的，也有强调其劝说、说服作用的……由于对理论研究的关注点不同、角度不同，也因此对广告的实践活动产生了不同的指导作用。

理解广告的科学含义及广告活动应当涉及的主要内容，是正确指导广告实践活动，确保广告活动发挥其健康、积极作用的基础。

一、"广告"一词是外来词

"广告"一词是外来词，是英文"Advertising"的译名。据考证，"Advertising"一词源于拉丁文"Adverture"，原意是"引起注意、进行诱导、披露"。中古英语时代（约公元1300~1475年），"Adverture"演变为"Advertise"，含义为"使某人注意到某事"，后逐渐演变为"引起别人注意，通知别人某件事"的意思。在17世纪中后期，由于英国工业革命的兴起和发展，英国开始了大规模的商业活动，"Advertise"一词开始被广泛使用，而且有了名词"Advertisement"。此时的"广告"，已不单指一则广告，而是指一系列的广告活动及广告活动的各个方面，动词"Advertise"被赋予了现代意义，转化成现在的具有动名词性质的"Advertising"。

19世纪末期到20世纪20年代，资本主义经济已经有了很大的发展，作为商品促销的一种方式，广告也由原来的"告知"方式转变为"说服"方式，也就是通过说服来影响消费者的购买行为。因此，美国广告撰稿人约翰·E.肯尼迪（John E. Kennedy）说："广告是印在纸上的推销术。"20世纪50年代以来，随着市场竞争越来越激烈，广告的作用又发展成为"说服性沟通"。现代广告的含义又有了很大的变化。

在现代汉语词汇中，"广告"一词大约在20世纪初在我国使用和流行。最初多把"Advertising"译成"告白"、"告帖"等，"广告"一词，最早应见之于1907年的《政治官报章程》。按照汉字字面上的解释，应该是"广而告之，广泛劝告，向公众说明、告知某件事"的意思。

二、现代广告的科学含义

纵观广告数千年的发展历史，广告从叫卖、声响、歌舞等原始、古朴的宣传形式，到后来采用文字、绘画等手段，再到报纸、杂志、广播、电视等现代大众媒体的出现，直至20世纪90年代后各种新型数字媒体的出现和普及，广告宣传手段一次又一次地发生着质的飞跃。

广告在不同的发展阶段，由于商品经济的发达程度不同，其模式和运行机制也各不相同，广告媒介和信息传播技术更是千姿百态，因此，不同的人对广告的理解和需要也不尽相同，其审视广告的视角同样各具特色，由此得出的广告概念必然各有侧重。比如，从广告的外延，可以将广告分为商业广告和非商业广告，又可以将其中的商业广告分为企业商品广告、企业品牌形象广告和企业观念广告等；将非商业广告分为政治广告、公益广告、社会广告和文化广告等。《中华人民共和国广告法》将广告界定为"商品经营者或者服务提供者承担费用，通过一定媒介形式直接或者间接地介绍自己所推销的商品或者所提供的服务的商业广告"。它把广告严格限定于商业活动之中，强化了广告的商用功能。

由于在人们探究广告理论的过程中所选择的角度不尽相同，所分析的广告侧重点也各不相同，所以，不同的理论学派对广告的认识也就难免各执己见。但是，这些不同流派对广告的定义，不仅不会影响我们对广告的认识，相反，它们从不同的角度揭示了广告的外延，分析了广告的内涵，因而对我们科学地理解广告的含义很有帮助。

1. 几种有代表性的对广告的理解①

以下几种对于广告的理解，虽然强调的重点各不相同，也都有各自的局限性，但是它们能够提示我们打破局限，以更加全面、科学的视角理解广告的内涵。

（1）广告是一种广告主的劝说与说服工作。美国《广告时代》周刊于1932年曾公开征求广告的定义，经过整理，最后将广告的内涵重点定性为劝服和影响，将其定义为："个人、商品、劳务、运动，以印刷、书写、口述或图画为表现方法，由广告者出费用作公开宣传，以促成销售、使用、投票或赞成为目的的活动。"《哈佛企业管理百科全书》指出："广告就是为了付费广告主的利益，通过说服来销售商品、服务或观念的活动。"这是两个较有代表性的定义。

以劝服和影响的广告观点来看，广告的目的是影响广泛的受众，使他们认同广告所倡导的价值观念和介绍的商品与服务，按照广告主的期望进行社会活动和消费活动。显然，这种劝服和影响的广告观突出了广告主在整个广告宣传过程中的主导、支配地位，强调了广告主的主观需要和动机。这种理论容易导致这样一种倾向：忽视受众的积极能动作用，看不到受众的主观能动性，广告主只能凭自己的主观想象进行"劝服"和"影响"，由此常常使其陷入一种困境，那就是广

① 何修猛. 现代广告学 [M]. 上海：复旦大学出版社，1996：5-7.

告的"热水瓶效应",即广告主的热心说服得不到受众的认可,从而影响广告传播过程的成效。

链接:史密斯热水器在中国大陆的广告

"创造 52 年使用奇迹

我家的 AO 史密斯热水器是父亲在 50 多年前买的

过了半个世纪还在用它

你也想用半个世纪吗?"

很多中国消费者已经对这句广告语烂熟于心,却不为所动。为什么?中国早已不是"新三年,旧三年,缝缝补补又三年"的年代了,"可以用半个世纪"的热水器已经很难打动当今的中国消费者了。

(2)广告是一种商业宣传活动。美国市场营销协会曾经给广告下了这样的定义:"广告是由明确的广告主在付费的基础上,采用非人际传播的形式,介绍和宣传商品、服务或观念的活动。"我国 1980 年出版的《辞海》给广告下的定义是:"向公众介绍商品、报道服务内容或文娱节目等的一种宣传方式,一般通过报刊、电台、招贴、电影、幻灯、橱窗布置、商品陈列的形式来进行。"中国大百科全书出版社出版的《简明不列颠百科全书》对广告的解释也是定位于商业信息的传播:"广告是传播信息的一种方式,其目的在于推销商品、劳务,影响舆论,博得政治支持,推进一种事业或引起刊登广告者希望的其他反应。广告信息通过各种宣传媒介,包括报纸、杂志、电视、无线电广播、张贴广告及直接邮送等,传递给它所需要吸引的观众或听众。广告不同于其他信息传递形式,刊登广告者必须将一定的报酬付给传播信息的媒介。"

以上这些观点分析了广告的运作过程,自然有它的合理之处。但是这种广告观以主观假定为前提,即以公众能够理解、接受并发生共鸣为前提。它忽视了人与人之间的社会、文化及心理差异,因而很难达到信息的共鸣。

链接:西班牙雪铁龙汽车广告风波——文化错位

2008 年 1 月 8 日,西班牙大报之一《国家报》在第 15 版上刊登了一个整版的法国雪铁龙汽车广告。但广告画面的主角并不是雪铁龙汽车,而是中国已故领袖毛泽东的照片，而且毛泽东的形象被广告设计者进行了肆意篡改，被电脑技术改得神态奇怪。广告的标语是："雪铁龙，2006 和 2007 年度销售领袖。恺撒风范尽现！"雪铁龙在广告语中写道："毫无疑问，我们是王者，对于雪铁龙，革命远远没有结束。我们将在 2008 年继续发扬我们已有的技术优势。来吧……"①

据《环球时报》的报道，这则广告一出现在西班牙媒体上就引起了中国侨民的强烈反响，纷纷要求中国的侨团代表和《国家报》以及雪铁龙公司进行交涉。

1 月 14 日，《环球时报》的报道出版后，消息很快出现在互联网上，并在一些论坛上被广泛转载。

很快，各大网站新闻编辑都发现了这条新闻，并将其推到首页。有的网站甚至迅速制作了专题。在新浪财经制作的"雪铁龙公司广告轻慢毛泽东"专题中可以看到这样的子标题："我领导人形象被篡改"、"当地华人反应强烈"、"伤害中国人感情"。而在专题中，新浪的编辑还将雪铁龙最近在中国的一次召回，在欧洲的一次裁员，甚至是在青岛的一次质量纠纷集结在一起，其子标题是"雪铁龙正在失去尊敬"。

新浪网发挥网络媒体互动优势，在网络监管层要求避免对敏感新闻做民意调查的背景下，仍做了一个民意调查的专题。在这样高强度的传播下，截止到 2008 年 1 月 16 日，在新浪网有 36502 人参加的调查中，"其中 57.3% 的人认为雪铁龙广告轻慢中国已故领导人是故意行为；超过 56.72% 的人认为即便雪铁龙就此事道歉也不能被谅解；67.44% 的人表示以后不会购买雪铁龙的汽车。"

（3）广告是一种促销、营销手段。20 世纪初，人类的第一个广告定义——约翰·E.肯尼迪对广告的定义就是促销型的广告定义，他认为广告就是"印在纸上的推销术"。《美国小百科全书》对广告的解释也颇有代表性："广告是一种销售形式，它推动人们去购买商品、服务或接受某种观点。"美国广告主协会也认为："广告是付费的大众传播方式，其最终目的是为传递信息，转变人们对广告商品的态度，诱发消费行为，从而让广告主得到利益。"

从这种广告观来看，帮助广告主获得商业利益是广告的本质，这确实揭示了

---

① 西班牙《国家报》，2008 年 1 月 8 日，第 15 版（《环球时报》，2008 年 1 月 14 日转）。

实用广告理论与方法
Advertising Theory & Method

广告的真实意图。然而，也正是由于它只强调广告的促销作用，忽视了广告发展所必需的社会性、文化性，从而使广告陷入某种局限之中。这种广告观容易使人们陷入以下误区：一是广告活动的功能只是推销商品或服务项目，帮助企业实现利润最大化，从而忽视广告在企业整体形象塑造中的特殊作用，进而漠视道德法律；二是仅仅立足于商品信息和服务信息进行广告策划，忽略文化艺术在广告创意与策划中的提升作用，容易制作出平庸、恶俗的广告。

链接：脑白金——数年排十大恶俗广告第一

"今年过节不收礼，收礼只收脑白金"这一广告一直蝉联中国十大恶俗广告之首，对此，史玉柱却沾沾自喜。他的下属曾说，如果评不上恶俗广告，史玉柱还要扣奖金。史玉柱一再炫耀他恶俗的广告术，认为恶俗广告才是中国营销的王道。

根据中国行业企业信息发布中心的最新统计，脑白金销售额占到了我国保健食品销售总额的 9.32%，是历年来唯一销售份额接近 10% 的品牌。这意味着我国居民的保健食品开销，十块钱就有一块给了脑白金。2012 年年初，第十五届全国市场销量领先品牌信息发布会在人民大会堂召开，脑白金连续第十年荣登保健品销量第一的宝座。

虽然脑白金获得了极大的经济效益，但也陷入了高知名度低美誉度的尴尬境地，使其企业形象与"土气"、"低俗"等联系在一起。

2. 现代广告的科学含义及特征

从上述人们对广告的种种理解中可以看出，广告的定义纷繁多样。但是，无论从哪个角度理解广告，人们对广告构成要素、广告活动以及广告文化的基本认识是相同的。从这些基本认识出发，根据广告发展的现状，可以对广告的定义进行科学的界定。

广告的科学含义：广告是广告主以促进商品销售或促成其他某项活动为目的，付出一定的费用，通过特定的媒体，传播商品、劳务或观念等信息的大众传播活动。对其要点可归结如下：

（1）广告必须有明确的广告主。《中华人民共和国广告法》规定，"广告主，是指为推销商品或者提供服务，自行或者委托他人设计、制作、发布广告的法人、其他经济组织或个人。"这是对商业广告的广告主的定义。广义的广告主可以定义为："为了实现自己的某种意图而自行或者委托他人设计、制作、发布广告的社会组织或者个人。"这里的广告主，突破了传统意义上的工商企业，它还包括政府部门、事业单位、慈善机构、宗教团体、群众性组织及个人，等等。不论是商业广告还是其他广告，其主体必须是明确的。

广告之所以需要明确主体，主要有两个方面的原因：

1）可以让公众铭记宣传的主体。广告是一种自我性的宣传活动，广告主通过广告来展现企业形象，介绍商品和服务的特色与优点，推广社会组织所倡导的科学观念，提高社会组织的知名度、美誉度和认可度。因此，广告应当明确具体的广告主。

2）能够明确广告责任。广告是一种责任承诺性的宣传活动，广告主对消费者的承诺必须兑现。明确了广告主，可以防止欺骗性广告出现，一旦有了虚假的、误导的广告信息，就能追究广告主的责任。

（2）现代广告都需要付费。现代广告活动的整个过程，包括市场调研、策划、设计、制作、发布、效果测评等环节，每一个环节都需要付出一定的费用。特别是发布环节，购买媒体的版面或时间往往需要很大的一笔开支。例如，在2012年年末央视广告招标会上，五粮液以4.99亿元夺得2013年下半年的报时广告位；剑南春豪掷6.08亿元抢下2013年整点新闻报时组合中的四个单元（2个月为一单元）。

（3）广告是一种非个体、非人际的传播活动。不同于人员推销面对面的推销方式，广告主要借助传播媒介，以非个体、非人际的传播方式向广大受众进行信息宣传，通过借助传播媒介的辐射力影响受众，最终达到塑造形象、促进销售等目的。

一般而言，广告主要是通过报纸、杂志、广播、电视、电影、互联网等大众传播媒体和路牌、灯箱、霓虹灯、车身、车站站牌、橱窗等户外媒体及其他媒体向消费者传播信息。其中报纸、杂志、广播、电视、互联网等五大媒体辐射范围极广，容易产生大范围的轰动效应。

需要注意的是，现代社会的大众传媒日益受到"小众传媒"的冲击。顾名思义，"小众传媒"就是满足少数群体个性化需求的媒体。随着人们个性化需求的日益增长，大众传媒有点力不从心，而"小众传媒"却能通过小范围辐射，针对目标人群作出信息的精准传播。目前，楼宇电视、桌面媒体、洗手间广告牌等小众媒体正以惊人的速度向高端人群传播着各种个性化信息。与此同时，近几年出现的移动电话、E-mail、传真等"定制媒介"，更是将其传播对象由普通大众转向特定的个体，传播使命也由促进销售转向维持关系。

（4）广告都具有特定的信息内容。不论是商品广告还是服务广告，其所传递的信息内容应当是清晰明了的。一般而言，商业广告传播的信息不仅包括商品品牌、商品质量、商品特征及服务特征等方面的内容，还涉及企业形象、管理理念、消费观念等。不论涉及什么内容，商业广告必须要真实、健康、清晰、明白，在产生促销效果的同时，还要符合法律规范和道德规范。

（5）广告的最终目的，是向受众推销产品、服务与观念。直接推销商品，是广告中最常见的一种形式，也是广告宣传中层次较低的一种形式。广告主通过宣传商品的质量、外观、性能、材料、特点、价格、用途等诸多方面的信息，让消费者全面了解商品，刺激其产生购买欲望，采取购买行为，从而达到商品促销的目的。在商品广告竞争白热化的今天，相比较于推销观念和服务的广告，直接推销商品的广告难度最大、竞争最激烈，也最容易让受众产生抗拒心理。因此，广告的策划水平和创意水平成为决定广告成败的关键。

推销服务，主要是在广告中介绍企业为公众提供的服务项目、服务理念、服务方式及服务保证等，这是广告宣传中层次较高的一类。随着不同企业同类产品日益同质化，企业与企业之间的竞争已经越来越表现为服务的竞争。也就是说，企业不仅要打造产品品牌，还要打造服务品牌，二者之间要相辅相成、相得益彰。IBM（"IBM 就是服务"）、海尔（"真诚到永远"）等都是打造服务的最大受益者。

推销观念是广告宣传内容中较为深刻的一种。这类广告不仅不直接宣传商品，甚至不直接宣传组织本身，有时仅通过对某个问题表明看法，或用其他暗示的方法去触发公众的联想，在潜移默化中影响公众的观念和态度。总之，就是通过推广某种消费观念、生活观念、道德观念、价值观念，引导公众养成某种消费习惯和社会行为习惯，以达到改善经营环境、树立企业整体形象的目的。

（6）广告传播对象具有选择性。广告活动并不是盲目地向所有的消费者进行宣传，而应当有特定的目标受众。因此，广告媒体的选择、广告内容的确定及表现方式，除了要考虑宏观环境因素外，还要考虑目标受众的个人特点、文化特点及心理特点，从而进行高效的宣传。此外，在选择和确定目标受众时，还需要注意区分产品或服务的购买者和使用者，比如婴儿用品的主要目标受众可能是妈妈或奶奶，而某些老年人用品的目标受众可能是他们的晚辈。

三、广告活动的内容及广告活动的参与者

在很多情况下，广告并不仅仅是指作为广告信息载体的某一具体的广告作品，而是指围绕广告信息的形式及传播所进行的一系列活动。从广义的角度而言，广告活动的范围相当广泛，而这里所说的广告活动是指狭义的广告活动。

所谓广告活动，是指广告主为了达到促销、树立形象、扩大影响等目的，自行或委托广告经营者、广告发布者进行的广告调查、广告计划制定、广告设计与制作、广告代理、广告发布、广告效果评估等一系列与广告宣传有关的活动。

1. 广告活动的主要内容

广告目标不同，广告活动的侧重点也可能有所不同，但广告活动至少应当包括以下主要内容：

（1）广告调查。广告调查是开展广告活动的起点和基础。进行广告调查，就是收集、整理、分析有关市场环境、市场容量、广告主地位、广告产品、竞争产品、消费者等资料，正确了解和把握市场环境、企业自身、目标消费者以及竞争对手等状况，做到心中有数，以便为广告决策提供参考。其结果是以"市场调查报告"的形式体现。

（2）广告计划制定。制定出详细而周密的广告计划，是广告活动的核心任务。广告计划包括广告目标确定、广告战略制定、广告定位、广告表现及广告诉求方式选择、广告媒体选择、核定广告预算等。以上环节除了核定广告预算不是广告策划的直接任务之外，其他各项都是广告策划的内容，也是广告策划的核心。广告计划的结果是以"广告策划书"的形式体现。

（3）广告创意。广告创意包含了广告活动中所有创造性的思维。从广告战略、广告定位、广告诉求方式、广告表现形式到广告媒体运用等方方面面。现实中，广告界更愿意以"广告作品的创意性思维"来定义广告创意。简单来说，就是通过大胆新奇的手法来制造广告作品与众不同的视听效果，最大限度地吸引消费者，从而达到品牌传播与产品促销的目的。

（4）广告设计与制作。广告设计是指根据广告目标而进行的广告构思、创作、编排等活动；广告制作是指根据广告设计要求，制作可供刊播、设置、张贴的广告作品的活动。广告设计与制作的结果以完整的广告作品来体现。

（5）广告媒体策划及发布。广告媒体策划包括广告媒体战略的制定、主要媒体特征分析、媒体投放与收益研究、媒体选择及媒体组合决策等；广告发布就是依照广告媒体策划过程中所制定的媒体策略，在相应的媒体上把广告作品发布出去。广告发布一般是由各类媒体单位来完成的。

（6）广告效果测评。广告效果测评是广告实施的反馈环节，目的在于检测广告作品的效果，其结果是以"广告效果测评分析报告"的形式体现。广告效果测评应当包括广告事前测评、事中测评和事后测评三部分。

广告事前效果测评的方法主要有专家意见综合法、消费者意见法、投射法、机械测试法等测评方法；事中效果测评的方法主要有市场销售试验法、回条法、分割测定法等；广告事后效果测评是建立在接触率、知名率、理解率、好感率和购买意图率等心理目标基础上再进行认知测试、回忆测试、态度测试的方法，具体有斯塔齐评估模型、传播幅度形态、直接评价法等。

2. *广告活动的参与者*

在原始广告时期，由于广告的形式十分简单，广告的作用也很有限，因而广告活动的内容也非常简单，广告活动一般由广告主自行承担。随着商品经济的发展，广告的作用越来越重要，而科学技术的发展也使广告媒体越来越现代化，进而导致广告的内容和形式越来越复杂化。媒体的多样化、现代化和广告内容与形式的日益复杂化，使得广告活动已经不可能完全由广告主自己来承担。因此，广告活动就从其他经济活动中分离出来，成为一个独立的行业。

现代广告活动是在多种行为主体的组织和参与下进行的。广告活动的一般过程包括广告调查、广告计划制定、广告表现、广告代理、广告发布、广告效果测评等环节。因此，广告活动是由从事这些工作的单位或个人进行的，但这些活动又是紧紧围绕广告主（广告客户），以广告受众为对象而开展的。广告活动中，广告主是初始动力，所以，广告主、广告经营者、广告发布者、广告受众就构成了广告活动的主体。此外，为保证广告活动的规范性和合法性，必须由专门的机构对广告活动进行监管，因此，广告管理者也应当是广告活动的主要参与者之一。

（1）广告主。《中华人民共和国广告法》规定，"广告主，是指为推销商品或者提供服务，自行或者委托他人设计、制作、发布广告的法人、其他经济组织或个人。"这是对商业广告中广告主的描述。如前所述，广义的广告主早已突破了传统意义上的工商企业，它还包括政府部门、事业单位、慈善机构、宗教团体、群众性组织及个人，等等。

（2）广告经营者。《中华人民共和国广告法》所称广告经营者，是指受委托提供广告设计、制作、代理服务的法人、其他经济组织或个人。一般是指为广告主和广告媒体提供服务的广告公司。具体地讲，主要有下列几种类型：①广告公司。是指专门从事广告业务的具有法人资格的单位。一种是具有为广告主提供广告策划、市场调查、广告设计、制作、代理等综合服务能力的综合型广告公司；一种是只提供广告策划、广告代理、广告设计、广告制作等服务的专业广告公司。②兼营广告的单位。是指在其主营业务以外，利用本身媒介经营广告业务的单位。如利用电视、广播、报纸、期刊、场（馆）等媒介，设计、制作、发布广告的电视台、广播电台、报社、期刊社、体育场（馆）等。③个体广告经营户。是指符合国家关于个体工商户的有关规定，从事广告设计和制作的公民。

（3）广告发布者。《中华人民共和国广告法》所称广告发布者，是指为广告主或广告经营者发布广告的法人或其他经济组织。广告主可以自行发布广告，但主要是通过广告经营者委托报社、电视台、电台和杂志社等大众传播媒体或网站、手机运营商等来发布广告，也可以由具有自营媒体的一般广告经营者发布。

（4）广告受众。广告受众是广告主的目标对象，即广告诉求对象。广告的选择特性决定了其必须根据广告目标的要求，确定某项广告活动特定的诉求对象。广告受众包括一般消费者、生产者、经销商、政府机构及各类非营利组织等。

（5）广告管理者。广告管理者是指国家和政府依法对广告活动进行监督和管理的组织。1994年颁布的《中华人民共和国广告法》第6条规定："国家工商管理总局和县级以上人民政府工商行政管理部门是我国的广告监督管理机关。"需要说明的是，在1998年之前，工商行政管理部门归当地人民政府管辖，1998年国务院决定省级以下工商行政管理系统实行垂直管理体制，即实行"条块结合，以条为主"的管理体制。自此，工商行政管理部门与当地政府之间不再具有行政隶属关系。因此，广告法第6条规定中的"人民政府"就不再有实质意义。

另外，需要强调的是，工商行政管理机关是我国特有的政府机构，是对市场主体及其市场经济活动依法进行管理与监督的政府机构，广告管理是其监管职能

实用广告理论与方法
Advertising Theory & Method

之一。其他各国的广告管理机关各不相同，比如美国管理商业广告的主要政府机构是成立于 1914 年的联邦贸易委员会（FTC）；日本广告监督管理的政府机构，最重要的是成立于 1974 年的日本广告审查机构；法国有一个叫做"正确的广告办事处"（BVP）的机构，是政府对广告实行管理的主要机构；加拿大广告管理的政府机构是广告者同业工会——广告标准委员会；等等。

第二节
广告的类型

为便于不同主体根据自身不同需求实现各自目标，人们对广告进行了不同类别的划分。从广告营销的角度，按照不同的目的与要求将广告划分为不同的类型，可以为广告策划、广告设计及广告制作提供依据，从而提高广告的经济效益；从广告管理的角度，广告的分类是为了便于掌握不同类型广告的特点，以利于监管和指导广告，并保证广告业的规范性和广告活动的合法性。

按照广告的最终目的，广告可分为商业广告和非商业广告。按照广告的最终目的划分广告，是最具意义的广告分类。根据我国现行的行业管理体制，不同性质的广告是分别隶属于不同主管部门进行监督管理的，只有商业广告才是工商行政管理部门依法进行监督管理的主要对象。

《中华人民共和国广告法》第 2 条指出："本法所称广告，是指商品经营者或者服务提供者承担费用，通过一定的媒介和形式直接或者间接地介绍自己所推销的商品或者所提供的服务的商业广告。"商业广告是以盈利为目的的，亦称经济广告或盈利性广告。它能够传播经济信息，沟通产销渠道，促进生产，加快流通，为生产和生活提供服务信息，推动整个国民经济的发展。这种广告数量最多、作用巨大，是本书讨论的重点。在此，我们先对非商业广告作简单的介绍。

一、非商业广告

非商业广告亦称非经济广告或非盈利性广告，它不以经济利益为直接目的，而是为实现某种非经济的目标所发布的广告。主要包括以下几种：

1. 政治广告

现代政治广告的实质就是由政府、政党、候选人及各种政治团体通过大众传播媒介，向受众传输政治信息，以影响受众的政治态度或行为的传播活动。宏观上它分为两种形式：一种是反映国家、政府、执政党及其机构意志的政策宣传型广告；一种是以竞选为目的的广告，即各政党候选人及政治团体自我推销式的竞选型广告。在我国，政府部门的各种政策的宣传以及发布的各种公告都属于政策宣传型广告。例如：公安、交通、法院、税务、工商、卫生等部门的公告性信息。

西方国家在政治广告方面的投入一直很高。《华盛顿邮报》是全世界最大的公共政策广告发布媒体，2007 年 11 月 24 日环球网报道，《华盛顿邮报》一个整版的公共政策广告大约要花 10 万美元。整个《华盛顿邮报》每年的广告收入高达 6 亿美元，占该报年收入的 85%，其中公共政策广告收入占报社广告总收入的 6%~7%。在 2008 年金融危机的背景下，美国总统候选人的竞选经费却并没有因此而减少。据 2008 年 11 月 3 日新浪网新闻中心报道，奥巴马用于总统竞选的资金高达 24 亿美元，创下了历届选举的新高。

2. 公益广告

公益广告不以盈利为目的，它是为社会公共利益服务的广告。公益广告常常针对有关社会问题，借以宣传一种想法或意见，推动某一问题的解决。现代公益广告最早出现在 20 世纪 40 年代初的美国，最初是与军队和战争相关的。"二战"之后，公益广告活动进一步频繁起来，内容也扩展到社会的多个方面。交通安全、家庭暴力、种族歧视、艾滋病、青少年吸毒、枪支蔓延问题等，都是美国公益广告传播的主题。美国前总统克林顿就曾为枪支问题做过广告，呼吁人们警惕枪支的蔓延和滥用。

在我国，1986 年贵阳电视台首播"节约用水"的电视公益广告收到了良好的教育效果，贵阳市当年节约用水 47 万吨。1987 年 10 月 26 日，中央电视台开播"广而告之"公益广告栏目，随后，北京、福建、广东、江西、重庆、深圳等 10 多家省市电视台也相继设立了公益广告栏目，制作或播放公益广告，有些报刊也开始登载公益广告。

公益广告不必要像商业广告那样一字千金，却能够以极强的亲和力倡导健康的社会风尚。一般来说，公益广告的内容会随着社会主要问题的不同而不同。我国公益广告的内容主要涉及禁烟、义务献血、希望工程、禁毒、关爱艾滋病、环境保护、交通安全、传统美德与道德教育、反腐倡廉、健康、公共服务等人们普遍关心的社会问题。

近几年，在一些国家还出现了与公益广告相类似的倡议广告、意见广告、问题广告、抗议广告、争论广告等。2000年1月23日，《中华工商时报》首次刊载的一则抗议日本大阪举行"南京大屠杀——20世纪谎言"集会活动的广告，就是此类广告。

链接：为妈妈洗脚——爱心传递孝敬父母

片中，温柔漂亮的妈妈在给孩子洗脚，边洗边讲着"小鸭子游啊游……"的故事，孩子上床后，妈妈又去为老人洗脚。慈祥的老人爱怜地说："你也忙了一天啦！""妈，我不累。"妈妈微笑着答道。当她回房准备继续照顾孩子时，孩子不见了。随即，这则片子的高潮出现，只见画面中的孩子端着脚盆，步态蹒跚地边走边说："妈妈，洗脚！"画面一转，孩子边为妈妈洗脚边用稚嫩的声音说："妈妈，我也给你讲小鸭子的故事。"同时画外音进入——"其实，父母是孩子最好的老师"（见图1-1）。

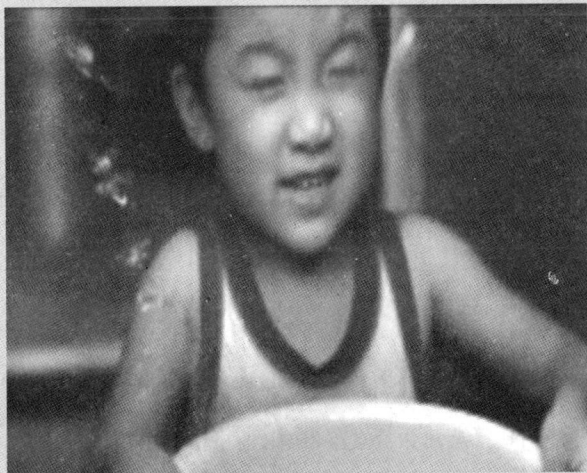

图1-1 为妈妈洗脚

尽管这则广告没有宏大的场面、跌宕的情节、精良的3D，然而其近乎白描的手法，宛若邻家的风格，却也演绎了一番人间最为美好的真情实感。让人看过之后颇有如沐春风之感。

3. 社会广告

社会广告是指有关社会服务的广告。主要包括两种情况：一是社会公共服务机构或其他组织为满足公众对公共服务信息的需求而发布的公共服务信息；二是个人为满足个体单元某种需要而发布的个人信息。社会广告在方便百姓生活方面发挥着重要作用。例如，公共服务机构发布的社会福利、医疗保健、社会保险等信息以及招聘启事、招领启事等；个人发布的信息主要有征婚启事、结婚声明、寻物启事、寻人启事、挂失信息等。

链接：新中国成立后的第一则征婚广告

1981年1月8日，《市场报》上刊登了新中国的第一则征婚启事："求婚人丁乃钧，男，未婚，40岁，身高1米7。曾被错划为右派，已纠正。现在四川江津地区教师进修学院任数学教师，月薪43元5角。请应求者来函联系和附一张近影。"这在今天看似一则很普通的征婚启事，在改革开放之初的中国，还真是一桩破天荒的大事。

丁乃钧的征婚启事在四川江津引起了轰动，丁乃钧成了一个有争议的人。支持者说，丁乃钧胆子大、新潮；反对者说，丁乃钧给社会抹黑、污染社会主义风气，是"流氓、恶棍"。3个月后，广州一家文摘小报摘录了这则征婚启事后，全国媒体开始陆续转载，引起了巨大的反响。

丁乃钧的征婚启事被看作改革开放的象征，新华社就此对外发了英文通稿，随后路透社、朝日新闻、美联社、巴黎电台等外媒也陆续播发，报道把征婚启事上升到政治的高度，被认为是中国改革开放的象征。

---

4. 文化广告

文化广告是指提供或传播教育、科技、文学、艺术、新闻、出版、广播、电视、电影、卫生、体育、戏剧、图书、文物等各项文化事业信息的广告。文化广告在引导人们文化消费情趣，促进社会文明建设方面的作用不可忽视。比如影视作品宣传、新书介绍、电视节目预告、招生简章等都属于文化广告。

二、商业广告

商业广告又叫经济性广告、盈利性广告。顾名思义，就是以盈利为目的的广告。为了适应广告策划的需要，按照不同的广告目标，有必要将商业广告进行分类。实践中，商业广告的分类方式和分类标准也是五花八门，主要可以归结为以下几种：

1. 按广告的诉求对象分类

商业广告的诉求对象相对较集中，主要有消费者、工业用户、商业用户和非营利组织四类。

（1）消费者广告。消费者广告也叫商业零售广告，广告的诉求对象是个人和家庭，广告主主要是生产生活消费品的企业或销售生活消费品的批发商、零售商。在整个商业广告活动中，这类广告占绝大部分。近几年，我国面向消费者的广告主要集中于家用电器、日化用品、儿童食品、药品、家用汽车、服装、酒类、化妆品等商品。对于此类广告，不论是广告诉求方式还是媒体的选择，都要考虑到不同消费者在文化习俗、年龄、性别、心理、民族、收入、职业、受教育程度、国籍等方面的差异性。

链接：宝洁"佳美"在日本遭遇滞销

在跨文化营销活动中出现了很多失败的例子。宝洁公司的一则关于"佳美"香皂的广告，广告表现方式是当妻子在浴室用"佳美"香皂沐浴时，丈夫被香气所吸引闯进浴室并夸奖她的皮肤好。这则广告在日本播出后，导致日本消费者怒不可遏，它让日本人感觉到它侵犯了日本女性的隐私。究其原因，是由于不同的文化环境下存在着文化差异所致，这些文化差异对于不谨慎的企业而言都是潜在的陷阱，会给营销活动造成一定的文化障碍。

世界著名杂志《电子世界》曾以"全球市场做生意的最大障碍"为题，在全球范围内进行调查，在法律法规、价格竞争、信息、语言、交货、外汇、时差和文化差异8个项目中，文化差异被列为首位，成为营销中的最大障碍。

（2）工业用户广告。工业用户广告也叫产业广告，广告的诉求对象是产业用户。产业用户的购买行为与一般的消费者有较大的区别。产业用户主要消费的是生产资料，而生产资料的购买具有稳定性、技术性、大量性等特点，对交货时间、交货地点、交货方式、交易条件等很重视。因此，产业广告在内容、表现形式的确定及媒体选择等方面都要充分考虑产业用户的特点。

（3）商业批发广告。商业批发广告即生产企业向批发或零售企业、批发商向下级批发商、批发商向零售商所做的广告。此类广告所涉及的都是较大宗的产品交易，多采用报道形式。比如新产品信息、供求信息等。

（4）非营利组织广告。非营利组织主要包括政府机构及学校、医院、军队等组织，它们为了履行组织职责，经常会有较大宗的采购行为。因为不同类型的非营利组织需要履行不同的职责，其采购方式、采购制度等都会有所不同。广告主对不同类型的组织在诉求方式、信息传递方式及信息传递渠道等方面都需要区别对待。

2. 按广告的内容划分

商业广告都是通过促进商品或服务的销售以实现企业盈利目的的，但是在具体的操作过程中，既可以通过宣传商品或服务信息，直接实现促销的目的，也可以通过宣传企业形象或者灌输某种观念，间接实现促销的目的。因此，按广告的内容不同，可以将广告分为商品销售广告、企业形象广告和企业观念广告。

（1）商品销售广告。其广告诉求着重于突出商品的特征与魅力，给消费者留下深刻的印象，以吸引消费者购买该商品。这一类广告又可细分为三种：

1）报道式广告。通过向消费者介绍商品的性质、用途、价格等，诱导消费者对该商品产生初步的印象和需求。在开发一个新市场或一个新产品初次投放市场时，较多采用这类广告形式，属于开拓性广告。

2）说服式广告。强调商品的特殊性及与同类商品的差别，通过说服来加深消费者对某一品牌商品的印象，刺激选择性需求。这种广告属于竞争性广告。

3）提醒式广告。这是在消费者已经有了使用某种商品的习惯之后所做的广告，目的是提醒消费者不要忘记这一商品，从而刺激重复购买，提高指名购买率。

商品销售广告是商业广告中数量最多、竞争最激烈的一种广告，也是最容易被受众忽视和抗拒的一种广告，因此，对广告策划创意水平要求较高。

（2）企业形象广告。这类广告不直接介绍商品，而是通过宣传企业的宗旨、信誉、历史、经营与管理状况，以强化受众心目中企业的形象，增加受众对企业的好感和信任感，间接实现促销目的。美国哈佛大学鲍丁教授把企业形象广告分为三类：

1）惠顾企业广告。宣传企业的优点、长处，以吸引顾客光临。

2）公共关系广告。通过广告宣传，为企业树立起良好的外部和内部形象，沟通企业与社会的关系。

3）公共服务广告。从企业的经济和社会责任方面，着重宣传企业对社会所做出的贡献、服务等，如企业对社会公益活动的支持，赞助教育、各种福利和慈善事业等。

相比较于商品销售广告，企业形象广告不仅可以消除受众对广告的抗拒心理，而且广告受众为了增加知识，可能会主动获取企业相关信息，是一种层次较高的广告形式。

链接：CIS

CIS（Corporate Identity System，简称 CI），译名企业识别系统。企业识别系统具体包括视觉识别系统、行为识别系统、理念识别系统。20 世纪 50 年代，在计算机新技术导致 IBM 公司面临市场和效益急剧下滑的危难之际，IBM 公司开历史先河，从 1956 年至 1978 年，用了近 23 年的时间，全面导入 CIS。得益于此，IBM 迅速成为全球规模最大、产品品质最好、市场占有率最高的计算机生产经营企业。半个多世纪以来，CIS 风靡世界，被欧美、日韩等国际企业普遍采用，成为创立国际名牌的现代经营策略，国际行家们称之为"赢的策略"、"长期开拓市场的利器"。

在我国，广东太阳神集团率先于 1988 年导入 CIS，成功打造了"太阳神"品牌。如今，CIS 已成为国内广大企业塑造企业形象、打造知名品牌的基本战略。我国加入 WTO 之后，国内企业品牌意识进一步被强化，它们纷纷将 CIS 作为塑造企业形象、打造企业品牌、提高市场竞争力的有力武器。

实践中，由于世界各国对 CIS 有不同的理解，加上各国企业运行环境的差异，客观上形成了"欧美型 CI"和"日本型 CI"两种战略体系。近年来，中国理论界和实业界的专家们正在积极探索"中国型 CI"，我们拭目以待。

（3）企业观念广告。企业观念广告不直接介绍产品，也不直接宣传企业信誉，有时仅用来对某个问题表明看法，也称为意见广告。这种广告常用暗示的方法去触发公众的联想，在潜移默化中影响受众的消费观念和生活态度、生活方式。观念广告在商业广告和公益广告中都被大量运用。

在商业广告中，企业观念广告在创造新需求和开辟新市场方面作用显著。消费观念和生活方式的改变往往蕴藏着巨大商机，企业可以借此获得长远利益，并最终实现产品促销。比如体育用品公司不直接宣传体育用品，而是大力宣传"全民健身"理念；化妆品公司不直接宣传化妆品，而是倡导人们应当把女性化妆作为社交生活中不可缺少的环节。在公益广告中，观念广告主要用于纠正人们的错误观念，或是提倡一种有益于社会的新观念，以树立良好的社会道德风尚。观念广告也可以间接地美化企业形象，最终达到促进商品销售的目的。

与企业形象广告相同的是，企业观念广告可能比商品销售广告见效慢，但层次较高，因为它们都更加易于让受众接受，而且都可以发挥较长久的蕴藏性的效果。

3. 按广告的覆盖范围划分

因为广告主的经营实力及营销目标的不同，广告传播区域和覆盖范围也会有所不同。一般可划分为以下四类：

（1）全球性广告。全球性广告是指在全球范围所做的广告。在全球范围做广告的产品，多是在全球范围内通用性强、销售量大、选择性小、具有全球影响力的产品，如好莱坞名片、优质轿车、高品质智能手机等产品，它们在全球范围内同步上市的同时，可以在全球范围进行推广宣传。全球性广告多系跨国公司的广告行为，这类广告选择的媒体应当是在全球范围内有影响力和辐射能力的报纸、杂志、广播电台及知名网站等。

（2）全国性广告。面向全国范围进行传播的广告，被称作全国性广告。这类广告适用于销售和服务遍及全国的企业，广告的产品一般是在全国范围内通用性强、销售量大、选择性小的产品。这类广告应当选择覆盖全国的媒体，如在我国可以选择《参考消息》、《人民日报》、《环球时报》等发行量较大的报纸以及中央人民广播电台、中央电视台以及国内各大网站等。

（3）区域性广告。以特定地区为传播范围的广告被称为区域性广告。这类广告的诉求对象限定在某个地区，比如华北地区、西南地区，或者某个省（区）市，如山东省、北京市。这类广告应选择地区性媒体，如区域性报纸和电视台等。此类广告多为配合差异性营销策略进行，产品多为具有地方特色的产品。

（4）地方性广告。这是一类传播范围最窄、市场范围最小的广告。这类广告多数由地方企业或商业零售业投放。广告的目的是促使人们使用地方性产品或认店购买，广告往往选用覆盖地、市、县级以下的各类媒体。比如地方电视台、广播电台、报纸等大众媒体，或是路牌、灯箱、霓虹灯等户外媒体，也可以选择公交车车身、车内移动媒体、出租车 LED 等作为广告媒体。

4.按广告的诉求方式划分

广告诉求就是广告向目标受众诉说商业信息的方式。广告受众对不同的诉说方式会产生不同的感受，从而受到不同的刺激。实践中，广告诉求主要采用感性诉求和理性诉求两种方式。

（1）感性广告。感性广告诉诸消费者的情绪或情感反应，传达商品带给他们的附加值或情绪上的满足，使消费者形成积极的品牌态度。这种广告又叫做"情绪广告"或"情感广告"。感性广告有助于消费者对广告商品和品牌产生美好的联想，从而对广告商品产生好感。

一般来说，感性广告的创意元素有两大类，一类是人类的四大情感，包括爱情、亲情、友情和对社会或者民族的大爱；另一类是人生观、价值观。广告创意要做的就是如何将这些元素与商品、品牌联系起来，并且能让消费者在看到广告的时候产生一种情感共鸣。

近年来，越来越多的消费者在购买和使用商品时，表现得更加感性，他们更加注重情感上的满足或自我形象的展现。因此，越来越多的广告因为采用感性诉求的方式，获得了受众的认同。

链接：雕牌洗衣粉的广告"下岗篇"

年轻的妈妈下岗了，为找工作而四处奔波，懂事的小女儿心疼妈妈，帮妈妈洗衣服，用天真可爱的童音说出："妈妈说，'雕牌'洗衣粉只要一点点就能洗好多好多的衣服，可省钱了！"门帘轻动，妈妈无果而回，正想亲吻熟睡中的爱女，看见女儿的留言——"妈妈，我能帮你干活了！"年轻妈妈的眼泪不禁随之滚落。

需要注意的是，不是所有商品都适合采用感性诉求的方式。像药品、化妆品、婴儿奶粉、汽车、智能手机、家用电器等消费者对其技术和品质要求较苛刻的产品更适合选用理性的诉求方式。

（2）理性广告。理性广告通过提出事实根据或进行特性比较，通常是通过展示商品特性、用途、使用方法等关于产品的事实性信息而使消费者形成一定的品牌态度。这种广告通常又叫做"理由广告"、"理论广告"或"说明广告"。这类广告采取理性的说服方法，通过向消费者说明购买某种商品将会带来什么好处，让消费者用理智来权衡利弊、做出判断，并采取购买行动。理性广告有助于消费者了解品牌和建立品牌信念。

5. 按广告的传播媒体划分

随着媒体技术的不断变革，广告可选择的媒体种类越来越多，而且，广告主也试图在降低广告成本以及寻求新奇、独特的媒体等方面做出努力，可以说他们是见缝插针，无所不用，这使得广告媒体种类在不断地快速增加。可以用"五花八门，不胜枚举"来描述广告媒体的现状。但是，总体上可以将其归为以下几大类：

（1）印刷广告。印刷广告是指利用报纸、期刊、海报以及图书、传单、产品目录、入场券等各类印刷品传播信息的广告。印刷广告中的报纸和期刊曾经作为先进的广告形式，为推动现代广告业的发展做出过重大贡献。虽然基于互联网的多种新型媒体对传统印刷广告造成了较大的冲击，但目前它仍然是被普遍使用的广告形式。

近几年，印刷广告可以说是见缝插针，比如将印刷在不干胶上的广告贴在特快专递的信封上和快递包裹上，甚至从 POS 机吐出的存取款打印凭条都成为了广告媒体。

（2）电子广告。电子广告主要包括广播广告、电视广告、电影广告、计算机网络广告、移动通信工具广告、电子显示屏广告等借助电子技术及电子媒体所做的广告。近几年，集互联网技术、移动通信技术及数字传媒技术为一体的新型媒体的出现，将电子广告带入了一个全新的时代。

（3）交通广告。交通广告是指一切利用交通场所、交通工具所做的广告。包括汽车站、火车站、地铁站、公交车站、码头、机场等交通等候场所的广告及出租车 LED、公共汽车车身广告、公交车及出租车内移动电视广告、地铁隧道及车厢广告、高铁车厢广告等。

（4）邮寄广告。传统的邮寄广告是指广告主通过邮政渠道把广告直接寄发给特定的广告对象的广告。自互联网普及以来，E-mail 又为邮寄广告增加了一种新的更加便捷的渠道。

（5）户外广告。户外广告主要包括传统的路牌广告、灯箱广告、霓虹灯广告、橱窗广告、墙体广告、POP 广告等。近几年还出现了高立柱广告、三面翻广告、大型户外视频广告、LED 彩色显示屏等新型户外广告。

除以上主要分类外，广告还可以根据表现形式分为文字广告、图片广告、表演广告、影像广告；根据产品生命周期分为投入期广告、拓展期广告、竞争期广告、维持期广告等。

第三节
广告的作用

随着广告活动的不断深入，广告活动由经济领域扩展到社会和文化等领域，其产生的影响和作用越来越大。对企业而言，广告可以促进商品的销售，提高市场占有率和企业及其商品的知名度，树立企业及品牌形象；对消费者而言，广告可以帮助他们了解商品信息，增加商品知识，开阔眼界，刺激消费需求，形成新的消费观念；对媒体而言，广告可以丰富传播内容，支撑媒体的生存和发展；对于社会而言，广告则可以活跃经济、美化生活和环境，促进文化的发展和社会的进步。

一、对企业经营的作用

在现代社会化大生产分工更加细致、商品经济日益发达的条件下，信息资源成为一种战略资源。广告通过信息传播，沟通着生产与生产、生产与流通、生产与消费、流通与消费之间的联系。其作用主要表现在以下几个方面：

1.沟通产销信息，促进商品销售

在经济全球化的今天，市场早已突破了地域界限而变得更加广阔、庞大，这使得生产和消费之间产生了重重阻隔。而广告则成为企业与消费者之间传播信息、沟通信息的纽带。

信息沟通是广告的基本功能，但广告的直接目的是促进产品销售。已故的美国 P&G 公司负责广告事务的副总裁罗伯特·戈尔斯曾说："我们发现效率最高、影响最大的推销办法就是广泛地做广告。"我们所熟知的著名品牌的成功无一例外，都以强大的广告充当开路先锋。

美国著名的食品企业马斯公司曾有过一次惨痛的教训。马斯公司的产品一直受到消费者的欢迎。有一段时期，公司的 Kit-E-KAT 猫食罐头比其他罐头卖得都好，销势喜人。马斯因此怀疑一年 500 万美元的广告支出是否必要，产生了"皇帝的女儿不愁嫁"的想法，停止了广告宣传。此后不久，猫食罐头的销售便一落千丈。不到一年，它几乎被消费者遗忘，落到濒临亏本的地步，至此，公司才如梦方醒，恢复了广告支出。为其代理广告的马希斯·惠尼威廉广告公司的总裁一针见血地指出："必须花钱去保住钱。"可见，不仅推出一种新商品需要广告的帮助，就是已经成功的商品也不能忽视广告的作用。

早在 1898 年，美国学者 E. S. 路易斯（E. S. Lewis）创立了创作广告的 AIDA 法则：引起注意（Attention）、产生兴趣（Interest）、培养欲望（Desire）和促成行动（Action）。其他人又对 AIDA 法则进行了修正和补充，加上了形成记忆（Memory）、产生信任（Conviction）和感到满意（Satisfaction）等内容，被称为 AIDAMCS 法则。有效的广告至少应当满足"AIDA"法则，否则难以达到沟通和促销的效果。

2. 树立企业形象，提高知名度

大卫·奥格威（David Ogilvy）说："广告是神奇的魔术师，它有一种神奇的力量，经过它的点化，不只是能卖出产品，而且能化腐朽为神奇，使被宣传的普通产品蒙上神圣的光环。"

随着社会的发展和科技的不断进步，不同企业生产的同类产品的同质化现象越来越严重，企业间产品的竞争难度进一步加大。因此，要想在同类产品中脱颖而出，必须依赖于良好的企业形象。在树立企业形象的诸多手段中，广告是一种最直截了当的手段。近年来兴起的以企业推销为己任的公关广告在企业形象的树立及企业和产品品牌知名度的提升方面发挥了显著的作用。

二、对消费者的作用

面对铺天盖地的广告，人们可能抗拒，甚至有人可能不认可广告的作用，但是，广告却实实在在地对消费者的生活产生了诸多的影响。

1. 引导和促进消费

广告是一门劝说的艺术，它通过对商品的各种优点进行集中的、连续性的展示，有效地调动和刺激了消费者的潜在需要，从而诱发购买欲望，导致购买行为。广告刊播的过程，就是对消费者的消费兴趣和消费欲望培养和刺激的过程。

广告对消费者需求的刺激主要表现在两个方面：刺激初级需求和刺激选择性需求。初级需求是对某类产品的需求，比如人们为满足听音乐的需要而对 MP3 产生需求。刺激初级需求的广告多是以商品本身的优点、特点作为宣传内容进行劝说。选择性需求是指对特定商品品牌的需求，这是初级需求的深化和发展。各生产厂家通过宣传自己品牌的优点和独特之处，使市场形成了差异化的品牌形象，从而刺激了选择性需求，引导消费者指牌认购。比如几年前国内许多消费者在买 MP3 时会选择 OPPO 这一品牌。刺激选择性需求的广告宣传多以厂名、商标、徽标、品牌等形象要素作为重要内容。

例如，箭牌口香糖有 4 种口味，即薄荷香型的青箭、兰花香型的白箭、鲜果香型的黄箭和玉桂香型的红箭。这 4 种口味除了包装颜色不同外，在广告语中又被赋予颇有创意的附加功能，以引导人们消费。青箭是"清新的箭"，以清新香醇的口味，令人从里到外，清新舒畅；红箭是"热情的箭"，以独特的口味，使你散发持久的热情；黄箭则是"友谊的箭"，可以缩短距离，打开友谊的门扉；箭牌口香糖将白箭定位于"健康"二字，它的广告词写道："运动有益身心健康，如何帮助脸部做运动呢？每天嚼白箭口香糖，运动你的脸。"用嚼口香糖"运动你的脸"，这是非常有创意的概念，不但使产品的附加功能更为突出，而且将市场范围由青少年的诉求扩大到中年人。

2. 影响消费观念，改变生活方式

消费观念是消费主体在进行消费时，对消费对象、消费行为方式、消费过程、消费趋势的总体认识评价与价值判断。理性消费观念注重产品本身的质量，着眼于物美价廉、经久耐用；感觉消费观念重品牌、重式样、重使用，"喜欢"

与"不喜欢"成为消费者的购买标准；感性消费观念关注的是商品是否具有激活心灵的魅力，在购买和消费过程中是否能够带来心灵上的满足。因此，"满意"与"不满意"成为消费者购买的标准。

生活方式是指人们的衣、食、住、行、劳动工作、休息娱乐、社会交往、待人接物等物质生活和精神生活模式。

消费观念和生活方式的形成和变革主要受社会生产力发展水平及消费者的文化观念、消费水平等的影响，但是广告宣传画面中大量生活场景和消费场景的展现，也在潜移默化地影响着人们的消费观念和生活方式。近几年，越来越多的人趋向于接受感性消费观念，而且人们也更加注重健康饮食、身体保健、娱乐、社交礼仪等，广告在其中也发挥了影响和引导作用。

3. 传授新知识、新技术

商业广告在商品信息传播的同时，还发挥了传授新知识、新技术的功能。作为社会教育的一种形式，大量的广告信息补充了家庭教育和学校教育的不足。据调查，在中国香港有97%的人是经由广告知道许多新产品的，在美国这一比例是92%。不仅如此，人们对新技术、新发明的了解有很多是通过广告宣传获得的。因此，潜移默化地把新的商品知识、市场知识和新的科学技术知识传授给消费者，这也是广告应当发挥的作用。

三、对社会文化的作用

作为商品信息的传播方式，广告不仅给企业和消费者提供了很多帮助，作为一种经济现象和文化形式，广告在促进社会文化进步方面也发挥了不容忽视的作用。

1. 促进大众传播媒体发展

广告主要是借助大众传播媒体传递有关信息内容的，而大众传播媒体又通过刊播广告得到可观的经济收入。在资本主义国家，媒体大都是由私人经营的，它们基本都是依赖广告收入生存和发展的。据调查统计，一般情况下，广播电视业约90%以上的收入是通过广告获得的，报业有一半的收入来自广告，杂志的广告收入也在20%~70%不等。在我国，报纸、杂志、电视台和广播电台等主流媒体，其主要收入也都来自广告。人们之所以可以阅读到便宜的报纸、杂志，听到免费的广播节目，收看到大量免费的电视节目，也主要得益于广告收入对媒体的支持。

近几年，基于互联网环境技术的数字电视、数字杂志、数字报纸等新媒体的出现对传统大众媒体造成了较大的冲击，已严重影响了传统报纸、杂志、广播及电视对广告受众的吸引力，报纸、杂志发行量下降趋势明显。为此，如何创新和寻求变革的途径，是眼下传统媒体面临的一大严峻的课题。

2. 美化市容环境，丰富文化生活

广告所采用的各种高科技的媒体形式，在宣传商品信息的同时也为美化市容环境做出了贡献。尤其是树立在高楼大厦上的广告牌、闪烁变幻的霓虹灯、各大商场陈列商品的橱窗等户外广告，构成了城市亮丽的风景，把城市装点得更加美丽多姿。

另外，现代广告与人们的生活越来越密切，广告也已成为社会文化生活的重要组成部分。好的广告作品既是宣传品也是艺术品，它不仅能够利用较强的艺术感染力来吸引和打动目标消费者，而且应当具有一定的欣赏价值和文化品位，能给人们带来审美享受。比如有些优秀的广告语已成为日常生活中的流行语："雀巢咖啡，味道好极了"、"农夫山泉有点甜"、"好东西要和好朋友一起分享"、"车到山前必有路，有路必有丰田车"等。美国史提夫·卡文曾创作了广告歌《我爱纽约》，由于受到群众的喜爱，还成为纽约州州歌。

第二章

了解广告历史

广告的发展与商品经济及媒体的发展是息息相关的。我国的广告历史悠久，在历史上曾居世界领先地位。世界上最早的印刷广告就是在我国北宋时期出现的。但是，自从工业革命后，西方国家商品经济的快速发展，加之现代印刷技术、电子技术的出现并快速发展之后，我国的广告业就远远地落后了。

第一节
中国广告的历史演进

中国广告早在商朝时期开始萌芽，东周时已有文字广告，北宋时随着活字印刷技术的出现有了印刷广告。19世纪石版印刷和照相制版技术传入中国，以及报纸、杂志等大众媒体的出现，特别是20世纪彩色印刷技术的传入，使中国广告事业有了很大的发展。虽然1949年新中国成立至1979年这30年间，我国广告事业曾出现过停滞不前甚至严重倒退的局面，但自20世纪80年代初我国广告业重新起步至今，中国广告事业得以蓬勃发展。

本节将中国广告发展的历史分古代广告、近代广告、现代广告三个重要阶段进行描述，其中所涉及的广告包括商业广告和非商业广告。

一、古代广告的起源与形式的演变（原始社会末期至 1840 年）

中国古代广告一般是指原始社会末期至 1840 年鸦片战争前的广告。

中国古代社会早期，即原始社会末期奴隶社会初期就已经出现了朴素的、萌芽性的广告宣传。我们将沿着历史朝代的线索领略我国古代广告。

1. 五帝时期

黄帝、颛顼、帝喾、尧、舜时期，即传说中的"五帝"时期是中国北方中原地区历史上的父系氏族公社时期。

黄帝时期著名的部落联盟领袖还有中原地区的神农氏和江淮流域的蚩尤。

神农氏又称炎帝，居姜水流域，以"姜"为姓，他发明了农业生产和医药，以木制耒耜，教民耕种，遍尝百草，教人治病；轩辕氏又称黄帝和有熊氏，居姬水流域，以"姬"为姓，传说他和他的妻子嫘祖及臣属们发明了养蚕、舟车、文字、音律、医学、算术等。炎帝和黄帝时代，是中国文明的起源时期。炎帝的姓氏"姜"和黄帝的姓氏"姬"是部落的族徽，也算是较早的具有广告性质的标志。

这一时期"市"的形成和发展以及市场管理中的"社会分工"的出现，为商品交换及广告的发展奠定了基础。据古籍记载，"神农作市"，"祝融修市"。《易》对神农氏创市作了具体的记述。《周易·系辞下》："日中为市，致天下之民，聚天下之货，交易而退，各得其所。"又"刳木为舟，剡木为楫，舟楫之利，以济不通，致远以利天下。""服牛乘马，引重致远，以利天下。"可见，舟楫、牛马作为交通工具，已普遍运用于交换中，在"市"的形成过程中已起到了重要作用。

传说中，在唐尧之时，即有精细的"社会分工"。《淮南子·齐俗训》："故尧之治天下者，舜为司徒，契为司马，禹为司空，后稷为大田师，奚仲为工。其导万民也，水处者渔，山处者木，谷处者牧，陆处者农。地宜其事，事宜其械，械宜其用，用宜其人。泽皋织网，陵阪耕田。得以所有易所无，以所工易所拙。是故离叛者寡，而听从者众。譬若播棋丸于地，员者走泽，方者处高，各从其所安。"

《史记·五帝本纪》："舜耕历山，历山之人皆让畔；渔雷泽，雷泽上下皆让居；陶河滨，河滨器皆不苦窳。一年而所居成聚，二年成邑，三年成都。"城的出现，促进了"市"的进一步发展。

虽然有较多这一时期关于商业发展的记载，但是广告记载仍然局限于社会性的广告。

（1）异其国号，以章明德。据《史记》记载："自黄帝至舜、禹皆同姓而异其国号，以章明德。"他们更换国号，借助国号阐明自己的治国安邦之策，扩大自己的影响，这是一种政治性宣传。

（2）进善之旌、诽谤之木、敢谏之鼓。据古籍载，尧舜为了倾听民意，纳民之谏，往往在"五达之道"、"通都大邑"设置"进善之旌"、"诽谤之木"、"敢谏之鼓"。这所谓的"旌"、"木"、"鼓"，就是统治者宣传施政纲领、教化民众、发布信息的重要手段。

2. 夏代（约公元前 21~前 17 世纪）

约公元前 2070 年，我国历史上第一个国家——夏王朝建立，标志着中国历史进入了奴隶社会时期。这一时期手工业从农业中分离出来，开创了青铜文明。手工业的发展促进了交换的发展，出现了等价形态的货币。车的出现也为商业的发展提供了可能与条件。但这一时期有记载的主要也是社会性广告。

（1）禹铸九鼎，以示天下。《左传·宣公三年》记载："昔夏之方有德也，远方图物，贡金九牧，铸鼎象物，百物而为之备，使民知神、奸。"禹把全国划为"九州"，并铸造象征最高权力的"九鼎"。他从九州收集铜铁等金属，铸造了九个大宝鼎，鼎上刻绘九州万物恶毒生物和鬼神精怪的图像，以便人们认识，预先防备。九个宝鼎陈列于宫廷门外，任人参观。"九鼎"算是夏王朝的政治广告。

（2）甘誓。《史记·夏本纪》："有扈氏不服，启伐之，大战于甘。将战，作甘誓，乃召六卿申之。"此为夏启讨伐有扈氏，在"甘"这个地方发布的临战誓词，是迄今为止发现的我国最早的军事檄文，算是较早的军事广告。

3. 商朝（约公元前 17~前 11 世纪）

我国有文字可考的历史就是从商朝开始的。这一时期，手工业内部分工进一步扩大，使商品的生产和交换得到迅速发展。相土发明了马车，他的后人王亥发明了牛车。交通工具的发达也促进了商业的发展，开始出现货币及货币计量单位，出现了专业商人。

著名史学家吴晗认为，"商人"这一名词出于商朝。商亡后，商遗民们被迫集中在洛阳，被叫作"顽民"，经常被召集起来训话，过着被监视的生活。他们被另眼相看，既无政治权利，又失去了土地，为了过日子维持生计，只好东跑西跑做买卖。这种为贵族所不屑而又为庶民所不能为的行业，因为社会的需要，就成为商遗民主要从事的行业了。从某种程度上来说，这也就是中国"轻商贬商"的历史遗俗的根源所在。据姜亮夫考证，"商"为商代的商人经商时，为招揽顾客而使用的一种响器，是一种广告工具，后因以为族名、地名，甚而为国名。

虽然已有了商业广告现象，但这一阶段仍以社会广告为主，主要还是沿袭夏代的"誓"等广告手段，用以宣达政令。

（1）汤誓。《史记·殷本纪》："当是时，夏桀为虐政淫荒，而诸侯昆吾氏为乱。汤乃兴师率诸侯，……遂伐桀。……以告令师，作汤誓。"

（2）振木铎巡于路。殷商除了沿袭夏代以来的社会广告手段"誓"，还派"遒人"、"行人"乘坐"轺轩"，"振木铎巡于路"，宣达政令。这种警示民众、宣传政教的办法，也是比较典型的政治广告方式，一直流传到汉代。

4. 西周（公元前 11 世纪~前 771 年）

西周是小农自然经济居垄断地位的农业社会，一贯是农工商并重。据《史记·货殖列传》记载，《周书》中有"农不出则乏其食，工不出则乏其事，商不出则三宝绝，虞不出则财匮少"的表述。由于实行"工商食官"制度（工匠和商贾都是官家的奴仆，商业活动由官府垄断），民间商业活动不发达，仅有少量的贸易活动，以物易物。但是，由于商业活动由官府垄断，于是出现了法定的"市"，且市场发达，管理完善。在此期间，商业行为中出现了实物广告、声响广告、叫卖广告等广告形式。

（1）鼓刀扬声。辅佐周王克商的功臣姜尚（姜子牙）落魄时，曾经商于市井。谯周《古史考》记载："吕望尝屠牛于朝歌，卖饮于孟津。"《楚辞·离骚》说："师望在肆，鼓刀扬声。"《楚辞·天问》又有："师望在肆，昌何识，鼓刀扬声，后何喜？"姜太公郁郁不得志于市井（肆）中，守着肉铺子赚些许小钱，心中却无时无刻不在盼着明主的赏识，以便待价而沽。他把剁肉的大砍刀弄得铮铮作响，引起了文王（姬昌）的注意，从而就有了"下屠屠牛，上屠屠国"的个人才华的大展示。

（2）抱布贸丝。《诗经·卫风·氓》："氓之蚩蚩，抱布贸丝，匪来贸丝，来即我谋。"这既是以物易物的记录，也是实物展示广告的生动记录。

夏、商、周三代的"誓"、"告"等，是中国最早的文字广告，也多是政治军事性质的广告。每逢重大事件，王侯贵族们常会以此来鼓舞将士斗志，安定民心。

5. 春秋（公元前 770~前 476 年）

春秋时期进入社会大动荡、大变革时代。井田制逐步瓦解，封建制逐步取代了奴隶制，"工商食官"制开始被瓦解。这一时期，铁农具的使用，牛耕的进一步推广，促进了农业和手工业的发展，城市的兴起，也促进了商业的活跃与繁荣。官府开始保护商业活动，商人的社会地位逐步提高，这使得民间的商品交换活动有了较大的发展，商人阶层开始分化，而且有了行商和坐贾之分。《白虎通》中对商贾之分有这样的描述："商之为言章也，章其远近，度其有亡，通四方之物，故谓之为商也。贾之为言固也，固其有用之物，待以民来，以求其利者也。故通物曰商，居买曰贾。"

由于民间商品交换的迅速发展，出现了很多以私人资本经商的大商人。

【子贡】鲁国孔丘的弟子，在曹鲁两国之间做买卖，发了大财，同时又凭借雄厚的经济实力参与政治活动。《史记·货殖列传》记载："子赣既学于仲尼，退而仕于卫，废著鬻财于曹、鲁之间，七十子之徒，赐最为饶益。"

【范蠡】字少伯，春秋末期楚国人，被后人尊称为"商圣"。先是在越国与文种共同事奉越王勾践二十余年，最终灭了吴国，被尊为上将军。但是，范蠡了解越王勾践的为人，深知可与之共患难，难与其同富贵，后离开勾践到了齐国，更姓名为鸱夷子皮，最终做了齐国的相。但几年后他又急流勇退迁到陶，自号陶朱公，用他的老师计然传授的经商之道，很快又成了巨富。《太平广记·神仙传》有老子"在越为范蠡，在齐为鸱夷子，在吴为陶朱公"一说。史学家司马迁称："范蠡三迁皆有荣名。"因为经商有道，民间许多生意人皆供奉陶朱公为财神。

【计然】本是春秋末期晋国的一个智谋奇才。此人游历吴越，收范蠡做了学生。《计然书》便是范蠡隐退后辑录老师计然之言论，并参以自己见解所成，全书七策八千余言，说的便是一个致富术，富国富人，字字精到，天下商旅呼之为"绝世富经"，名士则称之为"计然七策"。《史记·货殖列传》有载：

策之一：需求决定与经济周期论。

"知斗则修备，时用则知物，二者形则万货之情可得而观已。"

"故岁在金，穰；水，毁；木，饥；火，旱。旱则资舟，水则资车，物之理也。六岁穰，六岁旱，十二岁一大饥。"

策之二：价格调控论。

"夫粜，二十病农，九十病末。末病则财不出，农病则草不辟矣。上不过八十，下不减三十，则农末俱利，平粜齐物，关市不乏，治国之道也。”

策之三：实物价值论。

“积著之理，务完物，无息币。”

策之四：贸易时机论。

“以物相贸，易腐败而食之货勿留，无敢居贵。”

策之五：价值判断论。

“论其有馀不足，则知贵贱。”

策之六：物极必反论。

“贵上极则反贱，贱下极则反贵。”

策之七：资金周转论。

“贵出如粪土，贱取如珠玉。财币欲其行如流水。”

【弦高】是郑国的一位行商，经常来往于各国之间做生意。鲁僖公三十三年（公元前627年）他到周王室辖地经商，途中遇到秦国军队，当他得知秦军要去袭击郑国时，便一面派人急速回国报告敌情，一面伪装成郑国的特使，以12头牛作为礼物，犒劳秦军。秦军以为郑国已经知道偷袭之事，只好班师返回。郑国避免了一次灭亡的命运。当郑国君主要奖赏弦高时，他却婉言谢绝：“作为商人，忠于国家是理所当然的，如果受奖，岂不是把我当作外人了吗？”

春秋时期的广告主要有以下几种形式：

（1）牛首马肉。《晏子春秋》有“君使服之于内，犹悬牛首于门，而卖马肉于内也”的记载，这说明当时幌子广告已经较为普遍，还可以反映出当时商业活动中已有虚假广告宣传的现象。

（2）悬诸象魏。各诸侯国和周王室往往把有关国家政教、法令的图像和条文，悬挂在阙下，以告知民众。上古时，将天子、诸侯宫门外的对称建筑物称为阙或观，因其高大，故称为“魏阙”、“象魏”。“悬诸象魏”这种政治广告形式后来演化为告示、公文之类的文书，张贴在城门两旁，以便出城入城的行人观看。

6. 战国（公元前475~前221年）

这是一个大变革的时代。没落的奴隶主贵族与新兴的封建地主阶级斗争激烈，军事暴力、变法改革不断，形成了“百家争鸣”、人才辈出的局面。变法改革的推行，也曾借助社会广告的手段来完成。繁华的大都市出现，道路发达，为经商提供了条件。

【白圭】战国时期著名商人。他提出商人应有的素质为："智、勇、仁、强"，他将"智"放在了第一位。白圭说："吾治生产，犹伊尹、吕尚之谋，孙吴用兵，商鞅行法是也"，他指出：商人必须反应迅速，"趋时若猛兽鸷鸟之发"。《史记》中描述白圭"乐观时变，人弃我取，人取我与"，也就是要逆向操作、不与人趋。这一时期的商业广告已经较为普遍，甚至有了朦胧的名人广告意识和广告策划意识。

（1）名人广告。《战国策·燕二》："人有卖骏马者，比三旦立市，人莫之知。往见伯乐，曰：'臣有骏马欲卖之，比三旦立于市，人莫与言。愿子还而视之，去而顾之，臣请献一朝之费。'伯乐乃还而视之，去而顾之，一旦而马价十倍。"

（2）实物展示广告、叫卖广告、虚假广告。《韩非子·难势》："客有鬻矛与盾者，誉其盾之坚：'物莫能陷也。'俄而又誉其矛曰：'吾矛之利，物无不陷也。'人应之曰'以子之矛，陷子之盾，何如？'其人弗能应也。"这就是"自相矛盾"的故事。其中包含了实物展示、叫卖等广告形式，甚至可以看出，虚假广告已经出现。当然，虚假广告会受到社会道德规范的监督与约束。

（3）酒旗广告。韩非子《外储说右》："宋人有酤酒者，升概甚平，遇客甚谨，为酒甚美，悬帜甚高。"这是较早的关于旗帜广告的记载。

（4）广告策划。《史记·燕召公世家》说："燕昭王于破燕之后即位，卑身厚币以招贤者。谓郭隗曰：'齐因孤之国乱而袭破燕，孤极知燕小力少，不足以报。然诚得贤士以共国，以雪先王之耻，孤之愿也。先生视可者，得身事之。'郭隗曰：'王必欲致士，先从隗始，况贤于隗者，岂远千里哉！'于是昭王为隗改筑宫而师事之。乐毅自魏往，邹衍自齐往，剧辛自赵往，士争趋燕。"燕昭王为了吸引人才，躬身事隗，吸引了大批有识之士投奔燕国，为燕所用。这说明当时人们已经具有了朦胧的广告策划意识。

7. 秦代（公元前221~前206年）

尽管只有短短15年时间，但秦代作为中国历史上第一个统一全国的中央集权制的封建王朝，实行了很多重要的有利于社会经济、文化发展和社会安定的政策。如废除井田制实行土地私有制，统一了货币、度量衡，统一了车轨、文字等，并迁徙各国贵族和富豪到咸阳、南阳、巴蜀等地，促进了经济的发展。此外，秦始皇统一六国后还开"直道"，修"驰道"，既便利了交通，又为贸易交换和商业发展提供了极为便利的条件。但由于其实行了"上农抑末"的政策和一系列试图削弱富商的经济实力的政策，抑制了商业的发展。目前尚未看到秦朝有关商业广告活动的记载，但是有类似政治广告和社会广告的记载。

（1）立石颂秦德。"立石颂秦德"发生在秦统一六国后。嬴政二十八年（公元前219年）始，秦始皇开始东行郡县，刻石铭功以"颂秦德"。《史记·秦始皇本纪》记载："二十八年，……登之罘，立石颂秦德焉而去。""作琅邪台，立石刻，颂秦德，明得意。""二十九年，始皇东游……登之罘，刻石。""三十二年，始皇之碣石……刻碣石门。坏城郭，决通堤防。""三十七年十月癸丑，始皇出游。……上会稽，祭大禹，望于南海，而立石刻颂秦德"。这些刻石，虽然说是"群臣诵功，请刻于石"，但秦始皇威慑海内、臣服天下以期永久、万世之心，宣扬秦王朝无敌于天下的野心却暴露无遗。

（2）伐无道，诛暴秦。公元前209年，即秦二世元年七月，陈胜、吴广揭竿起义，建立了中国历史上第一个农民革命政权，提出了"伐无道，诛暴秦"的革命口号，以号召群众响应。这也算是一个政治广告。

（3）约法三章。公元前207年十月，刘邦军至霸上，子婴投降，秦亡。刘邦欲称"关中王"，同时公布《约法三章》："杀人者死，伤人及盗抵罪。"刘邦的这些做法对于恢复关中的社会秩序有很大的好处。这个《约法三章》类似法规，起到了稳定社会治安的作用，算是一则政治广告。

8. 西汉（公元前206~公元25年）

西汉初期，由于商贾们囤积居奇，致使物价飞涨，民不聊生，国家财政困难，汉高祖刘邦便采取了"重农抑商"的政策。《史记·平准书》云："天下已平，高祖乃令贾人不得衣丝乘车，重租税以困辱之。孝惠、高后时，为天下初定，复弛商贾之律。然市井之子孙亦不得仕宦为吏。"

晁错为了改变当时"法律贱商人，商人已富贵矣；尊农夫，农夫已贫贱矣"的局面，提出了"贵粟"的办法，即以粟为赏罚，地主和农民可以入粟买官或除罪。这样就可以使"富人有爵，农民有钱"。汉文帝刘恒采纳了"贵粟"的建议，变"抑商"为"惠商"，取消了在关口、渡门、桥梁等处设置的检查站，取消了山林、川泽之樵采、捕捞的禁令。商人们可以自由贩运、任意开山鼓铸、砍伐木材，商业和手工业都获得了迅速发展，出现了贸易自由、市场繁荣的隆盛局面，出现了货栈和专业市场，有"军市"、"胡市"，并开始了与海外通商，与西域通使，开拓了"丝绸之路"。

西汉时，由于社会生产力的发展，视野的开阔，疆域的扩展，各种广告或类似于广告的社会活动与日俱增，出现了很多新的广告形式。

（1）商标广告。《史记·萧相国世家》记载："召平者，故秦东陵侯。秦破，为布衣，贫，种瓜于长安城东，瓜美，故世俗谓之'东陵瓜'，从召平以为名也。"这个"东陵瓜"，可能是最早使用人的名字或职务来命名的商品，类似"商标"。因为"东陵瓜"味道甜美，以至于成为甜美之瓜的代名词。

（2）招聘广告。为了加强统治，汉王朝十分重视招揽人才，并较多地使用了招募广告。汉高祖曾下《求贤诏》；淮南王刘安有《招隐士》榜文；武帝下《求茂材异等诏》。《史记·大宛列传》记载："汉方欲事灭胡，闻此言，因欲通使。道必更匈奴中，乃募能使者。骞以郎应募。"这里的"募"，就是一种招聘广告活动。

（3）美女广告。《史记·司马相如列传》记载："相如与俱之临邛，尽卖其车骑，买一酒舍酤酒，而令文君当炉。相如自著犊鼻裈，与保庸杂作，涤器于市中。"（"当炉"同"当垆"）在酒店门前垒土为垆，安放酒瓮，卖酒的坐在垆边，称为"当垆"。垆可以算是卖酒的一种标识。文君当垆，可以说是开创了美女广告的先河。

"文君当垆"这个典故流传甚广，人们常以此比喻美女卖酒，或表现饮酒和爱情，同时也常用来描写蜀地风情。李商隐《杜工部蜀中离席》诗"美酒成都堪送老，当垆仍是卓文君。"陆游《寺楼月夜醉中戏作》："此酒定从何处得，判知不是文君垆。"

（4）仿单广告。仿单，又有叫"裹贴"的，就是在出售某些商品时随带的纸单，或作为外包装，或夹在商品包里面，类似今天的"产品说明书"。西汉时期，人们就已经开始将纸作为商品的包装材料来使用。在 1990 年甘肃敦煌考古中，与大批竹简同时出土的还有若干纸片，其中一张纸片上写有 9 个字："巨扬左利上缣皂五匹"。有学者考证，这就是后来的"仿单"。

9. 东汉（公元 25~220 年）

东汉刘秀称帝的同年，也就是公元 25 年，建都于洛阳。都城洛阳是在周代成周城的基础上扩建起来的，其规模、盛况空前。共设有 3 个大的商业贸易市场："金市"、"马市"、"羊市"（又叫"南市"）。马市和羊市都是专业市场。明帝永平五年（公元 62 年）在城东又设粟市，其繁荣的程度超过前 3 个市场。

洛阳商业之盛，引来了四方客商，其中也有不少外国商人，如西域胡商也纷纷前来行商。和西汉相比，东汉的商品种类繁多，市场也扩大了，交通更发达，在城市中都设有交易市场，叫做"市"。市内按所卖商品的种类，分为若干"市列"或"列肆"，每个列肆中又有很多的店铺或商摊，其主要商品有农产品、手工业品，还有金、玉、琥珀、玛瑙、玳瑁、象牙、犀角等珍贵器物以及中外药材等。

商品经济的发展，也促进了交通的发达。陆路、水路都有新的发展。东汉王朝开辟了自巴蜀远达印度的"西南丝绸之路"。由于水路航运的发达，东汉与海外各国的往来关系更加密切，与朝鲜、日本（倭国）、印度（天竺）、爪哇岛或苏门答腊岛（叶调国）、罗马帝国（大秦国）等均有密切的往来。

东汉时，中国传统经济逐渐出现了新的迹象，豪强地主的势力不断增长，个体小农家庭经济逐渐衰微。市场上的"豪人货殖"之风盛行。所谓豪人，就是指皇权贵族、官僚地主，他们竞相从事各种市场活动，凭借种种特权进行货殖营利，扰乱了市场秩序。结果，职业商人式微，市场开始倒退。

《后汉书·孝灵帝纪》："是岁帝作列肆于后宫，使诸采女贩卖，更相盗窃争斗。帝着商贾服，饮宴为乐"，"又驾四驴，帝躬自操辔，驱驰周旋，京师转相仿效，驴价遂与马齐"。此时的市场，奢侈品在商品中的比重增加。"豪人货殖"之风在一定程度上束缚了市场和商品的交换与发展，但也出现了一些新的广告形式。

（1）色诱广告。司马相如让美貌的卓文君当垆卖酒，开创了以美女广告招揽顾客的先河。之后，这种"色诱"的吸引顾客的方法，为后来历代商家特别是酒家所效仿。东汉辛延年所作《羽林郎》中描写了酒家以胡姬的美貌吸引浮浪少年光顾的情景，诗云："昔有霍家奴，姓冯名子都。依倚将军势，调笑酒家胡。胡姬年十五，春日独当垆。长裾连理带，广袖合欢襦……"

（2）实物幌子广告。在四川彭县开平乡，发现了东汉羊樽酒肆画像砖。画像砖上画有酒肆，酒肆内有盛酒容器，有一人当垆，一木案上放有两具羊樽。这两具羊樽就是卖酒者的实物幌子。

（3）零丁。东汉时，还出现了寻人招贴广告，即"零丁"，这是一种社会广告。清代顾张思《土风录》卷二"贴招子"中记载："高士奇《天禄识余》云：《齐谐记》有失儿女零丁……《后汉书》戴良有失父零丁。零丁，今之寻人招子也。"

（4）三令五申。刘秀称帝的第二年共下六道解放奴婢令，在建武十一年的二月、八月、十月中，三次下令禁止残害奴婢。二月诏令说："天地之性人为贵，其杀奴婢，不得减罪。"这种"三令五申"的重复性广告手段，发挥了不可低估的宣传作用。

（5）文化广告。东汉官府重文，灵帝熹平四年（公元 175 年）至光和六年（公元 183 年），由议郎蔡邕主持，刻《鲁诗》、《尚书》、《周易》、《仪礼》、《春秋》、《公羊传》、《论语》七种经文共 46 碑，立于南郊太学讲堂东侧。这是中国历史上最早的官定儒家经本，也应是最早的官方文化广告。

10. 魏晋南北朝时期

这一时期，三国、西晋、东晋以及北魏都有对广告活动的记载。

（1）三国（公元 220~280 年）。魏、蜀、吴三国虽处于鼎立局势，但是各国之间的贸易往来并没有中断，而且还设有官方和商人都可以经营的"互市"。魏、蜀关系紧张时，还曾通过东吴进行三角交易。这一时期既有政治广告的记载，也出现了新的广告形式——诗歌广告。

1）马踏青苗者斩。曹操在北方实行屯田制等措施，使农业生产得到了恢复，丝织业、冶铸业、制盐业等手工业有了较大发展，商业也逐渐得到了恢复和发展。曹操重视农业生产，曾下令马踏青苗者斩首，结果自己的马被鸟惊了之后踏了青苗，曹操欲自刎以行军令，被部下苦劝，最后削发以代斩首。曹操此举，既严明了军纪，又笼络了将士和百姓的人心，是一个有效的政治广告。

2）诗歌广告。三国时，酤酒业和其他手工业一样发达，出现了不少名酒，引得文人骚客、侠士豪杰歌颂称赞。曹操有首流传很广的《短歌行》，也无意中为杜康酒做了广告："慨当以慷，忧思难忘，何以解忧，惟有杜康。"

3）宁饮建业水，不食武昌鱼。公元 229 年，孙权在武昌即位，同年九月迁都至建业。公元 265 年，孙皓又自建业迁都至武昌，致使劳役繁重，怨声载道。左丞相陆凯在武昌上疏劝阻孙皓时引用民谣："宁饮建业水，不食武昌鱼。宁还建业死，不止武昌居。"中前两句。尽管武昌有美鱼可烹食，有房屋可停居，但百姓宁愿到建业去，即使在那里只能饮水充饥，以至如履死地，也心甘情愿，在所不辞。这民谣无疑为武昌鱼做了广告，使武昌鱼名声大振。

（2）西晋（公元 265~317 年）。公元 265 年，司马氏夺曹魏政权，建立了西晋。公元 280 年灭吴，结束了三国鼎立的局面，统一了中国。在历时 10 年的"太康盛世"时期，商业出现了短暂的繁荣景象，市场繁华，各种商品应有尽有。因为市场繁华，引来各地经商者众多，洛阳再度成为全国外贸活动中心。

商业活动的兴盛，商品的丰富，为统治者提供了奢侈生活的方便条件。西晋的皇族和士族，过着极为荒淫、奢侈、腐朽、堕落的生活，其"奢侈之费，甚于天灾"。统治者的奢侈生活，导致了奢侈商品的发达和畸形商业的发展。

当时的商业有丰厚的利润，这吸引了达官贵人，他们争相从商，逐渐垄断了商业市场。甚至皇室都通过经营商业而聚敛钱财，弃农经商之风甚浓。晋惠帝元康九年（公元299年），愍怀太子司马遹"于宫中为市"，不但"使人屠酤"，而且自己还练就了一手硬本领，挥刀斫肉，"手揣斤两，轻重不差"，还"令西园卖葵菜、篮子、鸡、面之属，而收其利"，把市场搬进宫院，以此来弥补其"奢费过度"的巨大开支。

统治者为了垄断市场，排挤正当的私人经营者，一度颁布了一些侮辱商人的措施。《晋书》记载："刽卖者，皆当着巾，白贴，额题所卖俭者及姓名，一足白履，一足黑履。"西晋王朝从其立国至灭亡仅仅52年，关于这一时期广告发展情况尚未发现有记载。

（3）东晋（公元317~420年）。东晋时鼓励经商，积极发展海外贸易。都城建康成为长江下游的第一大商埠和第一大都会，商贾云集，成为商业中心。长江水道，商船往来频繁，江河码头，经常停船成千上万艘。

晋王室贵族生活奢侈豪华，王朝士族们争豪斗富，聚敛财富，推销自家产品，利用自身声誉做"名人广告"者不乏其人。王导和谢安就是当时名人广告的代表。

【王导】（公元276~339年）历元帝、明帝、成帝三朝出将入相，家里也经商。东晋初建不久，国库空虚，常常入不敷出。国库里除了几千匹粗丝织的布匹之外，已没有值钱的东西可卖了，而且这种粗丝织的布匹即使拿到市场上也无人问津，值不了几个钱。王导先是用自家同样的布料做了与众不同的朝服与朝臣们同穿。一时间，贵族及普通百姓纷纷仿效。很快，这种布匹就供不应求，价格暴涨。王导乘机把国库里库存的那几千匹粗丝织的布匹投放市场，国库也因此得以充实。

【谢安】丞相谢安的一个同乡由中宿（今广东清远县）罢官返回建康，随行带有葵扇五万柄，谢安取了一些自用，并常手摇葵扇，不少人争相效仿，此人因此大获其利。后来有人在诗中写道："衣裁练布如王导，扇执蒲葵学谢公。"

【王羲之】王羲之为王导之侄，他曾为一位卖扇子的老姬做了广告。《晋书·王羲之传》记载：羲之"尝在蕺山，见一老姥持六角竹扇卖之。羲之书其扇，各为五字。姥初有愠色。因谓姥曰：'但言是王右军书，以求百钱邪。'姥如其言，人竞买之。他日，姥又持扇来，羲之笑而不答。"

(4) 北魏（公元386~534年）。北魏太武帝统一北方。孝文帝拓跋宏迁都洛阳，推行改革，整顿史治，实行均田制和三长制，改易风俗，实行汉化，推动了北方各民族的融合。自孝文帝实行改革后，农业、手工业得到恢复和发展，商业也随之恢复和发展，魏都洛阳成为北方最大的商业城市。《洛阳伽蓝记》记："京师东西二十里，南北十五里，户十万九千余"，可见当时洛阳之繁盛。

北魏时商业发达，商人们已有了朦胧的广告策划意识，他们通过虚构离奇的故事来助推商品销售。

1) 演示广告·擒奸酒。北魏杨炫之《洛阳伽蓝记·法云寺》："河东人刘白堕善能酿酒，季夏六月，时暑赫晞，以罂贮酒，暴于日中，经一旬，其酒不动，饮之香美，醉而经月不醒，京师朝贵多出郡登藩，远相饷馈，逾于千里；以其远至，号曰'鹤觞'，亦名'骑驴酒'。永熙年中南青州刺史毛鸿宾赉酒之藩，逢路贼，盗饮之即醉，皆被擒获，因复名'擒奸酒'。"

"鹤觞"、"骑驴酒"、"擒奸酒"这三个名称，可以说是刘白堕的酒的品牌。而以上在盛夏季节暴晒酒的演示广告和擒奸酒的故事，据说是卖家杜撰出来的。

2) 做柏木棺，勿以桑木为欀。北魏迁都洛阳，一意推行汉化，殡葬礼仪隆重，棺椁生意十分兴盛。传说，僧人达多在挖取旧坟砖石时，挖出一人，自称崔涵，已死去12年。后来崔涵常对卖棺椁的人说："做柏木棺，勿以桑木为欀。"有人问他为什么，他说："吾在地下，见人发鬼兵。有一鬼诉称柏棺，应免。主兵吏曰：'尔虽柏棺，桑木为欀'，遂不免。""京师闻此，柏木踊贵"，柏木棺椁由滞销迅速变为畅销。有人猜测崔涵就是柏木棺椁的生产商。

3) 露布。露布是这一时期重要的政治广告和社会广告形式。它是一种在出师之前，暴露、宣布、声讨敌对方罪恶的军事檄文，为自己出师正名。一般写在一尺多长的木板上。特点是"露布不封，播诸视听"（刘勰《文心雕龙·檄移》），"所以名露布者，谓不封检，露而宣布，欲四方速知"（《封氏见闻记》）。另一种"檄"源于上古三代时的"誓"。还有一种是"捷报"，书在长缣之上。"露布，捷书之别名也。诸军破贼，则以帛书建诸竿上，兵部谓之露布"（宋王说《唐语林》）。

11. 隋朝（公元 581~618 年）

隋代是中国历史上又一个全国统一的中央集权制王朝，历 3 帝，凡 37 年。国祚虽短，但市场发达，社会经济和文化出现短暂的繁荣景象，国库积累丰厚。其间，隋朝开凿了京杭大运河，沟通了海河、黄河、淮河、长江、钱塘江五大水系，便利了南北交通与贸易，促进了南北经济文化的交流与发展。隋都长安成为全国最大的商业中心和重要的国际商贸中心。隋朝国际贸易发达，出现了商人自发的组织"行"，商业广告在已有形式的基础上，又出现了由中央政府组织的大型国际商贸展销会。

（1）国际贸易展销会。公元 610 年，隋炀帝广邀西域 40 多个国家的商人聚集洛阳，于正月十五日，在皇城端门外设置百戏场为商人表演。端门外的大街上盛陈的百戏散乐，戏场绵亘八里，动用歌伎 30000 人，以娱聚集少数民族和外国首领、商人，隋炀帝还曾下令盛饰市容，装潢店肆，房檐一律，珍货充积，以吸引商人交易。这是中国历史上首次由中央政府出头组织的大型国际商贸展销会。

我国现存最早的广告实物及传单广告都出自隋朝。

（2）现存最早的广告实物。20 世纪初，英国考古学家斯坦因在我国新疆吐鲁番吐峪沟遗址发现了一张隋朝初期高昌国（当时西域的一个小国）延昌三十四年（公元 594 年）的告白残纸，纸上写有"……自官私……延昌卅四年甲寅……家有恶狗，行人慎之"等字样。此残片现存于英国某博物馆，应是迄今为止发现的中国最早的广告实物。

（3）传单广告。隋文帝杨坚为统一全国，欲出兵江南，消灭南陈。大军出发前，杨坚曾下令散发诏书 30 万张，展开强大的宣传攻势，揭露陈后主陈叔宝的罪恶，以瓦解其军心和民心，次年便一举消灭了陈。《资治通鉴》卷一百七十六《陈纪》载："送玺书，暴帝二十恶，下令散写诏书三十万张，遍谕江外。"这 30 万张诏书，是我国最早的关于传单广告的记载。

12. 唐朝（公元 618~907 年）

公元 618 年，唐朝建立，我国的封建社会发展到了鼎盛时期。农业上实行的均田法和租庸调法，有力地推动了经济的发展；工商业日趋繁盛，商业空前兴旺；手工业生产水平不断提高，使商品品类日益丰富。尤其是"丝绸之路"的开拓和发展，使海上贸易得以发展，广州、扬州、泉州和都城长安，成为了"万国通邦"的国际贸易中心。这些大城市"街市繁华，中外商贾云集，市肆店铺各有专营"，出现了肉行、金银玉器行、衣行、麸行、秤行、绢行、药行、渔行等专业商行，同时，还发展了专事融资的行业——钱庄。

由于市场发达，唐朝制定了严格的市场管理制度：凡市皆由官设，市场划定地域，以墙圈围，四方设门，定时关闭；市内分肆，入市交易商品以类相聚，分别在规定的肆中出售；商品价格由官家评定，悬牌经营。

伴随着城市商业和市场的日益繁荣，唐代长安城内还出现了为商业服务的新行业，如客舍、邸店、车坊、质库、僦柜、寄附铺、飞钱业等。这些新行业的出现，不仅丰富繁荣了市场，而且也为商业的进一步发展提供了条件。唐朝社会富庶、商业繁荣，广告的形式也得到了空前的发展。

（1）叫卖广告。唐朝时叫卖广告非常普遍。据史书记载，唐代从事商业者，有商贾之别。王孝通所著《中国商业史》中描述：坐贾在市廛住居，行商"即使四方之产物，或巡历各地调市（定期市）以贩卖或应访各地域之各户以呼卖……至于呼卖商人，则惟有呼卖日常用品之菜蔬、水果以及其他农产而已。"

（2）商标广告。在唐代，官府对于商品的产品质量和管理较为严格，尤其是用来服官役的兵器。"其造弓、矢、长刀，官为立样，仍题工人姓名，然后听鬻之。诸器亦如之。"在唐代西市店铺遗址的发掘中，发现了陶器店铺作坊的遗址，所出陶器上都有"刑娘"字样的标记。蜀中制琴世家有个叫雷威的人制作的琴非常有名，人称"雷公琴"，他制作的琴都刻着篆体"春雷"二字作为标记。据明代《清秘藏》记载："春雷，宋时藏宣和殿百琴堂，称为第一。后归金章宗，为明昌御府第一。章宗殁，挟之以殉。凡十八年，复出人间，略无毫发动，复为诸琴之冠。天地间尤物也！"就如"王麻子"一样，这些商品上的落款和标记后来就演变成了商品的商标，甚至成为驰名商标。

（3）灯饰广告。唐朝夜市的繁荣，也带来了灯饰广告的兴起。王建（公元767~830年）在《夜看扬州市》中写道："夜市千灯照碧云，高楼红袖客纷纷；如今不似升平日，犹自笙歌彻宵闻。"可见灯饰广告在唐朝已经非常普遍。

（4）响器广告。河北省石家庄上京村毗卢寺，始建于唐天宝年间（公元742~756年），元代重修。寺中主殿毗卢殿四壁绘满壁画，其中描绘九流百家的街市，就有各种响器广告的画面：有手执泥瓦工具作敲击状的壮年男子，有瞽目者手执响器，有挑担货郎手执货郎鼓。

（5）幌子广告。成都地区有以木制老鼠为标记专卖老鼠药的记载。据《太平广记》卷八十五载,"李客者,不言其名。尝披蓑戴笠,系一布囊,在城中卖杀鼠药,有一木鼠记。"

(6)表演广告。唐朝时就有人在卖药时舞刀弄枪,吸引行人注意。《太平广记》说:"市内有一人弄刀枪卖药"。直到 20 世纪 80 年代,这一广告形式在我国还很常见。

(7)海报广告。隋唐之际,舞蹈音乐的成就很高。隋炀帝定九部乐,唐太宗增为十部乐,唐玄宗又从坐部伎中选出 300 人教于梨园,又选宫女数百人称"梨园弟子"。有了管理机构,出现了很多大音乐家,有了固定的演出场所,也出现了宣传所用的戏剧海报。明人张宁在《唐人勾栏图》中写道:"君不闻:天宝年中乐声伎,歌舞排场逞新戏。教坊门外揭牌名①,锦绣勾栏如鼎沸。初看散末起家门……"可见,唐时已经出现戏剧海报。

(8)图画广告。《唐国史补》和宋人王谠所撰《唐语林》中都记载了这样一件事:"江淮贾人,有积米以待踊贵。图画为人,持米一斗,货钱一千,以悬于市。扬州留后徐粲杖杀之。"这个囤积居奇的江淮米商,应该说很有商业头脑,广告也很有创意,只可惜其广告目的是哄抬物价、牟取暴利,结果招来杀身之祸。

(9)诗词广告。唐代是中国古典诗歌的黄金时代,诗歌的数量、题材之广泛,风格流派之多样,艺术之精湛,可谓空前绝后。这些诗歌中也有不少描绘商业活动的诗句,也产生了许多的广告诗歌。

李白——常常独醉于美酒,许多流芳千古的名篇佳作都是在酩酊大醉之时信手所出。他曾为兰陵美酒写过绝辞佳句《客中行》:"兰陵美酒郁金香,玉碗盛来琥珀光。但使主人能醉客,不知何处是他乡。"

白居易——曾为当时的一种高级手工纺织品"缭绫"写了这样的广告诗:"缭绫缭绫何所似?不似罗绡与纨绮。应似天台山上明月前,四十五尺瀑布泉。中有文章又奇绝,地铺白烟花簇雪……天上取样人间织。织为云外秋雁行,染作江南春水色……异彩奇文相隐映,转侧看花花不定。……缭绫织成费功绩,莫比寻常缯与帛……"

杜甫——唐代晋阳生产的"并州剪刀"闻名全国,杜甫在诗里写道:"焉得并州快剪刀,剪取吴淞半江水",形象地描绘了并州剪刀的锋利。杜甫曾赋诗

---

① 教坊:指民间表演团体机构;牌名:为戏码曲目名称;揭:也就是张贴、悬挂的意思。

《又于韦处乞大邑瓷碗》赞美大邑县的瓷器："大邑烧瓷轻且坚，扣如哀玉锦城传。君家白碗胜霜雪，急送茅斋也可怜。"

岑参——岑参的诗歌富有浪漫主义特色，气势雄伟、想象丰富、色彩瑰丽、热情奔放，尤其擅长七言歌行。诗作《送费子归武昌》中有"秋来倍忆武昌鱼，梦着只在巴陵道"之句。

杜牧——"清明时节雨纷纷，路上行人欲断魂。借问酒家何处有，牧童遥指杏花村。"《清明》一诗可谓脍炙人口，流芳百世，堪称广告诗的代表作。诗作流传了千余年，也为杏花村酒做了一千多年的广告。

(10) 酒旗广告。唐代都城长安有"国际大都会"的美誉，生活在大都市里的人们过着富庶又典雅浪漫的生活，酒是唐人日常生活不可或缺的一部分，各种形式的酒幌子，就成了酒家的标志。当时酒幌子有多种叫法，如"青旗"、"青帘"、"银题彩帜"、"酒幔"、"酒斾"、"书旗"、"幌"、"青帜"等。

唐朝著名诗人的诗作里有较多关于酒旗广告的记载。杜牧的六言诗《代人寄远》："河桥酒斾风软，候馆梅花雪娇。宛陵楼上瞪目，我郎何处情饶。"元稹的《和乐天重题别东楼》："唤客潜挥远红袖，卖垆高挂小青旗。"白居易的《杭州春望》："红袖织绫夸柿蒂，青旗沽酒趁梨花。"刘禹锡的《鱼腹江中》："风樯好住贪程去，斜日青帘背酒家。"皮日休的《酒旗》诗，对酒旗作了具体生动的描绘："青帜阔数尺，悬于往来道。多为风所飐，时见酒名号。拂拂野桥幽，翻翻江市好。双眸复何事，终竟望君老。"

(11) 商品展销会。《旧唐书·韦坚传》中记载，天宝年间，韦坚将渭水通往长安的漕舟集于宫苑墙外，供皇帝御览所载各地货物，其时"坚预于东京、汴、宋取小斛底船三二百只置于潭侧，其船皆署牌表之。若广陵郡船，即袱背上堆积广陵所出之锦、镜、铜器、海味；丹阳郡船，即京口绫衫缎；晋陵郡船，即折造官端绫绣；会稽郡船，即铜器、罗、吴绫、绛纱；南海郡船，即玳瑁、珍珠、象牙、沉香；豫章郡船，即名瓷、酒器、茶釜、茶铛、茶碗；宣城郡船，即空青石、纸笔、黄连；始安郡船，即蕉葛、蚺蛇胆、翡翠"。可见当时集货地之广，景况之盛。

13. 宋朝（公元 960~1279 年）

北宋时，指南针的发明推动了航海业和国际贸易的发展，王安石变法也促进了商业和社会经济的发展。王安石认为商业是社会生活中不可缺少的部分："一人之身而百工之所为备，则宜有商贾以资之。"他认为商业的发展"恶其盛，盛则人去本者众；又恶其衰，衰则货不通，故制法以权之。"城市的规模化发展，又为商业的快速发展提供了可能。宋代拥有 10 万以上人口的城市有 40 多个，都城开封人口不下百万，城中有商铺 6400 余家，市场上的商品无所不有。

著名画家张择端创作的风俗长卷《清明上河图》，反映了当时都市的经济状况及风俗人情，也较为全面地展示了宋代丰富的商品广告形式。其中包括了声响广告、实物广告、幌子广告、商业招牌广告等。画卷中，从汴河到城内的街市以及沿河建筑上高悬市招，繁华的大街市上可见到各色店铺悬有各式招牌门匾，如"刘家上色沉檀拣香"、"赵太丞家"、"杨家应症"、"王家罗绵匹帛铺"等。来往于巷陌市井的小商贩们，或手拿玩具逗引小孩儿，或撑起棚伞展示货物。画卷的结尾处，还画有手握响板的老人在晃动响板招揽生意。

商业活动的增多，也使一些服务行业应运而生，从业者骤然增多。茶坊、酒楼、饭馆、客店，遍布街头巷尾，生意兴隆。在这种经济背景下，广告得以更进一步发展。除了行商的叫卖广告、声响广告、表演、演示等广告形式外，坐贾们的彩楼欢门、招牌、幌子、酒旗、灯笼等也各显其能。

（1）叫卖广告。北宋政权由于采取了一系列安定农村鼓励生产的政策，开禁夜市，商业贸易出现日市、晓市、夜市的分化，小商小贩忙着昼夜交易，"买卖昼夜不绝，夜交三四更游人始稀，五更复鸣"。此时，由于小商小贩被允许串街走巷做生意，因此，城内各处叫卖之声不绝。宋孟元老的《东京梦华录》对此有过详细记载："……又有小儿子，着白虔布衫，青花手巾，挟白瓷缸子，卖辣菜。"又有"是月季春，万花烂漫，牡丹芍药，棣棠木香，种种上市，卖花者以马竹篮铺排，歌叫之声，清奇可听"。

南宋都城临安走街串巷的商贩"吟叫百端，如汴京气象。""京师凡卖一物，必有声音，其吟哦俱不同。"

（2）声响广告。由于行商叫卖，扯嗓吆喝，既费力气，声音又传不远，于是就从口头叫卖广告衍化出各类具有专业特色的声响广告，用各种不同的器具摇、打、划、吹，发出不同的声响表示不同的行业，例如货郎的拨浪鼓、剃头匠的铁滑剪等。《东京梦华录》有"市人卖玉梅、夜蛾、蜂儿、雪柳、菩提叶、科头圆子、拍头焦锤。唯焦锤以竹架子出青伞上，装缀梅红缕金小灯笼子，架子前后亦设灯笼，敲鼓应拍，团团走转，谓之'打旋罗'，街巷处处有之"的记载。

（3）表演广告。餐馆里"跑堂"的服务员端菜的本事可谓叹为观止，令人称绝，"行菜者，左手叉三碗，右臂自手至肩驮叠约二十碗，散下尽合各人呼索，不容差错。"这是典型的表演广告。《夷坚志》中还记载了一个当众表演染布的染匠，推小车，车上有瓮，立小牓曰："诸般染铺"。

（4）彩楼欢门广告。酒楼、食店、茶肆都扎欢楼装饰店铺，以广招顾客。一般店家门前，排设有杈子及栀子灯，豪华酒店门前"皆缚彩楼欢门"，"九桥门街市酒店，彩楼相对，绣旆相招，掩翳天日。"在《清明上河图》中，孙家酒店"正店"门前高结欢门，装点得十分气派。

（5）诗歌广告。"纤手搓来玉色匀，碧油煎出嫩黄深。夜来春睡知轻重，压扁佳人缠臂金。"这是苏轼晚年被贬官到海南岛的儋州时，帮一位开环饼店的老妪写的广告诗。老妪将此诗高悬门上后顾客盈门，生意兴隆。

咸平三年（公元1000年），"善为辞章"的进士许洞曾从酒家赊账饮酒，一日在店中墙壁上作歌数百言，致使该店生意数倍于前，店主也因此勾销了许洞的全部酒账（《吴郡图经续记》）。

（6）名人画作广告。"汴京熟食店，张挂名画，所以勾引观者，留连食客。今杭城挂名人画，装点门面。"东京界身巷北口的宋家生药铺，两壁都挂满了"前无古人"的"山水第一手"李成的画，堪称高品位的艺术广告。

（7）印刷广告。印刷业在宋代尤为发达，雕版印刷、活字印刷为文化的交流推广起到了重要作用，印刷术成为重要的广告技术手段。中国现存最早的印刷广告实物之一是宋代济南刘家功夫针铺的印刷包装广告。铜版雕刻，宽12.5厘米，高13厘米，有完整的广告文——标题："济南刘家功夫针铺"，正文："收买上等钢条，造功夫细针，不误宅院使用，客转与贩，别有加饶，请记白。"附文："认门前白兔儿为记。"此广告既有店名"济南刘家功夫针铺"，又有商标"白兔捣药图"，既传递了收购信息，又暗含了商品品质优良的信息，堪称优秀广告文案（见图2-1）。

（8）招牌广告。在北宋开封、南宋杭州、金西京大同，都出现了以"说话"（讲故事）为生的艺人。"说话人"的底本，称作"话本"，经过流传加工，便演变为"话本小说"。这种话本小说流传于市井之间，也描绘了当时的商业活动和广告活动。

话本《宋四公大闹禁魂张》中写道："店前有一个妇女，玉井栏手巾勒着腰，

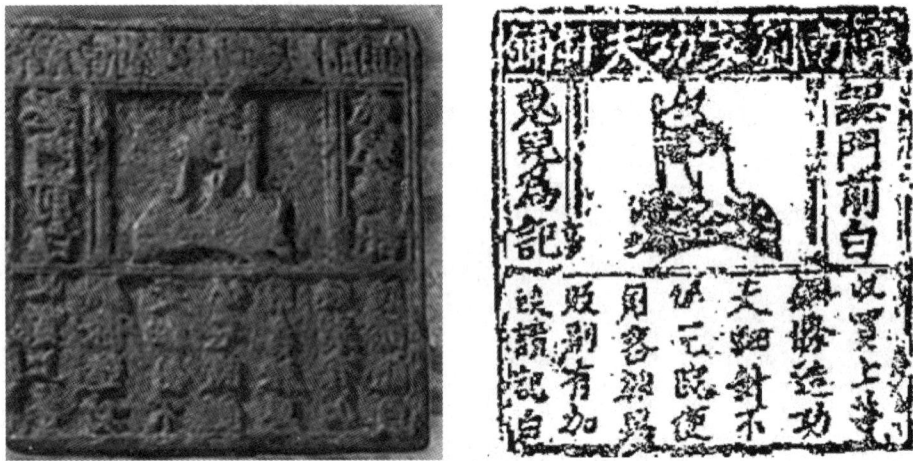

图 2-1　宋代印刷广告

叫道：'客长，吃馒头点心去。'门前牌儿上写着：本行侯家上等馒头点心。"话本《陈从善梅岭失浑家》中写道："见一草舍，乃是卖卦的，在梅岭下，招牌上写：'杨殿千请仙下笔，吉凶有准，祸福无差。'"

（9）幌子广告。宋孟元老所作《东京梦华录》载："至午未间，家家无酒，拽下望子"，"望子"就是"幌子"，是说店铺在非营业的情况下，不悬挂幌子。吴曾《能改斋漫录》卷一"事始"类有"今所在浴处，必挂壶于门"，小酒店一般"挂草葫芦、银马勺、银大碗，亦有挂银裹直卖牌"等。

（10）楹联广告。陆游在《老学庵笔记》中对楹联广告有记载："田登作郡，自讳其名，触者必怒，吏卒多被榜笞。于是举州皆谓灯为火。上元放灯，许人入州治游观。吏人遂书榜揭于市，曰'本州依例放火三日'。"又："大驾初驻跸临安……又创立官府，扁牓一新。好事者取以为对曰：'铃辖诸道进奏院，详定一司敕令所'、'王防御契圣眼科，陆官人遇仙风药'、'干湿脚气四斤丸，偏正头风一字散'、'三朝御里陈忠翊，四世儒医陆太丞'、'东京石朝议女婿，乐驻泊乐铺西蜀'、'费先生外甥，寇保义卦肆'，如此凡数十联，不能尽记。"所记大部分是药铺的招牌广告，是中国较早的对楹联广告的记载。

14. 元朝（公元 1271~1368 年）

元朝结束了两宋时南北对峙及几个民族政权并存的局面，实现了大一统。与其他各朝各代不同的是，元朝"舍农本，趋商贾"风气很浓。为了鼓励商业发展，元政权采取了多种减免商税的措施，所以商业很快繁荣起来。

全国最大的商业城市，在北方是大都，在南方是杭州。元大都一度是世界上最辉煌的城市。京杭大运河取直后，杭州商业迅速恢复，再度繁荣，超过大都。《马可·波罗游记》中写道："此汗八里大城之周围，约有城市二百，位置远近不等。每城皆有商人来此买卖货物，盖此城为商业繁盛之城也。"到过杭州之后，马可·波罗又称赞杭州是世界上最繁华、最富有的城市。因为商业繁荣，元朝时广告发展迅速，出现了许多新的广告形式。

（1）书籍广告。《十八要略》，书面中间两行大字为书名，左右两边写着两条广告词。右附："通略之书行世久矣，惜其太简，读者憾焉"，左附："是编详略得宜，诚便后学，以梓与世共之。"

（2）征稿广告。李氏建安书堂的征书启事："本堂今求名公诗篇，随得随刊，难以人品齿爵为序，四方吟坛文友幸勿责其错综之编；倘有佳章，毋惜附示，庶无沧海遗珠之叹云。李氏建安书堂谨启。"

（3）元曲广告。有位不太知名的元代作家李德载的仅存小令《阳春曲》10首均为"赠茶肆"。其内容都像是在为茶肆老板作茶的广告宣传。其中第一首："茶烟一缕轻轻，搅动兰膏四座香，烹煎妙手赛维扬。非是谎，下马试来尝。"

（4）装潢广告。元大都的一些店铺通过华丽的店铺装潢和舒适的购物环境吸引顾客。据《析津志》记载："酒槽坊，门首多画四公子：春申君、孟尝君、平原君、信陵君。以红漆阑干护之，上仍盖巧细升斗，若宫室之状；两旁大壁，并画车马、驺从、伞仗俱全。又间画汉钟离、唐吕洞宾为门额。正门前起立金字牌，如山子样，三层，云'黄公垆'。夏月多载大块冰，入于大长石枧中，用此消冰之水酝酒，槽中水泥尺深。"

这一时期不但有以上新的广告形式出现，原有广告形式也越来越成熟。

（5）招贴广告。在山西洪洞县现存一堵元代壁画，描绘的是杂剧演出，上有"洪都见爱大行散乐忠都秀在此做场"的大字榜文，并写有绘制日期。

在内蒙古阿拉善盟出土了一批元代文书，其中有份招贴广告，系竹纸墨书，纸面长258厘米，宽98厘米，全文为："谨请贤良：制造诸般品味，簿海馒头饰妆，请君来日试尝。伏望仁兄早降。今月初六至初八日。小可人马二。"

（6）楹联广告。元朝时，扬州首富赵百万在城东大花园里用楠木建起一座3层5丈高的大楼，取名迎月楼。迎月楼翘角飞檐，珠帘玉卷，晚来月升，满壁生辉，但是檐下两旁的楹柱上，尚缺一副对联。后请大书法家赵子昂为其写了一副对联："春台文苑三千家，明月扬州第一楼"，使迎月楼光耀千古。

(7) 响器广告。元代熊梦祥所著《析津志》中描述："街市蒸做面糕、诸蒸饼者，五更早起，以铜锣敲击，时而为之……小经纪者，以蒲盒就其家市之，上顶于头上，敲木鱼为货之。"

河北石家庄上京村毗卢寺，始建于唐代天宝年间，元代时重修。大殿中壁画绘有"往古九流百家一切街市"，画面中有挑担的货郎在摇货郎鼓，有一手持探马的卖卜盲人在敲一种响勺之类的东西，有一身材高大的男子在敲击泥瓦匠用的工具，以示在出卖劳务。

(8) 幌子广告。《析津志》中描述："市中医小儿者，门首以木刻板作小儿……又有稳婆收生之家，门首以大红纸糊篾筐大鞋一双为记……而生产之家，门悬草圈，上系以红帛……"又"店兽之家，门首地位以大木刻作壶瓶状……灌药之所，门之前画大马为记。"

(9) 仿单广告。德国皇家考察队于20世纪初在新疆吐鲁番考察，发现一块元代残纸，用雕版印成，五行文字之外有双线边框，其文字为："信实徐铺，打造南柜佛金诸般金箔，不误使用，住杭州官巷，在崔家巷口开铺。"这是一张商品仿单广告。

15. 明朝（公元 1368~1644 年）

明朝统治者采取了一系列措施恢复和发展经济，颇见成效。明朝末期，出现了资本主义萌芽，出现了会馆和商帮组织。这一时期，小说话本成为记录经济文化、刊登广告的最佳媒体，明朝时叫卖广告、响器广告、幌子广告、张贴广告、招牌广告等广告形式已经很成熟，还盛行楹联广告，出现了标识广告、草标广告、公益广告以及名人题写的广告匾额等广告形式。

(1) 叫卖广告。明代人记载北京小商贩的唱卖活动云：京城三月时桃花初开，满街唱卖，声音悦耳艳丽，而数日后花将谢尽，叫卖之声也转入悠长低哀。而五月时分，各类时鲜的瓜果蔬菜齐集，小贩们"随声唱卖，听唱一声而辨其何物品者，何人担市也"。

(2) 响器广告。《祥符县志》中"市集"和"行货"中记载明清之际开封小商贩的各种广告活动："有摇小鼓，两旁自击，卖簪珥、女笄、胭脂、胡粉之属者；有鳞砌铁叶，进退有声，磨镜洗剪刀者；有摇郎当（拨浪鼓），卖彩线绣金者……有阁阁析声，执勺卖油者；有拍小铜钹、卖豆沫者……往来梭之，莫可殚记。"

实用广告理论与方法
Advertising Theory & Method

（3）幌子广告。明代以来酸梅汤贩常以铜招子为幌子，以冰盏碗儿做货声之用。据说这是朱元璋曾经卖酸梅汤时的广告宣传方式；无名氏所作《如梦录》中载：明代时，开封有鞋铺以铁鞋做幌子，以示所售鞋之坚固，直到后来"汴中仍存此风"；小说《生绡剪》描写了苏州阊门外吊桥河下一个卖鼠药的，地摊上摆了二四十个老鼠"招头"；相传明朝末年，山西人杨小泉在北京前门开了家专营毡帽和毡鞋的小店，在门前放一木质黑猴做幌子招揽顾客，同时还养了一只颇有灵性的黑猴看守店铺，拿物取货，吸引了不少顾客。人称此店为"黑猴帽店"。

（4）标识广告。明朝时在产品上铭刻日期、名姓和产地已较为普遍。四川达县出土了三件瓷仓罐，其中一件有阴刻行书："成化十年七月初七日修造，伍谷仓，匠人罗，长命宝贵，金玉满堂"；还有一件有阴刻行书："岁在正德二年五月二十二日自（制）造，谈厶造。"苏州的陆子刚特别擅长制作玉器，他制作的玉器上都会雕刻标识图案和姓名款。

（5）招牌广告。明清之时南京、北京的一般商店，除用布帘做大幅招幌外，还有一种"青龙牌"又叫"站牌"，竖在柜台的尽头，一般是黑漆泥金字，以示行业。药店一般写"杏林春色"，酒店往往是"太白遗风"之类，绸布店差不多都是"七襄曜彩"，老茶叶店则是"卢陆停车"、"玉树含英"，南货店则是"山海珍奇"，钱店则是"钱谷流通"、"裕课通商"，等等。

清水道人《禅真逸史》第九回：有一家小饭馆还在"粉壁上写着'零沽美酒'四字"，"招牌上写着'家常便饭'"。

（6）牌匾广告。始建于公元 1436 年的北京六必居酱园店堂内悬挂的"六必居"牌匾和宣武门外菜市口的鹤年堂药铺的牌匾据说是明代奸相严嵩题写的。从一张拍摄于民国 25 年的珍贵的老照片上，还可以清楚地看到"六必居"酱菜园的原貌（见图 2-2）[①]。"鹤年堂"还是严府花园厅堂的匾额；武当山现存的明代道士售药的牌匾，横匾黑漆金字，标明"天下驰名黄龙洞眼药在此"，又有"救人疾病莫大阴功，有缘早遇错过难逢"的广告词，还标明了"每瓶大钱十文或纹银一分，不可短价"，又告知医者是"云霞道人"。

（7）草标广告。明朝时民间流行插草为标以示买卖的习惯。插草标所卖之物，多为自家儿女。王象春所写《济南百咏》竹枝词中有《鬻女》一首："委巷低

---

① 韩晓芳. "六必居" 500 年店庆老照片 [EB/OL]. http://www.yaowenhua.com.cn，2013-12-06.

图 2-2 "六必居"纪念 500 年店庆摄影留念

门立小鬟，青衫竖草惨愁颜。惯收瘦马临清客，鬈发成云又卖还。"作者又加小注："济城民贫，素有鬻女之俗。至乙卯、丙辰之灾，排门竖草，腼面求售……"

（8）公益广告。明朝中期，杭州学者田艺衡曾写了一条让人爱惜花木的公益广告："名花犹美人也，可赏而不可亵，可爱而不可折。撷叶一瓣者，是裂美人之裳也；掐花一痕者，是挠美人之肤也；拗花一枝者，是折美人之肱也；以酒喷花者，是唾美人之面也；以香触花者，是香美人之目也。看花赏花，莫杀风景……"

冯梦龙在崇祯七年（公元 1634 年）以贡生选任福建寿宁知县。当时此地"重男轻女"之风特甚，多弃女于途或溺女于水。冯梦龙遂亲自起草了一篇《禁溺女告示》："为父者你自想，若不收女，你妻从何而来；为母者你自想，若不收女，你身从何而活。且生男未必孝顺，生女未必忤逆。若是有家的收养此女，何损家财……如今好善的百姓畜牲还怕杀害，况且活活一条人命置于死地，你心何安！今后各乡各堡，但有生子不肯收养，欲行淹杀或抛弃者，许两邻举首，本县拿男子重责三十，枷号一月；首人赏银五钱。如容隐不报，他人举报，两邻同罪。或有他故，必不能留，该图呈明，许托别家有奶者抱养。其抱养之家，本县赏银三钱，以旌其善；仍给照养大之后，不许本生父母来认。每月朔望，乡头结状，并申报本乡并无淹女等语。事关风俗，毋视泛常，须至示者。"

（9）诗词广告。苏平曾写过一首很有名的《豆腐诗》，可谓美妙绝伦。诗云："传得淮南术最佳，皮肤褪尽见精华。一轮磨上流琼液，百沸汤中滚雪花。瓦罐

实用广告理论与方法
Advertising Theory & Method

浸来馋有影，金刀剖破玉无瑕。个中滋味谁得知，多在僧家与道家。"

（10）书刊广告。明代书商们很注意为书坊和书籍做广告宣传。明孝宗弘治戊午年（公元 1498 年）刊印的《新刊大字魁本全相参增奇妙注释西厢记》的底页上有金台岳家书铺的广告："……本坊谨依经书重写绘图，参订编大字本，唱与图合，使寓于客邸，行于舟中，闲游坐客，得此一览始终，歌唱了然，爽人心意。"文人毛晋创办的汲古阁，曾刻元末明初陶宗仪所著《辍耕录》，书首也有一则广告，不仅宣传了本书，还有新书预告："元末陶南村诸书，向来脍炙人口，惜隐沦不传，海内博雅君子辄秘而密误，不啻和璧隋珠矣！近有云间刻版，诠次颠倒，吴郡抄本，字虫鲁虫，几失本来面目。不佞广搜博访，购得国初原刻，特恳汲古阁先生严加订正，以付剞劂，真九成之完璧，艺苑之胜事也。《说郛》、《会要》随有续刊。监官黄之义君宜甫谨识。"

（11）对联广告。明代时盛行对联广告，大批文人雅士创作了脍炙人口的对联广告，流行甚广。

朱元璋——微服出巡时曾为一家祖宗三代以阉猪为业的阉猪户写了一副对联，使其生意锦上添花。上联：双手劈开生死路；下联：一刀割断是非根；横批：祖传技艺。

唐寅——素有"江南第一才子"的美称，精通诗书画。曾为一个新开张的商号题写对联："生意如春草，财源似水泉。"

祝枝山——于弘治年间为杭州西湖边的一家小酒馆题写了一副对联招牌："东不管西不管，我管酒管；兴也罢衰也罢，请罢喝罢。"这副对联亲切、朴实，至今仍广为流传，在各地的酒肆酒楼都很常见。

16. 清中期以前（公元 1644~1840 年）

自清初发展到"康乾盛世"极盛时期，疆域辽阔，民族众多，政治上空前统一，农业得到空前大发展。顺治三年（公元 1646 年）清采取了解除手工业者对国家的封建人身依附关系的措施，颁布了"免直省京班匠价，并出其匠籍"的政策。工匠获得了人身自由，这促进了手工业和商业的发展。

清代江南丝织业的资本主义萌芽比明代有了更为显著的发展。江宁（南京）、苏州一带出现了一些很富有的机户，经营着较大的手工业作坊和工场，还出现了一些大的包买商，他们开设"账房"或"行号"，以从事具有资本主义性质的经营活动。广东的冶铁铸铁业、云南的采铜业、江西景德镇的制瓷业、四川的制盐业以及陕西的木材采伐业中，也有资本主义性质的经营。

清代的商业行为中，开始注重商号店铺的发展，注重商业文化，开始有了商标，盛行招牌广告、招贴广告，开始讲究名人、名家书写牌匾。此时的广告形式与明代相仿。

（1）名人牌匾广告。乾隆十七年的大年三十晚上，乾隆皇帝从通州微服私访回京途经前门，当时所有的店铺都已关门，只有一家"王记酒铺"亮灯营业，乾隆皇帝便进店用膳。由于店主招待周到，酒味浓香，小菜可口，乾隆帝对小店产生了兴趣，便和店主闲谈起来，询问酒店叫什么名，店主回答："小店没名。"乾隆听后说："此时京城开门的就你一家，就叫'都一处'吧！"乾隆回宫后亲笔题写了"都一处"店名，命人将其刻在匾上，几天后宫中派人送来一块写有"都一处"的蝠头匾。店主把"都一处"牌匾端端正正地挂在店中，把乾隆夜游时坐过的罗围椅上盖黄布，下垫黄土供起来，称为"宝座"，并请来亲友、同行大大庆祝一番。从此，"都一处"之名尽人皆知了（见图 2-3）[①]。

图 2-3　乾隆题"都一处"匾

（2）商标广告。清朝初期，商标广告已经较为普遍了。比如北京宣武门外的双十字菜刀铺，打制的菜刀都凿上两个"十"字，以为标记。这两个"十"字就相当于商标。宣武门外王麻子剪刀铺特将自己的剪刀都刻上"王麻子"三个字。

---

① 佚名. 传老字号"都一处"老匾为乾隆皇帝御题［EB/OL］. 中国网江苏频道，2014-08-19.

（3）公关广告。饮誉京城的北京城中药行业四大家之一千芝堂药铺，每年入夏，都在店铺门前搭起高大的遮阳席棚，棚下设有桌凳、大盆的解暑汤、消热祛暑的小药，供路人休息与解渴，免费服用。千芝堂利用公益活动为店铺树立了良好的市场形象，也为千芝堂做了极好的广告宣传。

（4）响器广告。北京地区的"响器广告"形式多种多样，或敲打、或吹奏、或摇晃，发出种种响声来吸引人注意。这些特殊的广告道具各有韵律、节奏和音调。道光年间的笔记《韵鹤轩杂记》记载："百工杂技，荷担上街。多持器作声，各为记号。修脚者所摇折叠凳，曰'对君坐'；剃头担所持响鼓，曰'唤头'；医家所摇铜铁圈，曰'虎撑'；星家所敲小铜锣，曰'报君知'；磨镜者所持铁片，曰'惊闺'；锡匠所持铁器，曰'闹街'；卖油者所鸣小锣，曰'厨房晓'；卖食者所敲小木梆，曰'击馋'；卖闺房杂货者所摇，曰'唤娇娘'；卖要货者所持，曰'引孩儿'。"

（5）仿单广告。仿单成为当时商家普遍使用的广告手段。北京桂林轩脂粉铺的仿单广告印有："桂林轩监制金花宫脂，西洋干脂，小人点痘，活血解毒；妇人点唇，滋润鲜艳，妙难尽述。寓京都前门内棋盘街路东，香雪堂北隔壁。赐顾请详认墨字招牌便是。"崇文门外万全堂的伙计给顾客抓方配剂，每味药各包个小包，包内另放个小方纸，纸上印有药名、药性、主治病症等文字。

（6）灯笼广告。武汉有"廿里长街八码头"之说，是南方较大的粮食集散地、竹木转运站，常常是舳舻相继、樯帆林立、商贾云集、熙来攘往的繁盛景象。有店铺开张，一定要大肆宣传，以广招揽。《汉口竹枝词》道："开张各店彩灯悬，鼓乐花筒到处喧。敬罢财神争道喜，灯笼热闹五更天。"

吴敬梓（公元 1701~1754 年）所著《儒林外史》第二十四回写道："这南京……大街小巷，合共起来，大小酒楼有六七百座，茶社有一千多处。不论你走到一个僻巷里面，总有一个地方悬着灯笼卖茶，插着时鲜花朵，烹着上好的雨水；茶社里，坐满了吃茶的人。到晚来，两边酒楼上明角灯，每条街上足有数千盏……"

二、近代广告的发展（1840~1919 年）

近代广告一般是指公元 1840 年鸦片战争到 1919 年这一历史时期的广告。

19 世纪上半叶，许多资本主义国家都进行了工业革命，生产的高速发展使资本家感到了市场的压力。为了积累巨额资本，开辟新的商品市场，掠夺劳动力和廉价的原料，地大物博、人口众多的中国就成了他们的掠取对象之一。1840年由英国发动的鸦片战争为外国资本主义打开了侵入中国的大门，使中国封建帝国的自给自足的自然经济迅速崩溃，取而代之的是畸形的半殖民地、半封建的社会经济形态。但另一方面，外国资本和商品的大量涌入，也为我国的商品生产提供了推动力，促进了我国民族工商业的发展。与此同时，西方先进的文化涌入中国，新的广告手段、广告工具被引入，报纸广告、杂志广告、图片广告、路牌广告、电影广告、广播广告、戏剧舞台广告、车身广告、灯箱广告等多种新的广告形式在中国出现。此外，广告代理业、广告公司也随之产生。

鸦片战争后，在帝国主义强权下，中国政府签订了《南京条约》，允许开放广州、福州、厦门、宁波、上海 5 大城市为通商口岸，并且准许中国商人将外国洋货从上述口岸运往全国各地销售，从而使资本主义的贸易入侵合法化。由于外商外资的大量涌入客观上推动了商业的发展，现代广告业也就在这几个通商口岸城市迅速地发展起来。这一时期广告有了较大的进步：一是出现了报刊广告；二是出现了广告代理商。

1. 报纸广告

这一时期广告发展的显著标志是报纸广告的大量出现。我国的报纸广告不是自发出现的，而是在外国列强的刺激下发展起来的。外国人在我国创办报纸，不仅进行文化传播，而且还大量刊登商业广告，借助报纸影响大、辐射面广、传递快的优势宣传他们的商品，以服务于他们的经济需要。

链接：我国在世界上发行最早、时间最久的报纸——《邸报》

《邸报》创办于 2000 多年前的西汉初期（约公元前 2 世纪左右）。它定期把皇帝的谕旨、诏书、臣僚奏议等官方文书以及宫廷大事等有关政治情报，写在竹简上或绢帛上，然后由信使骑着快马，通过秦朝建立起来的驿道，传送到各郡长官。这就是《邸报》产生的背景。自汉、唐、宋、元、明直到清代，《邸报》的名称虽屡有改变，但发行却一直没有中断过，其性质和内容也没有多大变动。清代《邸报》发行量更多了，后来改名为《京报》，成为广大官吏、学者，甚至平民都能阅读的报纸了。《邸报》或《京报》一直到 1912 年清朝皇帝退位，才停止了刊行。图 2-4 是新发现的明代熹宗天启年间的《邸报》①。

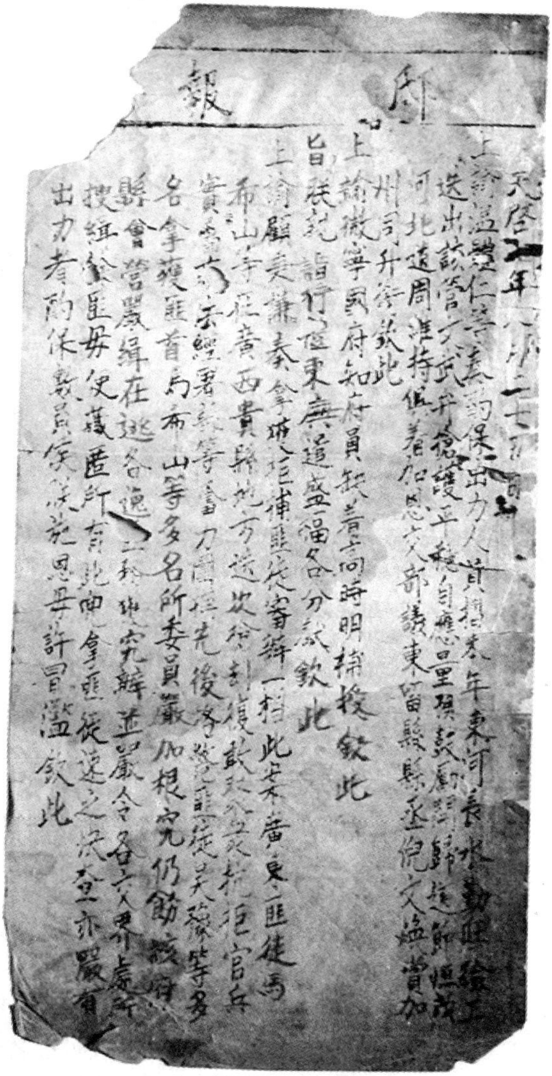

图 2-4 明代熹宗天启年间的《邸报》

---

① 方汉奇. 记新发现的明代《邸报》[EB/OL]. 中国民族宗教网，2013-04-09.

（1）洋人办的报纸。鸦片战争后，外国人来华创办的中文报纸有 200 余家。比较著名的有《上海新报》、《万国公报》、《申报》、《新闻报》等。1858 年，外商首先在香港创办了《孖剌报》，在 1861 年后成为专登船期物价的广告报。在这期间，外国人除了创办一些综合性报纸外，还创办了一些专业广告报刊，如《东方广告报》、《福州广告报》、《中国广告报》等。当时的广告业务，主要以船期、商品价格为主，这与 5 口岸通商之后国外商船往来频繁、货物进出类多量大不无关系。1868 年美国传教士 Young. J. Allen 在上海创办《中国教会新报》（后改名为《万国公报》），从第二期开始刊登洋行的广告。1861 年 11 月英国商人创办《上海新报》，该报创刊时就发表启事，诱导读者做报纸广告："开店铺者……似不如叙明大略，印入此报，所费固属无多，传阅更觉周密。"这些报纸都刊登大量的广告，几乎占三分之二的版面。《申报》是外国人在中国办的时间最长的一份报纸，它是英国商人安纳斯脱·美查（Emest Major）于 1872 年 4 月 30 日在上海创办的，创办初期发行量只有 600 份，1919 年已增长至 30000 份，广告在版面中的比例逐年上升，后达到 50%左右。该报 1945 年 5 月在大陆停刊。1893 年由中外商人合资创办的《新闻报》也以"商业报纸"标榜，大量刊登商业广告。

（2）华人办的报纸。随着外国人在中国办的报纸大量发行，中国人也认识到报纸在传播信息、促进贸易等方面的作用，开始自己动手办报纸。19 世纪 70 年代，华人报纸陆续创刊，其中出版时间最长、影响最大的是王韬于 1874 年 1 月 5 日在香港创刊的《循环报》。1884 年 4 月中国人在广州创办了《述报》，《述报》每日出 4 页，除中外新闻评论、译稿外，第 4 版为广告、商业行情和轮船班期等。

1895~1898 年的三四年间全国创办了 32 种主要报纸。由于资本竞争的加剧，报纸刊数和广告版面迅速增加。1899 年《通俗报》的 6 个版面中，广告即占其 4 个半版。到 1922 年，我国的中外文报纸达到 1100 多种。报纸广告的广泛出现，标志着我国近代广告的发展进入了一个新的历史时期。

这一时期，许多具有爱国思想的知识分子也认识到了报纸在传播新思想、宣传改良中的作用，相继开始创办报纸，比如《昭文新报》、《苏报》、《湘报》、《维政新报》等报刊。与洋人办的报纸不同的是，这些报纸的广告主要为宣传国货的内容。

2. 期刊广告

1853 年，英国人在 5 大通商口岸出售刊物《遐尔贯珍》。该刊经营广告业务，为沟通中外商情服务，1854 年曾刊出一则寻求广告刊户的广告："若行商租船者等，得借此书以表白事款，较之遍贴街衢，传闻更远，获益至多。"史学家认为，《遐尔贯珍》是在我国出现的最早的刊物之一。

商务印书馆出版的《东方杂志》是一份大型的社会综合性杂志，创刊于 1904年，初为月刊，后为半月刊，到 1948 年停刊。该刊内容广泛，刊登了很多中外广告，刊登广告的客户有 750 多家。

3. 广告代理商

报刊广告的发展，造就了一个新的职业——广告代理商。广告代理商由报纸广告代理人演变而来。我国早期的报馆广告代理人是做招揽广告生意兼卖报纸的，后来逐渐演变为专业代理人，单纯依靠给报纸、杂志招揽广告为业。1872年，《申报》广告刊例中就有"苏杭等地有欲刊告白者，即向该报店司人说明……并须作速寄来该价，另加一半为卖报人饭资"。这里的所谓告白，就是广告，"卖报人"就是最初的广告代理人，"饭资"为广告代理费。广告代理人开始时只是四处奔走，为报纸招揽广告业务，从中收取佣金，后来报纸广告业务不断扩大，报馆内设置了广告部，广告代理人则演变为报馆广告部的正式雇员。

三、现代广告的发展（1919~1949 年）

1919~1949 年这一时期，民族工商业获得了进一步发展，广告需求量明显增加。报刊等媒体的快速发展和新的媒体种类的出现，也在客观上推动了广告业的发展。这一时期广告业的发展主要表现在以下两个方面：

1. 广告媒体发展迅速

第一次世界大战使帝国主义列强忙于欧洲战场，无暇东顾，我国民族工商业获得了进一步发展，这使得广告特别是国货广告的需求进一步扩大，广告在社会经济活动中的作用也日益显著，人们也开始认识到广告的存在和价值。

（1）报刊广告。据《申报》和"中外报章类纂社"调查，1912 年全国定期出版物有 1134 种，其中日报 550 种，到 1926 年，日报增至 628 种，民（私）营报业发展迅速。一些外国人办的中文商业报纸，也转为中国人主办。它们都注重报业管理并经营广告，广告量大幅增加。著名新闻学家戈公振的《中国报学史》中记载：1925 年 4 月在京、津、沪、汉、粤发行的几种报纸，其广告占据报纸版面的比例，北京《晨报》为 43.6%，天津《益世报》为 62%，上海《申报》为 59.8%，武汉《汉口中西报》为 58.4%，广州《广州七十二行报》为 52.6%。这一时期的报纸广告见图 2-5、图 2-6①。

图 2-5 《益世报》广告版面

图 2-6 《申报》广告版面

据上海《新闻报》1923 年发表的 30 周年纪念册载："近来广告几占篇幅十之六七"，"广告费的收入，每年几及百万元"。除了广告营业额有了较快增长外，报纸广告也注意文字、绘图、编排等表现形式，以加强艺术性。如《大公报》1918 年 5 月 1 日刊载博利安电泡广告，这是我国第一次运用带有连环画性质的报纸系列广告，文图简洁实在，商标醒目突出。

20 世纪 30 年代，期刊广告十分活跃。销量最大的是著名爱国报人邹韬奋主编的《生活周刊》，1923 年每期销量超过 15 万份。它主要刊登书刊和一般日用商品广告。当时，一些革命者创办的进步刊物也大量刊登广告，如李大钊创办的《每周评论》、毛泽东创办的《湘江评论》、周恩来创办的《天津学生联合会会刊》，都在一开始就把广告作为刊物的组成部分。这些刊物一般推销国货，广告收入

---

① 解放前五邑地区报业的经营状况［EB/OL］. 中新网河北新闻，2007-06-01.

实用广告理论与方法
Advertising Theory & Method

用来资助革命活动。

这一时期，除报刊外，还有其他新的广告媒体也陆续出现。

（2）广播广告。1923 年 1 月 23 日，上海出现了中国第一家广播电台——"中国无线电公司广播电台"。这是由美国人 E. G. 奥斯邦与英文《大陆报》报馆合办的，它揭开了我国电波广告的序幕。而第一家私营广播电台正式开播广告则是在 1927 年 3 月，由上海新新公司创办，播送行市、时事与音乐。1928 年 8 月 1 日，国民党在南京建立的中央广播电台开播。到 1936 年，上海已有华资私人电台 36 家、外资 4 家、国民政府电台 1 家、交通部电台 1 家，这些电台都主要依靠广告维持生存。1937 年 6 月，全国有 55 家民营广播电台。它们多是商业电台，以播放广告为主。广播广告是中国现代广告时期的一个新的里程碑。

（3）霓虹灯广告。霓虹灯广告于 20 世纪 20 年代才开始在西方出现。上海最早的霓虹灯广告引进于 1926 年，其后有外商在上海开设霓虹灯厂，规模较大的是丽安电器公司，华资电器公司也在此后出现，并为广告公司制作霓虹灯广告。上海南京路伊文斯图书公司 1926 年在橱窗内开始设置"皇家牌打字机"霓虹灯广告。1927 年，露天的霓虹灯广告首次在上海出现，获得极大成功的是冠生园，他们在自己新建的厂房楼顶上做了一个高达 6 米、每字 3 米见方的"冠生园"霓虹灯广告，人称"红透半边天"；30 年代，上海国际饭店屋顶上装有"天厨味精" 4 字的大型霓虹灯广告气势宏伟。

（4）路牌广告。1911 年，上海"明泰"和"又新"两家广告社替日本三头洋行在铁皮上用漆绘写的仁丹广告，是近代最早的路牌广告。早期的路牌广告，多数是香烟、药品和电影预告等方面的广告，到 20 世纪 20 年代路牌广告就已经很盛行。路牌一般竖立在街边道口、屋顶、铁路沿线和风景区。上海的"冠生园"在吴淞口岸上做的巨型霓虹灯路牌广告高达 30 米，"冠生园陈皮梅"每个字都有 10 米以上，十分壮观。

（5）橱窗广告。橱窗广告大约出现在 1925 年，当时上海等地的一般商店都设有大橱窗，上海的几大百货商店都把大橱窗提供给厂家陈列商品，然后向厂家收取租金。

（6）空中广告。在 1936 年全国运动会期间，《上海新闻报》借机做了一次空中广告，把写着"新闻报发行量最多，欢迎客选"的广告条幅用气球放入空中。这是在我国首次出现的空中广告。

2. 广告行业发展迅速

广告公司的快速发展、广告理论研究的起步、广告行业组织的出现、广告整体经营水平的提升以及国家对广告管理等方面的进步，都是现代广告行业快速发展的体现。

（1）广告公司的发展。20世纪20年代前后，外商在上海开始设立广告公司，如克劳广告公司和美灵登广告公司。当时，华商广告公司和联合广告公司就是中国人办的规模较大的两家广告公司，这两家广告公司的负责人都曾留学美国专攻广告，他们重视画稿设计和文字撰写。华商广告公司的创办人林振彬，把美国广告经营方式引进上海，曾被誉为"中国广告之父"。

20世纪30年代以后，上海已经有30多家广告社和广告公司，抗日战争胜利后已增长到近100家。北平有广告社30多家，当时北平社会局就组建了广告公司。其他城市如天津、重庆等地也有几十家大小不等的广告公司。当时的广告公司一般以经营报纸广告和路牌广告为主，也有以霓虹灯广告、橱窗广告等为主要业务的。

另外，许多工厂也成立了广告部，特聘专业画家设计广告。像南洋兄弟烟草公司、中国化学工业社、信谊药厂等都设有广告部，并拥有较强的广告设计和制作能力。

（2）广告行业组织的出现。1919年，"中国广告公会"在上海成立，这是我国广告业最早的行业组织。1927年，上海"维罗"、"耀南"等6家广告社发起成立了"中华广告公会"，目的是为维护和争取共同的利益，解决同业之间的一些业务纠纷。这个公会后来多次改名，1933年改为"上海市广告业同业公会"，1946年改称为"上海市广告商业同业公会"，有会员90多个。这是这一时期我国广告业规模最大，持续时间最长的行业组织。

（3）广告理论研究的起步。我国广告学的研究、教学在"五四"时期开始起步。起初，是把广告学作为新闻学的一部分来研究，以后才逐渐发展成为独立的学科门类。1918年成立的北京大学新闻研究会，就把广告作为研究的内容。1920年至1925年，上海圣约翰大学、厦门大学、北京平民大学、燕京大学相继设立报学系，开设广告方面的课程。徐宝璜的《新闻学》中就有一章专门讨论"新闻纸之广告"的内容。1944年，陆梅僧所著的《广告》，作为实用商业丛书出版，1946年，吴铁声等编写出版了《广告学》专著，1948年，如来生编著了《中国广告事业史》。这都是对广告的早期理论研究。

（4）广告整体经营水平的提升。广告行业经营水平的提高主要表现在以下两个方面：

第一，广告艺术表现力大大提升。这一时期，不少精于广告设计制作的行家里手相继涌现，如擅长水粉画的胡伯翔，长于图案广告画的张光宇，精通人物广告设计的丁悚等。他们精美的广告艺术作品在从整体上推动了中国现代广告艺术水平的提升，使民国时期出现了大量精美的广告作品（如图2-7所示）。

图 2-7 民国时期广告作品

第二，广告整体策划水平有所提高。其主要表现在两个方面：一是广告中出现了馈赠广告、有奖销售等吸引消费者的新的广告手法。有别出心裁的香烟公司，承诺集成一套香烟牌子可以换取足赤金手镯等贵重物品以及一包香烟等小礼品。再如芙蓉雕牌香烟"凭此牌空烟包能换物品"的承诺。纽约牌香烟发行彩色传单或小广告："向各大烟店购取温和适口且品甘之纽约牌（即蓝锡包）香烟两大盒（计1000支）。凡购取两大盒者即可取得免费之优美手提箱一只。"二是广告媒体活动与公关活动结合起来，即将"硬广告"与"软广告"结合起来。例如，冠生园在利用多种广告媒介进行宣传的同时，还组织游园会、参观会、水上赏月等一系列公关活动。有一年中秋举办的游园会邀请了社会名流、新闻记者、电影明星、文化界人士等 200 多人。活动结束后，各种报刊发布了不少专题报道，还登载了电影明星蝴蝶与冠生园月饼的合影。此次活动使冠生园月饼身价大涨。

（5）国家对广告活动的管理。随着广告活动的发展，一些色情淫秽广告、虚假广告大量出现，极大地损害了广大消费者的利益，破坏了社会风气，加上广告的无序发展，也扰乱了广告行业秩序。为此，有些报馆就对有碍社会风化的广告做出不予刊登的规定。在社会舆论下，当时全国报界联合会还通过了《劝告禁载有恶影响于社会之广告案》。国家也采取立法的形式，加强了对广告活动的监管。1936 年 10 月，国民党政府颁布了《修正取缔树立广告的办法》以及《户外广告张贴法》等管理法规，还规定各省、市社会局负有管理广告活动的责任和权力。这使得现代广告的管理手段从本质上与古代、近代广告时期常用的道德约戒方法区别开来。

四、新中国成立后我国广告业的发展（1949 年至今）

新中国成立后，我国的广告业发展可以分为两个阶段：第一阶段是 1949~1979 年的 30 年；第二阶段是 1979 年后改革开放的 30 多年，在此期间，广告业得以迅速发展。但由于起点低，与发达国家相比，仍有较大的差距。

1. 广告业的曲折历程（1949~1979 年）

新中国成立前夕，由于战争以及国民党政府在后期采取的经济政策和一批工商业者的卷款外逃，导致我国工商业遭受了严重损害。新中国成立后，人民政府采取了有效措施，使工商业和广告业都得以恢复和发展。报纸、电台、杂志、路牌等商业广告依然保持活跃，还举办过几次全国性展览会和国际博览会。同时，政府也加强了对广告业的管理，成立了工商行政管理局对广告进行管理，并成立了全国同业公会，同时，解散了一批经营作风不正、业务混乱、濒临破产的广告社。各地区人民政府也相继发布了一些地方性法规。如天津市卫生局在 1949 年发布了《医药广告管理办法》，上海市人民政府发布了《广告管理规则》，重庆市于 1951 年发布了《重庆市广告管理办法》。但是，自从 1953 年对私营企业开始进行社会主义改造起，广告业就开始出现萎缩现象，直到 1957 年时有短暂的好转。

1953 年，国家开始执行第一个五年计划，同时开展了对资本主义工商业的

实用广告理论与方法
Advertising Theory & Method

社会主义改造，一方面，由于国家对私营工商业实行了加工订货、统购包销的经济政策，使广告公司的业务量骤减；另一方面，对广告公司也进行了大规模的国有化改组，广告业务量大大减少，各种媒体的广告日益萎缩。这种情况持续多年。

1957 年，国际广告大会在布拉格召开，我国商业部派员参加后相关部门采取了恢复和发展广告业的措施，广告业停滞不前的情况有所改变。为使商业广告更好地为生产和消费服务，商业部和铁道部联合发出通知，要求利用车站、候车室、车厢及列车内用具等为媒介开展广告业务。这些措施使广告业得到了一定的恢复，如 1957 年上海、天津的广告公司的营业额较 1956 年就增加了 6 倍多。

1958 年"大跃进"开始，工业部门提出"生产什么，收购什么；生产多少，收购多少"，市场不再有竞争，广告业又一次受到重创。

1966~1976 年，"文化大革命"时期，广告作为封、资、修的东西被禁止，商业街上的老字号牌匾被砸烂，老字号商号都换上了"红星"、"红卫"等店名，广告管理机构也被解散，广告业再一次受到严重摧残和破坏。"文化大革命"结束前，商业广告已被完全叫停，中国商业广告处于空白和断档时期，直至十一届三中全会以后，商业广告事业才重新起步。

2. 改革开放后广告业的恢复和发展（1979 年至今）

我国广告业的恢复和发展始于 1979 年。这一年，中共中央宣传部发出"关于报刊、广播、电视台刊播外国商品广告的通知"。1 月 28 日（农历正月初一），上海电视台首次播出"人参桂酒"的广告；3 月 15 日，中央电视台播出"西铁城手表"的首例外商广告。从此，我国广告业进入了正常发展阶段。这一阶段的前 10 年，是我国广告业的恢复调整阶段，中间 10 年为高速发展时期，现阶段已进入稳步发展阶段。改革开放后广告业的恢复和发展主要体现在以下几个方面：

（1）广告营业额持续快速增长。1979 年全国全年广告收入仅有 1500 万元，到 1989 年，广告收入达 19.99 亿元，10 年间增长了 100 多倍。到 2000 年时，全国全年广告收入为 712 亿多元，2006 年全国广告年经营额达到 1573 亿元。据中国广告协会会长李东生在"2013 中国广告论坛"上公布的数据，2012 年我国广告业营业额已突破 4000 亿元。目前，中国已成为继美国、日本之后的第三大广告市场。

（2）广告公司发展迅速。1979 年以前，全国专业广告公司不到 10 家，1989 年发展到 11142 家，2005 年全国广告公司已经多达 76530 家，目前已接近 10 万家。广告公司不仅在数量上有了大幅度的增长，而且经营规模和实力也在不断扩大。表 2-1 是中国广告协会公布的 2012 年我国非媒体服务类广告企业广告营业额排名前十的企业[1]：

表 2-1　2012 年我国非媒体服务类广告企业营业额排名

序　号	单位名称	营业额（万元）
1	上海李奥贝纳广告有限公司	7448040
2	北京恒美广告有限公司上海分公司	597175
3	盛世长城国际广告有限公司	559830
4	北京电通广告有限公司	512496
5	广东省广告股份有限公司	462664
6	北京杰尔思行广告有限公司	283822
7	北京太阳圣火国际传媒有限公司	206130
8	北京广告有限公司	178727
9	上海广告有限公司	151618
10	南京银都奥美广告有限公司	150000

（3）广告媒体空前繁荣。截至 2000 年 3 月，我国已成立 15 家报业集团，800 多家电视台，出版 8000 多种杂志。目前我国有 2000 多家报纸经营广告业务。此外，路牌广告、霓虹灯广告、LED 灯箱广告等户外广告也得到了充分的开发利用，各类交通广告如车体广告、地铁广告、车站、码头、机场等公共场所的广告等，也都快速发展。近年来，基于互联网的新型数字媒体发展迅猛。表 2-2 是 2012 年中国媒体单位广告营业额排名前十的媒体单位[2]：

表 2-2　2012 年中国媒体单位广告营业额排名

序　号	单位名称	营业额（万元）
1	中央电视台	2690000
2	上海东方传媒集团有限公司（广播、电视部分）	646100
3	湖南电视台	600512
4	江苏电视台（集团）	473200
5	深圳报业集团	396588
6	浙江广播电视集团	387101
7	腾讯控股有限公司	338230

[1][2] 中国广告协会网。

序　号	单位名称	营业额（万元）
8	山东广播电视台	315000
9	北京电视台	310000
10	深圳广电集团（电视）	280800

（4）广告管理不断完善。我国的广告管理工作相对滞后。新中国成立33年后的1982年，才由国务院颁布了我国第一部全国性的广告管理法规——《广告管理暂行条例》。1987年10月26日，国务院发布了《广告管理条例》，1987年12月1日正式实施；1995年2月1日，《中华人民共和国广告法》正式实施，标志着我国广告管理进入新的阶段。近几年，广告管理环境进入了相对快速完善的阶段，2005年1月1日，国家工商局修订的《广告管理条例实施细则》正式实施；2014年8月25日，《广告法》（修订草案）已提交全国人民代表大会常务委员会审议。

此外，在《宪法》、《民法》、《消费者权益保护法》、《反不正当竞争法》等法律中，都有专门的关于广告的相关规定。对于一些特殊商品，相应的主管机关都先后颁布了专门的管理办法。如《医疗器械广告管理办法》、《医疗广告管理办法》、《烟草广告管理暂行办法》、《食品广告发布暂行规定》等。

第二节
世界广告的历史演进

广告在世界各国的产生和发展都有着共同的规律，它们都是随着商品的产生而产生，随着科技的进步而进步的。科学技术的进步所带来的传播手段的革新，无不对广告的发展产生巨大的推动作用。同时，一定的社会制度和社会发展水平也对广告的发展产生着制约作用。

依据各个历史时期的广告技术发展水平，一般把世界广告的发展分为五个时期：远古时代至公元1450年谷登堡发明活字版印刷的原始广告时期、1450~1850年的早期印刷广告时期、1850~1911年的报纸杂志媒介大众化时期、1911年至20世纪70年代的广告行业化时期、20世纪80年代信息革命发生后的现代信息广告产业时期。

一、原始广告时期（远古时代至 1450 年）

在古希腊、古罗马时期，一些沿海城市的商业比较发达，广告有叫卖、陈列、音响、文图、诗歌和商店招牌等多种形式。在内容上有推销商品的经济广告、文艺演出、寻人启事等，还有用于竞选的政治广告。

1. 最早的文字广告

现存最早的文字广告是在埃及古城底比斯发现的，是公元前 1000 多年的一张写在羊皮纸上的广告，现存于大英博物馆。广告内容是："奴仆谢姆从织布店主人哈布处逃走，坦诚善良的市民们，请协助按布告所说将其带回。他是赫梯人，身高 5 英尺 2 英寸，红色的脸，茶色的眼睛，有告知其下落者，奉送金环一只；将其带回店者，愿奉送金环一副——能按您的愿望织出最好布料的织布师哈布。"

2. 出租广告

罗马商人为了引起人们的注意，在墙壁上刷上商品广告，或者由奴隶们写好挂牌，悬挂在全城固定的地点。出租广告也很常见，有一则房屋出租广告写道："在阿里奥·鲍连街区，业主克恩·阿累尼乌斯·尼基都斯·梅乌有店面和房屋出租，二楼的公寓皇帝也会合意，从 7 月 1 日起出租。可与梅乌的奴仆普里姆斯接洽。"

3. 标记广告

据考证，商店的标记广告起源于公元前 5 世纪至公元前 2 世纪的以色列、庞贝和古希腊、古罗马。在古罗马，人们用一个正在喝酒的士兵图案表示酒店，而用一头骡子拉磨表示面包房。这样的标记简单醒目，形象地标示出不同的商品种类或不同的服务项目，在长期的商业经营中逐渐被人们认识，约定俗成地成为某一行业的专用标记。

4. 竞选广告

在 2000 年前被火山爆发所掩埋的庞贝城，经考古发现，在纵横交错的街道建筑物的墙上和柱子上，刻满了各种广告文字和图画。在官方规定的广告栏内，还发现有候选人的竞选广告。

二、早期印刷广告时期（1450~1850 年）

1450~1850 年，报刊广告有了一定的发展，但是，由于报纸、杂志尚未成为大众化传播工具，因此，广告的范围还很有限。

1. 书籍广告

1450 年，德国人谷登堡开始使用活字印刷术，从此，西方步入印刷广告时代。1475 年，英国人威廉·卡克斯顿在英国办了一所印刷所，印出了第一本英文书和推销该书的招贴广告："需要购买用这个字体印刷成美丽无误的灵魂咒符的两三个礼拜规则的僧侣或其他人，请到威斯敏斯特施舍分配所挂有红薯片招牌的店铺去，价格便宜，请勿揭掉。"

2. 报纸广告

西方的第一份报纸是 1609 年在法国斯特拉斯堡发刊的。1622 年，第一份英文报纸《每周新闻》在伦敦出版。1704 年，美国的第一份报纸《波士顿新闻信》（Boston News-Letter）创刊，该报在其创刊号上刊发了一份向广告商推荐自己的广告，这是美国的第一份报纸广告。到 1830 年，美国已有报纸 1200 种，其中 65 种为日报。英国在 1837年有报纸 400 多种，刊出广告 8 万余条。

3. 杂志广告

世界上最早的杂志是创刊于 1731 年的英国杂志《绅士杂志》。1830 年，海尔夫人在费城创办《哥台妇女书》杂志，成为美国妇女杂志的先驱。在此杂志出版前，1741 年美国出版过 2 本杂志《美国杂志》、《大众杂志和历史记事》，虽然它们分别在出版 3 个月和 6 个月后就夭折了，但毕竟开创了杂志的新纪元。

4. 彩色招贴广告

1706 年，德国人阿洛依斯·重菲尔德发明了石印，开创了印制五彩缤纷的招贴广告的历史。

三、报纸、杂志媒介大众化时期（1850~1911 年）

这一时期，报纸、杂志大量发行，并逐渐成为大众化媒介，专业性广告公司开始出现。此时，广告业的发展主要表现出以下特点：

1. 报纸广告发展迅速

1850~1911 年，一些世界上有影响的报纸相继创刊。这些报纸有英国的《泰晤士报》和《每日邮报》、美国的《纽约时报》、日本的《读卖新闻》和《朝日新闻》、法国的《镜报》等。在当时，所有报纸的主要收入来源都是广告。以《纽约时报》为例，其广告篇幅占其版面的 60% 以上。英国的《泰晤士报》1815 年发行 5000 份，1844 年发行 23000 份，而到了 1854 年，发行量达到 51648 份。1800 年时《泰晤士报》平均每天刊登广告 100 件，到 1840 年猛增至每天 400 件。

1885 年，莱特铸字机诞生，它可以用铅条代替手工排字，缩短了排字时间，使报刊印刷量大增。1883 年创刊的《妇女家庭杂志》，在 1900 年发行量即达 100 万份之多，可见，当时报刊已成为大众化的媒介。

2. 广告艺术表现力增强

随着新技术的应用，广告的表现形式已不仅仅局限于语言和文字，其艺术表现力也大大增强，出现了一些新的广告艺术表现手法。

（1）插图广告。当时最有名的插图广告是英国的 75 行字的沃伦鞋油广告。在广告作品中，画有一双擦过鞋油的漂亮的皮靴，一只猫正吃惊地怒视着皮靴上自己的影子。这个插图是当时有名的漫画家乔治·克鲁克香克（George Cruik-shank）画的。这幅广告作品既说明了该鞋油的质量，又增加了广告的趣味性。在以后的 20 年间，该广告作品在英伦三岛的各种报纸上都被登载过，沃伦因此发了大财。

（2）照片广告。1853 年，纽约的《每日论坛报》第一次用照片为一家帽子店作广告。从此，广告开始利用摄影艺术作为其技术手段。

（3）挂历广告。1891 年，可口可乐公司在投产 5 年后就开始使用挂历作广告，这是世界上最早的挂历广告。图 2-8 是可口可乐 1901 年的挂历广告。①

图 2-8　可口可乐的挂历广告

① 佚名. 百年可口可乐广告欣赏［EB/OL］. 第七城市网，http：//www.th7.cn，2012-10-09.

（4）宣传画广告。广告画大师卡桑特尔为巴黎至阿姆斯特丹高速列车所做的广告宣传画《北方的星星》，使旅游者想入非非，引起了轰动；另一位大师隆维尼亚因一幅成功的广告画《我的肥皂》而红极一时，他的广告被誉为"综合的智慧，诙谐的文字"；1929年保罗·科兰创建了西欧第一所广告画艺术学校，培养了许多新一代的广告画作者。

3. 广告公司开始出现

1837年美国爆发了第一次经济危机，企业对广告的需求量大增，为报纸兜售广告的人一跃成为广告代理商，这为专业广告公司的出现奠定了基础。

（1）美国第一家广告公司。随着报业的发展，在欧美出现了早期的广告公司形式。在美国，沃尔尼·B.帕默（Volney B. Pdmer）最早为各家报纸招揽广告，并于1841年在费城开办了一家广告公司。在许多著述中，大家都视帕默代理报纸广告的公司为第一家广告公司。帕默在1845年和1847年，又先后在波士顿和纽约开办了公司，他不仅充当报纸和广告客户的中介，而且常为客户撰写文案，并向报纸抽取25%的佣金（后逐渐减至15%）。

（2）专业广告代理商。乔治·P.罗威尔（George. P. Rowell）在自己的广告代理活动中，从报纸、杂志社大量购进版面，随后以略高的价格转卖给广告主。他付给报社现金回扣50%，从而创立了佣金制度。1888年罗威尔创办了美国第一家专业广告杂志《印刷者油墨》（Printers lnk）。

（3）第一家具有现代意义的广告公司。1869年，在美国费城出现了第一家具有现代意义的广告公司——艾耶父子公司。他们除了为客户购买报纸版面外，还为客户撰写广告文案、制定广告计划、制作广告、测定广告效果。他们从1876年开始采用公开订立合同制度。此后，不同规模的广告公司相继出现，广告公司作为一个独立行业开始兴起。

（4）日本广告公司。东京最早出现的广告公司有：弘报堂、三成社、广益社、博报堂；大阪最早创办的广告公司有：万年社、正路喜社、金兰社、广报社、巾立社和广日屋。到1897年前后，日本共出现广告代理店150多家，彼此之间经营规模差距显著，经营模式尚不规范，处于起步阶段。全球最大的独立广告公司日本电通集团的前身为创立于1901年的"日本广告"和创立于1907年的"日本电报通讯社"，它们提供新闻和广告代理服务，在1936年转让了新闻通讯部门，改为专营广告代理至今。

4. 广告管理逐渐加强

随着广告活动的日益活跃，出现了许多虚假广告。一些国家开始加强对广告的监督管理。有的国家颁布法令法规，有的国家由广告行业自我管理。

1907 年，英国颁布了第一部较为完整的《广告法》；1911 年，美国的《印刷者油墨》杂志提出了防止虚假广告的广告法草案，经修改后成为著名的《普令泰因克广告法草案》，一般认为这是美国最早的广告法案。

5. 开始了对广告理论的研究

在 19 世纪末，西方已有人开始进行广告理论研究。1866 年，J.劳沃德（Jacob Larwood）和 C. 哈特（John Camden Hotten）编著了《路牌广告史》；1874 年，H.辛普森编著了《广告的历史》。1901 年，美国西北大学心理学家狄尔·斯科特（Walter Dill Scott）在芝加哥的一次集会上，第一次提出应把现代广告活动发展为科学。到 1904 年，斯科特撰写了《广告原理》一书，首次较系统地阐述了广告活动应该遵循的一般原则。在此基础上，1908 年，他又撰写出《广告心理学》，从心理学的角度初步构建了广告心理学的基本原理。随后，经济学家席克斯编著了《广告学大纲》，对广告活动进行了较为系统的理论探讨，一些著名大学如加州大学、密歇根大学等，开设了广告学课程。

美国人路易斯（E. S. Lewis）在 1898 年提出了著名的 AIDA 法则，认为广告的说服功能是通过广告信息刺激受众而实现的，一则广告要引起人们的关注并取得预期的效果，必然要经历引起注意（Attention）、产生兴趣（Interest）、培养欲望（Desire）和促成行动（Action）这样一个过程才能达到目的。路易斯主要是从心理学的角度，也就是从广告受众的心理活动过程这个视角，来探讨广告如何产生作用和效果。这个法则对 20 世纪初期指导广告文案人员撰写文案方面发挥了很好的指引作用。后来，其他人对 AIDA 法则加以补充，加上了记忆（Memory）、可信（Conviction）和满意（Satisfaction），被称为 AIDAMCS 法则。

四、广告行业化时期（1911 年至 20 世纪 70 年代）

广告作为一个行业，由于电讯电器技术的发明和发展而得以走向成熟。广告业在这一时期的重大进展之一就是广播、电视、电影、录像、卫星通讯、电子计算机等电讯设备的发明创造，这些电讯设备的发明，使广告进入了现代化的电子技术时代。这一时期另外一个重大进展就是各国更进一步加强了广告管理和对广告理论的研究。

1. 世界上第一座无线电广播电台

世界上最早开办无线电广播电台的是美国。1920 年 11 月 20 日，第一家领取营业执照的无线电广播电台——匹兹堡西屋电器公司的商业电台开始播音，播出内容有当地新闻、邀请艺人现场表演、为临睡前的孩子们朗读故事等。继美国之后，其他国家也相继建立了广播电台，这些电台都设有商业节目，主要播放广告。

2. 世界上第一座电视台

20 世纪 30 年代，英国广播公司在伦敦设立了世界上第一座电视台。美国在1920 年开始试验电视，1941 年商业电视正式播出，20 世纪 50 年代美国首创彩色电视之后，电视在其后的广告业中独占鳌头。

除了电视和广播外，报纸、杂志及其他形式的印刷广告，也因电子技术的应用而得以迅速发展。广告已成为报纸和杂志的生命主宰和收入来源。此外，各种博览会也成为重要的广告形式。

3. 设立广告专职管理机构

广告行业化时期的一个重大进步，就是广告管理水平的进一步提高。不仅广告公司的专业水平和经营管理水平均大有改进，而政府部门也通过立法管理等形式规范和约束广告公司的行为，规定广告业的发展方向。同时，政府还设立专职管理机构，从事广告管理。1914 年美国国会设立联邦贸易委员会（FTC），负责管理整个广告业。同年，美国又建立了商业改进局（BBB），负责监督商业广告的经营。

4. 深入开展广告理论研究

由于广告发展的需要，广告理论的研究工作得以深入开展。1915 年，美国广告学教师协会成立，广告学逐步从市场学中分离出来，成为独立的学科。1914年，早稻田大学创建广告研究会，开设广告学课程，到 20 世纪 30 年代，初步形成了具有现代意义的广告学科体系。英国在这一阶段也相继出版了《广告学》、《实用广告学》等学术著作，这标志着对广告学的研究逐渐成熟起来。

5. 国际广告协会

1938 年国际广告协会在美国创立，当时称为出口广告协会，1954 年更名为国际广告协会。协会有个人会员和企业会员。它的宗旨是把广告、公共关系、销售促进、广播、市场调查等有关的从业者及有兴趣的人们联合起来，交流经验和信息，探讨学术理论，提高世界广告和行销技术水平，组织国际会议和专题展览。从 1949 年起，国际广告协会连续召开国际会议，对世界广告业的发展起到了较好的推动作用。

五、现代信息产业时期（20 世纪 80 年代后）

进入 20 世纪 80 年代后，现代工商业迎来了信息革命的新时期。现代产业的信息化大大地推进了商品市场的全球统一化进程，广告行业也相应地发生了一场深刻的革命。在这场信息革命中，许多广告公司为迎合市场需求，由简单的广告制作和代理发展成了综合性的信息服务机构，一些相对落后的传统广告技术也被新型电子技术所代替。由于有了先进的信息处理技术，广告公司对各类复杂信息的处理能力和处理效率大大提高，广告信息的传递速度也得到极大提升。例如，通过卫星可把相隔万里的广告信息在一瞬间传递到世界各地，利用电子计算机强大的分析功能就可以对海量的广告信息快速、准确地进行分析评价。

在信息革命的推动下，现代广告公司也发展成了集多种职能为一体的综合性信息服务机构，负责收集和传递政治、经济、社会、文化等各种各样的信息，并把这些信息用来指导企业的新产品开发、生产和销售，为工商企业的商品生产和销售提供一条龙的信息服务。

第三章

熟悉广告组织

广告组织是指承担广告经营活动的机构。主要是指广告主的广告部门、大众传播媒体的广告组织、专业性广告组织以及群众性的广告团体等。广告组织并不是与广告活动同步发展起来的，而是随着商业活动规模的扩大、广告媒体的不断发展以及广告环境的不断变化而产生和发展起来的。

第一节
广告组织的历史沿革

早期的广告活动主要由卖家自己完成，基本都是"王婆卖瓜，自卖自夸"。随着商业活动规模日渐扩大，逐渐出现了专门帮卖家"吆喝"的各类组织，以及各类专门从事广告经营活动的组织。

一、广告组织的雏形

广告代理业是广告组织的雏形。广告代理业主要是随着近代报刊广告经营活动的需要而发展起来的。在广告代理业出现之前，还曾经出现过专门受雇从事商品叫卖的组织。

1. 世界上最早出现的广告组织

公元 1141 年，法国卜莱州出现了一个由 12 人组成的叫卖组织，他们得到国王路易七世的特许，在大街小巷进行叫卖活动。他们与酒店签订合同，吹着角笛把人们召集在一起，一边品尝酒的味道，一边做广告。这可以算是世界上最早出现的独立的广告组织。

2. 报纸掮客

公元 17 世纪以后，随着工业革命的兴起，报业在欧洲和美洲大陆迅速发展起来，于是报纸广告经营才被重视起来，随之出现了以经营报纸版面为生计的"报纸掮客"，这即是早期的广告代理业。

最早的广告代理店，据说是由英国的詹姆斯一世授命两个骑士在 1610 年建立的。1612 年，法国巴黎出现了名为"科可·多伦公司"的广告代理机构，其主要职能是为报刊招揽广告；1786 年，英国人威廉·泰勒为《梅德斯通》杂志揽到一则广告，他被称为英国广告代理商第一人；1800 年，詹姆斯·怀特建立了第一个广告公司；1812 年，劳森暨巴克广告公司成立，它是现在欧洲十大广告公司集团之一的查尔斯巴克公司的前身；1841 年，帕默在美国费城出现，他被认为是美国第一位广告经纪人。他建立代办处，自称是"全国的报纸代理商"，既为报纸推销版面，也充当广告客户的代理人，吸引他们购买报纸的版面，然后从报社抽取 25%的佣金，后降至 15%。这种收取代理费的做法为后来的报纸代理商所沿袭。

这些"报纸掮客"一般与报社有着密切的联系，有些代理机构甚至就是报社的下属组织。这些机构和人员大部分只倒卖版面，不提供其他业务和服务。

3. 广告批发代理

随着广告市场的扩大和业务量的增加，广告代理业务逐渐从媒体中分离出来。1865 年，美国出现了由乔治·P.罗威尔创建的"广告批发代理"。他预先购买下 100 家报纸的广告版面，然后再将广告版面以略高的价格分售给不同的广告主，从中赚取差价。实际上，也就是从罗威尔开始，广告代理业出现转化，成为名副其实的媒体和广告主之间的"中间批发商"。罗威尔的这种经营方式，逐渐成为广告代理经营共同遵守的一项原则。

4. 现代广告公司出现

1869 年，美国艾耶父子广告公司（N. W. Ayer & Son）在费城创立。这家广告公司不仅扮演"掮客"的角色，还为客户设计、撰写文案，建议和安排适当的媒体，并制作广告。所有这些业务活动的开展，标志着现代广告公司的出现。这个办法后来也被推广到杂志。此后，不同规模的广告公司相继出现。

二、广告代理业机能的演进

从 17 世纪初出现广告代理业务开始，广告代理业的作用和职能就在不断地
发展变化。台湾广告学者樊志育提出了广告代理业演变的四个阶段：

1. 为媒体服务时期（14××~1914 年）

1914 年以前，广告代理业基本上是为媒体服务的，其主要业务活动是为媒
体招揽广告，出售报纸版面。这一时期，广告代理业经历了从媒体中分离到逐渐
独立的机构上的变化，以及从为一家媒体服务到为多家媒体服务、从推销版面到
经营批发版面的业务上的转变。总之，这一时期的广告代理业扮演的是"媒体捐
客"的角色。

2. 为广告主服务时期（1914~1960 年）

1914 年，美国开始施行 ABC（Audit Bureau of Circulations）制度，对报刊发
行量进行核查。随着报刊发行量的公开化，报刊更加重视信息服务的质量，以此
争取更多的订户。广告代理业原先专门为媒体推销版面，主要是在媒体的价格上
开展竞争，到了这一时期也开始相应调整经营方式，转变为在服务质量上进行竞
争。比如为广告客户制定广告传播计划、设计制作广告作品、从事有关广告商品
的市场调查，以及开展其他的服务项目等。这一时期，广告界出现了"一种行业
由一个公司代理"、"一种商品由一个公司代理"的制度，这一制度从保护广告主
的利益出发，树立了为广告主服务的理念。

3. 全面服务时期（1960~1990 年）

1960 年以美国的马奇·恩利科松广告公司总经理提出"广告代理业向市场营
销业过渡"的构想为起点，大约延伸至 20 世纪 90 年代中期，广告代理业逐渐成
为能够提供多种服务的综合性机构，广告的信息传播功能在市场营销活动中更加
受到重视。

1976 年，国际商业会议组织曾对广告业所承担的新职能作了全面的概括：
一般来说，大型广告公司，要能够配合广告主进行市场营销活动；要能与媒体保
持良好、密切的关系，保证信息传播渠道畅通；要有策划广告活动的能力，能够
提出有力度的创意；要具备制作广告作品的综合能力。围绕上述 4 个方面，广告

公司要能开展市场调查、收集和分析有关市场、流通、商品等多方面的信息，制定广告战略，确定广告媒体策略，设计制作广告作品以及进行促销活动、公共关系活动等多种业务活动，能够为广告客户提供全面服务。

到了 20 世纪 90 年代初，一方面，广告业由专业性服务向为企业市场营销战略提供综合性服务方面扩展，不仅要做广告，而且要参与制定产品开发、销售和流通战略，帮助客户筹划大型文化活动、公共关系活动等。另一方面，广告业也开始拓展服务范围，用广告传播的手段和方法，为公共部门、政府机关等机构的活动提供服务。此时，广告代理业强化信息传递和诱导受众态度改变的功能更加受到重视。

4. 整合传播时期（1990~）

1990 年，美国的罗伯特·E.劳特朋（Rober Lauterborn）在《广告时代》上发表文章，提出以消费者为中心的新的市场营销观念，即 4Cs 营销理论。

20 世纪 90 年代以后，以美国为首的一些市场营销学者提出，应由 "4Ps" 转向 "4Cs"。也就是说，要从过去的注重企业为导向，转变为注重以消费者需求为导向，站在消费者角度重新考虑问题。即研究消费者的需求和欲望（Consumer），而不是企业能够制造的产品（Product）；要研究消费者对产品的价值感和愿意支付的成本（Cost），摒弃传统的价格策略（Price）；要从消费者的立场出发，考虑怎样使购买方便（Convenience），而不是站在企业的立场上考虑如何构建营销通路（Place）；做好整合营销传播和与顾客的双向沟通（Communication），而不是单方面的销售促进（Promotion）。总之，企业的经营活动不再是以生产或销售为中心，而是以消费者为中心来展开。

广告活动由此进入信息传播代理业时期，其重在进行整合传播，广告公司逐步向信息交流公司过渡。如美国不少大型广告公司面对新的竞争压力，更加重视和发挥广告信息沟通的作用，并与其他信息传播手段进行整合。日本电通公司近些年来提出了综合信息服务的经营理念，为广告主进行全方位的信息交流服务。这些都预示着广告代理业一个新的时代的到来。

三、四种主要的广告组织的产生

广告组织的形成和发展不仅与商品经济的发展及媒体的发展趋势紧密相关，

也与广告经营环境和广告经营机制相关。目前的广告组织主要有广告主的广告组织、媒体广告组织、专业广告组织及广告团体组织四种。

1. 广告主的广告组织

广告主的广告组织是指企业内部负责广告传播活动的职能部门。在商品经济不甚发达，整体市场以卖方为主的背景下，企业的主要目标是如何提高生产效率，增加产品产量。随着工业革命的完成和企业内部推行科学化管理，企业的生产力水平大幅提升，商品日趋丰富，市场格局逐渐由供不应求的卖方市场向供过于求的买方市场转化。这导致同行业竞争加剧，商品销售日趋困难。在这种背景下，企业被迫将经营管理的重心逐步从生产转移到销售产品上来。于是，大量的企业内部纷纷组建了一个相对独立的、主要从事促销活动的专门机构。或者设营销部门，其中部分职能是广告宣传，或者将广告部门再从营销部门中分离出来，成立专门的广告机构。广告主的广告组织就这样建立起来了。

2. 媒体广告组织

媒体广告组织是经工商行政管理部门的广告管理机关批准，领取广告经营许可证，利用本单位宣传媒体的便利条件开办广告业务的单位。传统的媒体广告组织主要有报社、电视台、广播电台、杂志社等。

广告媒体以报刊刊登广告为最早，所以媒体广告组织最先在报刊部门出现。其后，随着媒体和广告业的蓬勃发展，又出现了广播、电视两大广告媒体。这些广告媒体的专职广告机构也日趋复杂和完善起来，成为这些媒体组织不可缺少的组成部分。20世纪90年代以后，随着计算机的普及和互联网技术的广泛应用，互联网逐渐发展成为第五大广告媒体，各大网站也都设有相应的负责广告的部门。

媒体广告组织因其广告业务规格不同，有的比较精简，有的比较周全。最初的广告组织是在媒体内部，许多"掮客"们本身就是报刊的工作人员。由于广告是媒体经营收入中非常重要的一部分，最初在媒体内的广告组织经过重组，仍是媒体机构中的一个重要组成部门，几乎和编辑部、经理部三足鼎立。随着商品市场的扩大，广告业务量的增加，以及媒体自身的发展需要，一些从事版面推销的经纪人从媒体中分离出来，形成独立的广告代理行业。

从总体上看，媒体广告组织的职能随着时代的变迁而有所转变和弱化。早期的媒体广告组织的一部分功能转移给了专业的广告组织。目前，其主要业务是从事接洽广告业务、保持与专业广告公司的联系、宣传其媒体特点和优势、扩充广告资源和广告作品的设计制作等方面。

媒体广告组织具有能直接发布广告、可以借力于媒体单位素有的威信、发布广告速度快捷等优点，但它的业务范围有限，不能跨行业代理，如报社代理电视广告是不允许的，而且它的广告经营机构设置较简单，并且一般不能独立承担经济责任和法律责任。

3. 专业广告组织

专业广告组织主要是指广告公司。所谓广告公司，是指依法成立的专门从事广告经营服务的企业。即指介于广告客户与广告媒体之间，专门从事广告策划、设计、制作、代理、咨询等活动，并具有企业法人地位的经济组织。

从世界范围看，广告公司的出现已有 170 多年的历史。早期的广告公司是随着报业的发展而出现的。在美国，帕默最早就是为各家报纸招揽广告，并于 1841 年在费城开办了一家广告公司。在许多著述中，大家普遍视帕默代理报纸广告的公司为世界上第一家广告公司。在 1845 年和 1847 年，帕默又先后在波士顿和纽约开办了公司。他不仅是报纸和广告界的中介人，而且常为客户撰写文案，并向报纸抽取佣金。

近似现代意义的广告代理公司，应该首推 1869 年在美国费城出现的艾耶父子广告公司（N. W. Ayer & Son）。当时年仅 20 岁的青年 F. 魏兰德·艾耶（F. Wayland Ayer）向他父亲借了 250 美元开办广告公司，由于害怕别人认为他年轻不可信，便打出了他父亲的名号，即艾耶父子广告公司。起初，艾耶也是做中介生意，1890 年左右，他设计了一份公开的广告费率，告诉客户自己购买版面的底线和包括自己佣金在内的转变价。他为客户提供设计、撰写文案、建议和安排适当媒介等多种服务，因此，艾耶广告公司被广告历史学家称为"现代广告公司的先驱"。

广告公司是商品经济高度发达的必然产物，是社会化大生产、大流通细化分工协作和广告活动发展的结果。在现代社会，广告公司的工作是在广泛的市场调查的基础上，向广告客户提供研究产品、研究市场、分析销售因素、选择媒体、制定广告计划以及与其他市场因素配合营销等方面的综合服务。

从横向看，专门从事广告经营服务活动的广告公司是广告客户与广告媒体单位之间的桥梁。广告公司一方面为广告客户提供以策划为主导、创意为中心的全面代理服务，按广告客户的要求做广告并对之负责，另一方面又面对各种媒体单位做代理服务，使广告策划付诸实施，并负责测定广告效果。也就是说，广告公司既对广告客户负责，也对广告媒体单位负责，当然也对社会负责。从纵向看，专门从事广告经营服务活动的众多广告经营单位之间，又根据需要和实际能力，按专业化分工协作的要求，逐步形成不同层次、不同规模的业务范畴，它们或提供综合性全能服务，或提供广告设计或广告制作等专门化服务。

4. 广告团体组织

广告团体组织建立的初衷，主要是为了维护广告活动主体自身的合法权益。19 世纪 60 年代初期，北美地区就开始出现一种发行量报告书，由报刊社自己送交。但由于一些报社夸大自己的发行量，欺骗性地获取广告，损害了广告主的利益，因此，报刊社与广告主之间常常因为发行量问题引起纠纷。于是在 1899 年，美国成立了广告主协会（the Association of American Advertisers），专门核查报刊的发行量。协会成立初期遭到了报刊社的反对与抵制，被认为是对他们权利的侵犯，但随后他们发现这种做法对报刊事业的发展极为有利，因为那种虚报发行量的行为助长了报刊间竞争的无序性，实际上也损害了如实公布发行量的那些诚实的报刊社的利益。

随着广告业的发展，不仅广告主需要组建专门的团体组织维护自身的利益，专业广告组织、媒体广告组织和广告主广告组织都需要有相应的组织机构促进彼此之间信息的沟通和交流，需要对行业活动进行规范和相应的约束，需要对行业自身共同利益进行维护。于是，各国的广告学会、广告协会及其他一些与广告业相关联的群众团体成立。这些组织一般由组织成员自愿联合组成，制定有一定的共同遵守的章程，带有民间性质，它们为维护和促进广告事业的发展，起到了积极的作用。

第二节
专业广告组织

专业广告组织主要指广告公司，也包括专门从事广告业务的个体户。广告市场中存在着广告客户、广告公司和广告媒介这 3 个主体。而在以广告代理制为基础的广告经营机制中，广告公司处于广告市场的主导地位，是现代广告经营的核心力量，是实施广告代理制的中心环节。

美国《现代经济词典》是如此界定广告公司的：广告公司是"以替委托人设计和制作广告方案为主要职能的服务性行业"。我国《广告法》中所说的广告经营者，也多指广告公司，即受委托提供广告设计、制作、代理的经济组织。它处于企业和广告媒体之间，为广告客户提供广告市场和广告服务，向媒体购买广告时间和版面。

一、专业广告组织的一般分类

专业广告组织可以按照规模、所有制形式、服务内容等进行多种分类。这里介绍广告组织的一般分类，即按照功能不同，将广告组织分为综合型广告公司和广告设计、制作企业以及个体工商户三种类型。

1. 综合型广告公司

综合型广告公司向广告客户提供全方位的广告服务，其服务内容主要有产品分析、市场调查与预测、销售分析、广告计划拟定与执行、广告设计与制作、广告媒介选择与发布、广告效果测定以及与广告相关的其他市场活动。

国家工商局于 1995 年 6 月 26 日印发的《广告经营者、广告发布者资质标准及广告经营范围核定用语规范》（以下简称《规范》）中对综合型广告企业的描述是：具有提供设计制作和全面代理服务能力的广告企业。包括有限责任公司、股份有限公司、中外合资经营、中外合作经营等经济形式。《规范》对综合型广告企业资质标准的规定是：

（1）有与广告经营范围相适应的经营管理人员、策划设计人员、制作人员、市场调查人员（以上人员均须取得广告专业技术岗位资格证书）、财会人员，其中专业人员具有大专以上学历的，不少于从业人数的 2/3。

（2）有与广告设计、制作、代理业务相适应的资金、设备和经营场所，注册资本不少于 50 万元人民币，经营场所不小于 100 平方米。

（3）有与广告经营范围相适应的经营机构及广告经营管理制度。

（4）有专职广告审查人员。

核定广告经营范围用语规范，例：设计、制作、发布、代理国内外各类广告。

2. 广告设计、制作企业

《规范》对广告设计、制作企业的描述是：从事影视、广播、霓虹灯、路牌、印刷品、礼品、灯箱、布展等广告设计和制作的企业。其资质标准是：

（1）有与广告经营范围相适应的经营管理人员、设计人员、制作人员（以上人员均须取得广告专业技术岗位资格证书）、财会人员，其中专业人员具有大专以上学历的，不少于从业人员的1/2。

（2）有与广告经营范围相适应的资金、设备、器材和场地，经营场所不小于40平方米，制作场所因广告制作项目而定。

（3）有与广告经营范围相适应的经营机构和广告经营管理制度。

（4）有专职广告审查人员。

核定广告经营范围用语规范，例：设计和制作印刷品、影视、××、××广告。

3. 个体工商户

《规范》对专门从事广告活动的个体工商户的描述是：从事影视、广播、路牌、印刷品、礼品、灯箱、布展等广告设计和制作的个体工商户。其资质标准如下：

（1）户主应当取得广告专业技术岗位资格证书，具有与其经营范围相应的学历或从业经历，应当接受过广告法律、法规培训。

（2）有与广告经营范围相适应的资金、设备、器材和场地，经营场所不小于20平方米，制作场所因广告制作项目而定。

核定广告经营范围用语规范，例：设计和制作影视、广播、路牌、印刷品、××、××广告。

二、专业广告组织的机构设置

专业广告组织主要是指广告公司，其机构设置一般分为四大部门：广告客户部、媒介部门、广告创作部门和广告调研部门。每个部门都有特定的工作范围与专业要求。

1. 广告客户部

广告客户部是直接与客户发生接触的专职部门，负责接洽客户，协调广告主与广告公司的关系。在广告公司接触每一位客户时，首先由客户部作初步接触，并由客户部提供有关资料，如产品知识、市场情况、广告费用预算及市场计划等。客户部在对这些资料加以整理后，会同其他有关部门制定出初步的广告计划方案，订下工作日程，由各部门执行。

在广告活动进行过程中，客户部门还负责与广告客户的联络和信息反馈，负责对广告的设计、创作和实施过程进行监督。因此，客户部工作人员都扮演着双重角色，对外代表广告公司，对内则代表客户的利益。在广告公司内，客户部门往往还承担着公司公共关系的任务。

2. 媒介部门

媒介部门负责制定广告的媒介策略、广告媒介的选择和与有关媒介部门接洽联络。这些工作任务要求媒介部门的工作人员有丰富的媒介知识，熟悉各种媒介的特性和有关媒介部门的情况，并同有关媒介部门保持一定的联系。

在广告活动中，媒介部门不仅要为广告活动制定广告媒介策略，为广告计划和广告预算的制定提供具体意见，而且在广告实施过程中，还应与有关媒介单位保持经常性的联系，对广告的实施进程进行监督，并在实施完毕后代理媒介部门收取广告费。

3. 广告创作部门

广告创作部门负责广告的设计、创作和制作。广告创作部门具体可细分为文稿、画面和制作合成。

文稿人员负责广告文稿（语言文字部分）的设计创作，这是广告创意的关键。它要求文稿人员具有较强的语言能力和创造性思维，以及非凡的写作才能，要能用精练的语言来表达广告的创意，传达广告信息，展开对消费者的宣传。图画或摄影人员的工作任务是为广告配上相应的画面。要求有艺术性、富有情趣和容易引发人们的联想，增强广告的记忆效果。广告制作合成人员的任务则是完成广告文稿与广告画面的设计合成。这些工作往往由文稿人员和广告画面创作人员共同承担，或由专职员工负责。在定稿之后，便可送去制作。

广告活动不仅要求广告创作人员熟悉各种类型的媒介，并根据不同的媒介要求进行广告的创意研究、广告设计、创作和制作，同时还要求创作人员熟悉各种媒介广告的制作过程，并对广告的制作（印刷或摄影、录像）过程和制作质量进行监督。

4. 广告调研部门

广告调研部门的工作任务，是按照广告活动的要求开展目标市场调查，为广告主和广告公司制定广告计划提供有关市场环境和市场潜力的背景资料，并就有关市场问题提供咨询意见和建议，为广告决策以及广告主的市场决策提供客观依据。这就要求广告调研人员具有丰富的专业知识和技能，了解广告产品的各项基本性能，并能够把握市场的变化趋势和市场调查程序，具备一定水平的文字写作能力。

除业务部门外，专业广告组织一般还有财务、后勤等管理部门和后勤支援部门。专业广告组织因为工作业务的不同需要而有不同的机构设置，但其基本结构大致相同，如图 3-1 所示。

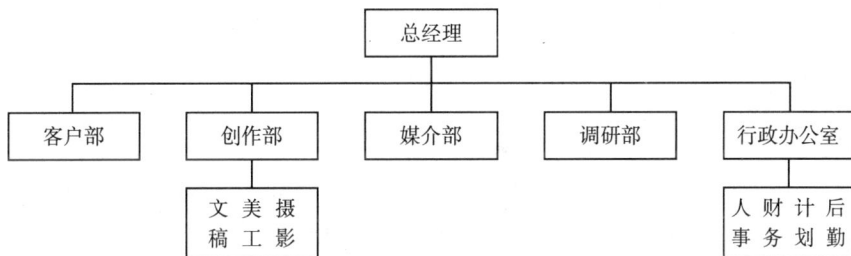

图 3-1 专业广告公司组织结构图

三、判断广告公司规模的几个指标

广告公司不同于其他类型的公司，它主要是从事智力及创意活动的，所以其规模大小的判断标准也不同于一般类型的公司。一般可以通过以下几个指标来判断：

1. 员工数量

一般来说，广告公司的人数都不是太多。世界上最大的广告公司也不过七八千人。营业额排名世界第一的日本电通公司员工有 6000 多人。在我国，如拥有百人左右，年营业额达到几千万元人民币，就可算为大公司了。而一个小型广告公司，其员工数量有时不足 10 人。

2. 服务范围和能力

虽然公司人数不多，但具有较强的业务能力，能够全面代理客户的广告业务，开展广告活动的范围、区域较宽广，就可认为是一家大公司。相反，公司虽然拥有较多的员工，但只能提供单项的、部分的业务服务，只能在本地区有限的范围内开展广告活动，则可认为是小公司。另外，大公司的员工往往每个人都能独当一面，能独立负责管理某一方面的工作，而小公司的人员则往往集体作业，几个人甚至十几个人只能做一件事情。

3. 综合实力

综合实力是通过对广告公司的经济实力、技术实力、人员实力、创作实力、媒体购买实力和客户实力等项指标进行评价和排序来确定的。一般是根据前一年的经营状况和有关数据来进行综合评估的。我国曾由国家工商局和中国企业评价协会联合组织过数次综合实力的评价和排序，从中排出我国最大的 50 家广告公司。最简单的方法，就是根据营业额来考察广告公司的实力和大小。在我国，这项工作每年主要由中国广告协会来做。

四、我国广告公司的主要类型

根据经营实力和经营模式，我国的广告公司大体上可分为五类：

1. 大型综合性本土广告公司

中国广告联合总公司、北京广告公司、上海广告公司、广东广告公司等都属于大型综合性广告公司。我国的大型综合性广告公司一般属于国有企业，这些公司大多成立于改革开放之初，在资金、规模等方面相对国内同行有一定的优势，与政府、媒体拥有良好的关系，业务上有一定的经验，能够替客户垫付购买媒体的费用，路牌等户外广告媒体的占有率较高，具有较强的竞争力。但是，由于其代理的客户和自身实力的限制，目前这类广告公司还没有在境外设立分支机构，还需要有较长一段时间的努力，才能与国际性的大广告公司相提并论。

2. 跨国广告公司

跨国广告公司是国外广告公司在我国设立的合资广告公司。1986 年，首家合资广告公司——电扬广告公司在上海成立。1998 年，全球排名前 10 的广告公司全部在中国设立了合资公司，其中包括盛世长城国际广告有限公司、麦肯·光明广告有限公司、智威·汤逊中乔广告有限公司、上海奥美广告有限公司、上海灵狮广告公司、北京电通广告有限公司、美格广告有限公司等。

实用广告理论与方法
Advertising Theory & Method

这类广告公司资金雄厚，广告代理服务的经验丰富，服务网络全球一体化。广告经营管理模式比较科学，作业水准较高，进入中国市场后，发展态势凶猛，而且夺走了原来由中国广告公司代理的外商客户。这类广告公司的经营和管理方式值得中国广告公司学习借鉴。

3. 中小型广告公司

中小型广告公司年营业额相对较小，一般在 3000 万元以下。中小型广告公司数量比较多，在我国的广告公司中占有一定比例，其成分也比较复杂，既有国有企业，也有集体企业，还有合资、私有、股份制企业。中小型广告公司在经营上往往以某个专项见长，在广告市场中占据一席之地。随着我国广告经营竞争的加剧，这类广告公司可能会分化，要么发展壮大为更大规模的广告公司，要么会遭到淘汰或被兼并。

4. 作坊式广告公司

作坊式广告公司是规模更小的广告作业机构，而且为数不少。严格意义上讲，它们称不上公司，最多有一两个制作室，大多数是媒体代理机构，它们靠灵活的经营手段在市场上艰难生存。

5. 兼营广告公司

这类广告公司是中国广告公司的特色。有两类：一类是大型企业自办的广告公司，另一类是媒体自办的广告公司。这两类广告公司实际上是我国广告业恢复时期大众传媒不够发达以及国内广告代理制不够健全的背景下形成的，是媒体垄断没有被完全打破、国内广告公司鱼龙混杂、服务水平不够理想的产物。当时，一些企业更愿意直接与媒体打交道，或自己成立广告公司，媒体也不愿意肥水外流，所以就成立自己的广告公司。这种现象不符合广告行业专门化的要求。随着我国广告市场的不断成熟完善，这两类广告公司将会逐渐萎缩直至消亡。

第三节
广告主的广告组织

广告主的广告组织，就是设置在企业内部的负责本企业广告业务活动的广告部门。国外的工商企业大部分都设立有专职的广告部门，负责筹划本企业的广告活动，积极协助广告代理公司实施本企业的广告计划。目前，我国已有相当一部分大中型企业建立了专职的广告部门，有的企业也配备了专职广告人员。但是与国外成熟企业相比，我国企业广告组织的建设水平还比较低。

一、广告主广告部门的组织形式

目前，我国企业内部广告组织还没有普遍建立起来，尚未形成比较成熟的广告组织形式，而发达国家企业有一些成熟的经验可以借鉴。在发达国家，企业广告部的设置常常采用下列几种形式：

1. 总经理直辖型

这种类型的广告部门与其他职能部门地位相同，广告部门经理直接向总经理负责。中小企业较多采用这种组织形式（如图 3-2 所示）。

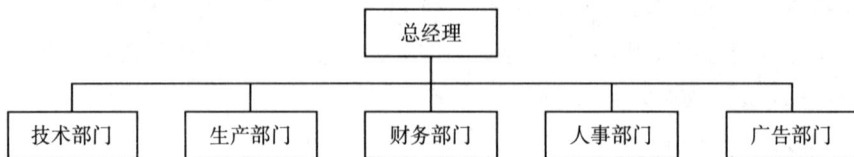

图 3-2　总经理直辖型

2. 营销经理直辖型

这种类型的广告部门从属于营销部门的二级部门，广告部门经理向营销经理负责。这种组织形式适用于多种营销方式组合及多种促销手段配合的企业（如图 3-3 所示）。

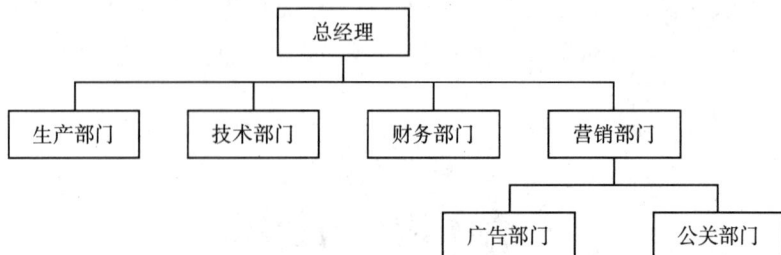

图 3-3　营销经理直辖型

3. 广告部门集权型

这种类型是指大型企业在总厂或总公司领导下，有多个分厂或分公司，但总厂或总公司只设立一个广告部门的组织形式。这种组织形式有利于总经理统一决策和指挥，便于统筹全局，带来规模效益（如图 3-4 所示）。

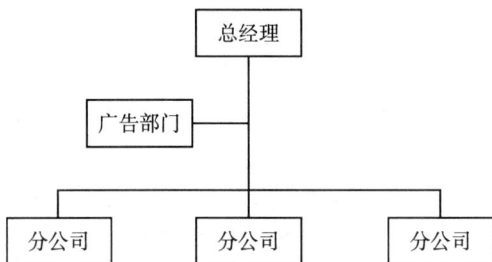

图 3-4 广告部门集权型

4. 广告部门分权型

这种类型是指大型企业下属各分厂或分部都设立广告部门，负责分部的广告工作的组织形式。这种组织形式有利于各分支机构按本身的产品和市场营销情况灵活调整广告策略，适用于分公司、分厂规模较大的企业（如图 3-5 所示）。

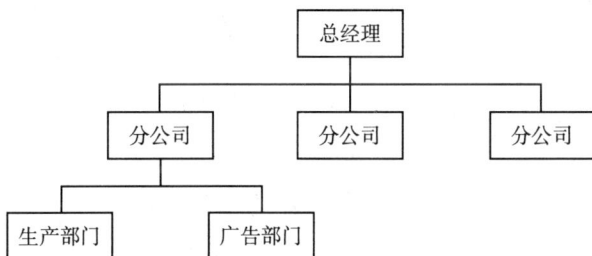

图 3-5 广告部门分权型

5. 集权、分权混合型

这种类型是指总公司或总厂既设置企业所属分支机构广告部门，也设立自己的广告部门的组织形式，各分支机构的广告部门在业务上接受企业总广告部门的指导、监督与协调。这种组织形式便于在企业统一的广告决策下，充分发挥分支广告部门的能动性，分工协作，促进企业的广告工作，适用于运行机制较完善的大企业（如图 3-6 所示）。

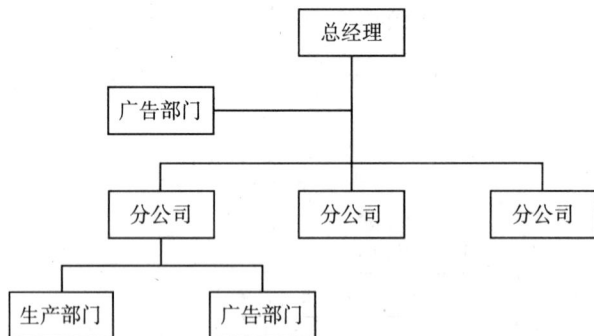

图3-6 集权、分权混合型

二、广告主广告部门的职能

企业广告部门的主要职能是负责筹划本企业的广告活动，积极协助广告代理公司实施本企业的广告计划。具体而言，主要应当履行以下职能：①参与企业的广告决策。从企业的市场营销战略角度，考虑和策划广告活动，为实现企业的市场目标服务。②提出企业的广告目标。③参与和协调有关的营销活动。如公共关系、宣传、促销、推销员的业务活动、市场调查等。④选择合适的广告代理公司、广告调查公司、广告制作公司，以及其他促销机构。⑤制定广告预算方案，对广告预算精心管理、有效利用。⑥选择广告对象、广告主题和诉求点，参与广告作品的制作。⑦选择媒体，并注意对媒体的利用和管理。⑧制定广告调查计划，实施广告效果的测定。⑨注意广告人员的专业培训和人才的补充。⑩与有关的广告团体保持良好的关系。

第四节
媒体的广告组织

最初的媒体广告组织是在媒体内部，许多"捎客"们本身就是报刊的工作人员。随着商品市场的扩大和广告业务量的增加，以及媒体自身发展的需要，一些从事版面推销的经纪人从媒体中分离出来，形成了独立的广告代理行业。

从总体上看，媒体广告组织的功能随着时代的变迁而有所转变和弱化。早期的媒体广告组织的一部分功能转移给了专业的广告组织,保留了接洽广告业务、保持与专业广告公司的联系、宣传本媒体特点和优势、扩充广告资源等方面的功能。但是,由于广告是媒体经营收入中非常重要的一部分,经过重组后的媒体广告组织仍是媒体机构中的一个重要部门,几乎和编辑部、经理部三足鼎立。

一、媒体广告组织的机构设置

最初,媒体广告组织集承揽、发布等多种职能于一身,但随着现代广告业的不断成熟和广告经营机制的不断完善,媒体广告组织的职能和角色也相应转变,其职能主要是为专业广告公司发布广告。

但是,由于各个国家和地区广告业经营机制及广告经营运作方式的不同,媒体的广告组织的机构设置也会因为媒体在广告经营中所执行具体职能的不同而不同。

在实行完全广告代理制的国家和地区,不允许媒体广告组织直接与广告主打交道,媒体在广告经营中一般只承担广告发布的职能。它们向广告代理公司和广告客户出售媒体的版面和时间,其扮演的角色相当于是媒体广告版面和时间的销售部门。比如,在最先实现和完成媒体广告职能和角色转换的美国,其广告业高度发达,实行着完全广告代理制,媒体不直接与广告主接洽。除分类广告外,媒体只承担广告发布的职责。由于职能和业务内容的单一,这类媒体的广告部门机构设置就较简单,称为广告局或广告部,下设营业部门、编排部门、行政财务部门等几大部门。营业部门负责对外的业务联络和接洽,编排部门负责广告的刊播,行政财务部门负责行政财务方面的管理,督促广告费的及时回收。

在没有推行广告代理制或没有实行完全广告代理制的国家或地区,媒体不仅负责广告的发布,还兼任广告承揽与广告代理之职,其广告部门的机构设置就较复杂。日本与我国媒体广告部门的机构设置大体相同,其广告产业结构与美英等国截然不同,媒体的广告经营职能与广告公司并没有明确划分,几乎就与广告公司相同。日本的媒体不仅接受广告公司的广告代理,发布广告,也直接向广告主承揽广告,并为广告主提供广告制作及市场调查等多种服务。

在我国大陆,广告代理制还处于逐步推行阶段,除规定外商来华做广告必须经由广告公司代理外,媒体的广告经营几乎与广告公司没有差别。实行严格意义上的广告代理制，即对媒体的广告经营实行广告承揽与广告发布职能的真正分离，使媒体专司广告发布，应是我国广告业今后发展的方向。

二、我国媒体广告组织的主要职能

近20年来，几乎所有的媒体都成立了广告部门，但组织机构参差不齐，不少媒体对于自己的工作重点还不够明确，服务内容和质量还处于较低的水准，有的甚至就靠给回扣"拉广告"，有的则过分扩张业务。因此，就我国的媒体广告组织来说，还需要充分认识自身的职能和作用，健全和完善机能。

因为还未能推行广告代理制，我国的媒体广告组织的职能相对于实行完全广告代理的国家而言更加宽泛，基本上与广告公司的职能近似，主要包括以下几个方面：

1. 承接广告业务

把媒体的广告版面或广告时间售卖出去，是媒体广告部门的业务重点。由于专业广告公司拥有众多广告客户，所以是媒体的最大买主，因此，媒体广告部门首先要争取广告公司，保证媒体得到稳定的销售渠道。媒体的覆盖域、收视率、发行量、受众成分、广告价格等要素对承接广告业务很关键。

2. 设计制作和发布广告

媒体的广告主要来源于两个方面：一是广告公司代理推荐；二是直接承揽的广告业务。前者的广告业务，基本由广告公司完成，媒体广告部门主要是协助安排广告发布日程，对广告作品提出建议，做好广告排期。

对于媒体直接承揽的广告业务，媒体广告部门则要负责策划、设计、制作广告作品的全过程。一般来说，媒体直接承揽的广告业务量应该不是很大。报刊主要是小广告、分类广告等类型；广播电视广告主要是声像比较简单、时间较短的广告。较复杂的广告作品的制作，还应交由专业广告制作公司完成。

3. 审查广告内容

媒体广告组织要根据《广告法》等法律法规的规定对广告进行严格审查。广告审查的主要内容包括：

（1）广告主的主体资格是否合法。

（2）广告内容是否真实、客观，是否清晰、明白。

（3）广告的表现形式是否合法。

（4）广告证明文件是否真实有效。

4. 做好广告经营的财务核算

（1）确定广告收费范围。收费范围包括版面费、时段费、设计费、制作费、调研费、咨询费等。

（2）计算确定广告价格体系。媒体广告价格主要依据以下因素确定：①覆盖范围。包括报刊的发行量、广播的收听率、电视的收视率等。②权威性。包括媒体级别、节目时间档次、版面位置及大小等。③受众结构。

（3）确定费用结算方式。广告费结算方式有预先购买、预交定金、播发后收取、广告公司代收、广告客户接纳等方式。

5. 调研和信息咨询服务

广告媒体要向广告公司和广告客户提供详细的媒体资料，如发行量、收视率、收听率、媒体级别、节目时间档次、版面位置及大小、受众成分等，便于客户选择。

链接：中国中央电视台广告经营管理中心的职责
（CCTV Advertising Center）

中国中央电视台广告经营管理中心成立于 2010 年 7 月，是在原中央电视台广告部的管理架构基础上，以高效为目标，在坚持优化流程、科学架构、完善制度的原则基础上建立起来的。下设综合部、市场部、客户部、频道经营部、监审部、公益广告部 6 个部门。

广告经营管理中心的职责：

研究中央电视台广告的发展战略与经营策略，策划实施公关传播与市场推广活动，建立中央电视台广告的产品体系、价格体系、客户体系和渠道体系，负责各专业频道广告的营销和安全播出。

中心下属各部门及其职责：

（1）综合部。负责广告经营管理中心的综合行政管理，包括公文处理、信息传递、人财物管理、技术系统维护、广告合同管理以及党政工团相关工作；策划实施推广活动，加强与广告客户及社会各界的面对面交流。

（2）市场部。研究中央电视台广告经营的发展战略与经营策略；组织实施公关传播活动，维护、提高中央电视台广告经营的品牌形象，拉动广告销售。

(3) 客户部。从企业和代理公司两个维度，全面负责中央电视台广告客户的营销、服务与管理。

(4) 频道经营部。创新广告产品设计，建立中央电视台广告产品体系和价格体系。

(5) 监审部。负责中央电视台所属各频道广告的审查、编辑、播出，确保中央电视台发布的广告符合相关法律法规和社会公德；负责广告合同的结算复核和广告播出的监测反馈，发挥内部监督制衡作用。

(6) 公益广告部。负责中央电视台公益广告的整体规划、制作、推广等相关工作，梳理并完善公益广告资料库，提高中央电视台公益广告影响力。

资料来源：CCTV 官网。

附：广告发布者的资质标准及广告经营范围核定用语规范

1. 利用电视、广播、报纸等新闻媒介发布广告的电视台、广播电台、报社。

(1) 资质标准：

1) 有直接发布广告的媒介。

2) 有与广告经营范围相适应的经营管理人员、编审技术人员（以上人员均须取得广告专业技术岗位资格证书）、财会人员和广告经营管理制度。

3) 有专门的广告经营机构和经营场所，经营场所面积不小于 20 平方米。

4) 有专职广告审查人员。

5) 广告费收入单独立账。

(2) 核定广告经营范围用语规范，例：

1) ××电视台。利用自有电视台，发布国内外电视广告，承办分类电视广告业务。

2) ××报社。利用《××报》，发布国内外报纸广告，承办分类报纸广告业务。

3) ××广播电台。利用自有广播电台，发布国内外广播广告，承办分类广播广告业务。

2. 具有广告发布媒介的企业、其他法人或经济组织，利用自有或自制音像制品、图书、橱窗、灯箱、场地（馆）、霓虹灯等发布广告的出版（杂志、音像）社、商店、宾馆、体育场（馆）、展览馆（中心）、影剧院、机场、车站、码头等。

（1）资质标准：

1）有直接发布广告的媒介。

2）有与广告经营范围相适应的经营管理人员、专业技术人员（以上人员均须取得广告专业技术岗位资格证书）、财会人员和广告经营管理制度。

3）有专门的广告经营机构和经营场所，经营场所面积不小于 20 平方米，有相应的广告设计和制作设备。

4）有专职广告审查人员。

5）广告费收入单独立账。

（2）核定广告经营范围用语规范，例：

1）××音像社。设计和制作音像制品广告，利用本社出版的音像制品发布广告。

2）××出版（杂志）社。设计和制作印刷品广告，利用本社出版的印刷品发布广告。

3）××商店（场）、宾馆、饭店。设计和制作招牌、灯箱、橱窗、霓虹灯广告，利用本店内招牌、灯箱、橱窗、霓虹灯发布广告。

4）××体育场（馆）、展览馆（中心）、影剧院。设计和制作招牌、灯箱、电子牌、条幅广告，利用本场（馆）内招牌、灯箱、电子牌、条幅发布广告。

5）××车站（码头、机场）。设计和制作招牌、灯箱、电子牌广告，利用本场（站）内招牌、灯箱、电子牌发布广告。

第五节
广告团体组织

广告团体组织主要是指从事广告业、广告学术或与广告业有密切关系的组织和人员自愿组成的民间组织。1899 年，美国成立了广告主协会；1915 年成立了美国全国广告协会。1927 年，上海"耀南"、"维罗"等 6 家广告公司成立了"中华广告公会"，这是中国最早的广告业团体组织之一。我国现有的广告团体组织，都成立于改革开放以来我国广告业重新恢复和发展以后。

目前，世界上大多数国家都分别有以广告主为主、以广告经营者为主或以广告理论研究人员为主的不同类型的广告团体组织，这些广告团体组织在规范广告行业发展、维护广告主利益、提高广告理论研究水平等方面发挥着重要的作用。

一、国际广告协会（IAA）

国际广告协会创立于 1938 年，当时叫出口广告协会，总部设在美国纽约，1954 年改为现名。国际广告协会由广告主、广告公司、媒体、学术机构组成，是营销传播界唯一的全球性广告组织，也是全世界唯一涉及品牌创建和营销传播领域的全球性行业协会。

国际广告协会的会员分为个人会员、团体会员、组织会员、准会员、院校会员、资深会员和名誉会员 7 种，会员遍布世界近 100 个国家和地区。会员在全球的分布情况是：亚太地区 21%，欧洲 40%，拉丁美洲 12%，中东/非洲 17%，美国/加拿大 10%。我国于 1987 年 5 月 12 日，以"国际广告协会中国分会"的名义加入了国际广告协会。

国际广告协会的最高机构为世界代表大会，下设理事会、执委会、秘书处等机构。协会的宗旨是把广告、公共关系、销售促进、广播、市场调查等有关的从业者及有兴趣的人们联合起来，交流经验和情报，探讨学术理论，提高世界广告和行销技术水平，组织国际会议和专题展览。

国际广告协会的职能：①宣传广告为推动经济健康发展和促进社会开放的重要作用和意义；②保护和促进商业言论自由和消费者自由选择的权利；③鼓励广告自律的广泛实施和认可；④通过对未来广告营销传播行业从业人员的教育和培训，引领行业向高水准方向发展；⑤组织论坛，探讨不断出现的广告营销传播业的专业问题以及这些问题在飞速变化的世界环境中所引发的结果。

二、亚洲广告协会联盟（AFAA）

亚洲广告协会联盟成立于 1978 年，是亚洲地区最权威的广告行业组织，一般以国家为单位会员，被称为亚广联国家委员会，如我国于 1987 年 6 月 15 日在北京成立的"亚广联中国国家委员会"。亚洲广告协会联盟每 2 年至少召开一次会员大会。

亚洲广告协会联盟的宗旨：①团结亚洲从事广告专业或业务的协会。②提高广告的道德规范和业务水平。③促进各国对广告作用的认识。④收集地区性的广告和市场的资料和信息。⑤增进广告业的自我调节能力。⑥制订和实施关于广告的教育计划，协调开发亚洲广告人才。

三、中国广告协会（CAA）

中国广告协会成立于 1983 年 12 月 27 日，是中国广告界的行业组织，是具有法人资格的社会团体。其前身为 1981 年成立的"中国广告艺术协会筹备委员会"。协会会员分团体会员、荣誉会员和个人会员。

中国广告协会接受国家工商行政管理局的指导，最高权力机构是会员代表大会，每 3 年召开一次。协会设立报纸、广播、电视、广告公司和学术 5 个专业委员会，受协会常务理事会的领导。全国地市级以上的地区也设立广告协会，地方广告协会接受同级工商部门和上级广告协会的指导。

中国广告协会的主要任务：①制定行业自律规定，规范经营行为，开展争创文明先进单位活动，促进广告市场健康有序的发展。②开展企业资质评审活动，扶植优势企业发展，促进产业结构的优化调整。③抓好行业培训工作，确保从业人员的上岗资质，努力提高从业人员的业务素质，与教育部门联合共同进行广告专业大专班、本科班、研究生班的招生教学工作。④加强广告学术理论研究，积极开展中外广告学术理论交流，促进和引导中国广告思想理论的发展。⑤开展国际交流与合作，与世界各国广告协会建立联系，代表中国广告界参加世界广告组织和活动，组织中国广告界参加国际性的广告赛事。⑥开展广告发布前咨询工作，为广告主、广告公司、广告媒介提供法律援助。⑦开发信息资源，建立信息网络，为行业提供信息服务。⑧举办好中国广告节等会展活动，评选创意制作精良、广告效果好的优秀广告作品，推举新人，树立广告界的良好形象，促进广告业的发展。⑨积极参与广告业的立法立规工作，向政府有关部门反映会员单位的意见和要求，提出合理建议。⑩办好现代广告杂志，及时传递行业管理信息，发布行业统计数据，促进广告思想理论的发展和经营秩序的规范。

四、中国商务广告协会（CAAC）

原名为中国对外经济贸易广告协会，于 1981 年 8 月 21 日正式成立，是由对外经济贸易部领导的，具有法人资格的全国性社会经济团体，对外代表中国经济贸易广告界参加国际广告活动。协会由全国对外经济贸易系统的专业广告公司和报刊、出版社等兼营广告的单位以及对外经济贸易专业进出口总公司和工贸进出口公司的广告宣传部门联合组成。是我国改革开放以后最早成立的广告团体组织。2005 年后经商务部和民政部批准更名为中国商务广告协会，并由商务部领导。

更名后的中国商务广告协会的职能和任务是：围绕商务部的工作，团结引导全国商务广告界，在提高素质、加强自律的基础上，不断提升商务广告对我国内外经济贸易的服务功能，为促进我国经济社会的健康发展，发挥应有的作用。

中国商务广告协会在借鉴国外经验的基础上，组织了一批实力相对较强、信誉好、服务水平高的本土广告公司，并吸收了一批在国内较为成功的合资广告公司，共同组成了一个具有中国特色的高端广告组织——中国 4A。为这些公司相互学习，相互交流，共同提高，共同发展，尽快形成一批具有较强的综合实力和创新能力、信誉好、服务水平高的品牌广告公司，提供了一个理想的平台。

中国商务广告协会根据商务部的安排，依据自身优势，促成广告界和企业界联手，在共同打造中国自主品牌、提高自主品牌竞争力方面做出了努力。协会在为品牌建设服务的同时，也促进了广告业自身的发展。这项工作受到了广告界和企业界的共同欢迎。目前，协会已成立了由著名品牌专家、大型广告公司和国内知名品牌企业共同参加的品牌促进委员会，并和中国传媒大学共同组建了中国商务品牌战略研究所。协会还积极参与了商务部举办的"品牌万里行"活动。此外，中国商务广告协会在引导商务广告界不断学习借鉴国外广告界的先进思想和经验，推广广告新媒体、新材料、新技术、新设备方面做了很多有益的尝试。

五、美国广告代理协会（4A）

美国广告代理协会英文全名为 American Association of Advertising Agencies,

简称为 4A，是因为名称里有 4 个单词是以 A 字母开头。4A 是 20 世纪初由美国各大著名广告公司协商成立的组织，成员包括奥美（Ogilvy & Mather）、智威汤逊（J. Walter Thompson）、麦肯（McCann）、李奥贝纳（Leo Burnett）、天联（BBDO）等著名广告公司。该组织最主要的协议就是关于客户媒体费用的收取约定（17.65%），以避免恶意竞争。

改革开放初期，随着跨国公司纷纷进入中国，国际广告公司也纷至沓来。1979 年中国开放之初，日本电通公司就开始为日本家电产品在中国市场做广告；1998 年，全球排名前 10 的广告公司全部在中国设立了合资公司，包括盛世长城国际广告有限公司、麦肯·光明广告有限公司、智威·汤逊—中乔广告有限公司、上海奥美广告有限公司、上海灵狮广告公司、北京电通广告有限公司、美格广告有限公司等。

4A 公司凭借着国际客户的声誉以及大胆而精妙的创意、精彩的导演和拍摄树立了其在国内广告界的名声，国内广告界渐渐了解了 4A 公司，4A 公司也逐渐成为国际品牌广告代理公司的代名词了。

4A 对成员公司有很严格的标准，所有的 4A 广告公司均为规模较大的综合性跨国广告代理公司。世界各地都以此为标准，取其从事广告业、符合资格、有组织的核心规则，再把美国的国家称谓改为各自国家或地区的称谓，形成了地区性的 4A 广告公司。

在中国大陆，只有广州成立了 4A 协会。1996 年 11 月 8 日，广州 4A 由广州地区 18 家知名广告公司发起，经广州市广告协会批准成立了"广州市综合性广告代理公司委员会"（广州 4A）。2004 年，广州 4A 更名为"广州诚信广告代理商协会"（The Association of Accredited Advertising Agents of Guangzhou）。

第四章	**广告策划的基本理论与主要内容**

链接："千金市骨"

古之君王，有以千金求千里马者，三年不能得。涓人言于君曰："请求之。"君遣之，三月得千里马。马已死，买其首五百金，反以报君。君大怒曰："所求者生马，安事死马而捐五百金！"涓人对曰："死马且市之五百金，况生马乎？天下必以王为能市马。马今至矣！"于是，不能期年，千里之马至者三。

——《战国策·燕策一》

策划与策划活动古已有之。我国古代许多经典著作中都有策划思想和策划实践的体现。《孙子兵法》为2500年前的孙武所著，是世界军事理论史上最早形成战略体系的一部兵学专著，共分13篇，虽然只有五千言，但内容包罗万象、博大精深，涉及战争规律、哲理、谋略、政治、经济、外交、天文、地理等方面的内容，堪称古代兵学理论的宝库和集大成者，在世界广为传播。《孙子兵法》的许多著名论断已成为商业竞争之"道"。

在谈到竞争前的准备时，孙武说："夫未战而庙算胜者，得算多也；未战而庙算不胜者，得算少也。多算胜少算，而况于无算乎！吾以此观之，胜负见矣。"所谓"算"就是"策划"，竞争未始，策划先行，想不到就做不到。反过来，他主张"攻其无备，出其不意"，也就是说在对手尚未策划时，超出其策划想象范围开展竞争最容易取胜。

第一节
认识策划的本质

近年来，"策划"一词被广泛用于各行各业及多种场合，尤其是在一些需要智慧和谋略的活动领域，更是成为使用频率极高的词汇。比如体育盛会、歌舞演出、影视宣传、产品推广、外交活动等。虽然"策划"一词和策划活动古已有之，但对于"策划"一词的理解却各具特色，至今仍不统一，为此，有必要先明确策划的一般内涵，以便进一步明确广告策划的内涵和本质。

一、策划的内涵

在我国，"策划"一词早期出现于《后汉书》，也作"策画"。《词源》把"策划"解释为筹划、计划；《辞海》将之解释为计划、打算。在西方，"策划"这个概念最早由公共关系学者爱德华·伯纳斯（Edward L. Bernays）在其著作《策划同意》中提出。

关于策划的定义，仁者见仁，智者见智：

● 策划是从一个初始的创意开始，经过审时、度势、驾驭战术、进行推算和运作，使无人顾及的产品变为炙手可热的商品，是点石成金的过程。

● 策划就是通过全新的理念和思路，对生产力的各种要素重新整合，使之产生 1+1>2 的效果，甚至是原子裂变式的市场效应或经济效益。

● 策划是对所有显性的、隐性的、物质的、精神的、经济的、政治的、文化的等生产力资源的挖掘、筛选、整合。

● 策划就是策略规划，是关于整体性和未来性的策略规划，它包括从构思、分解、归纳、判断到拟定方案、方案实施、事后追踪与评估过程。简言之，它是组织实施（实现）其目标的一套程序。

● 策划就是挑战智慧的极限，挖开思维的死角，向企业输出新的思维方式、新的思路。

本书借鉴前人的思想，结合策划工作实践，将策划的概念表述如下：

策划：是指整合各类现有资源，判断事物变化的趋势，确定可能实现的目标和结果，再按此来设计、选择能产生最佳效果的资源配置与行动方式，进而形成决策计划的复杂的思维过程。

我们可以从以下四个方面进一步理解策划的内涵：

1. 策划的过程

从策划的过程看，一个完整的策划基本上包含了预测和决策两大步骤。作为预测，它要对组织未来发展的前景和趋势进行科学分析和准确评估；作为决策，它要在预测的基础上，对组织的应对方针和行动措施进行大胆抉择。从这个意义上说，任何一种策划都是"大胆设想，小心求证"的过程。

2. 策划的内容

从策划的内容看，一个完整的策划包括战略策划和战术策划两大部分。战略策划是统筹天、地、人等资源环境，从而确定长远的目标和方针，使自己在总体上永远立于不败之地，并且还能创造发展的态势，保持一种良性的循环。像诸葛亮在《隆中对》中提出的"三分天下"的方案，就属于一种高明的战略策划。

战术策划则是为了实现战略所必须采取的一系列行之有效的行动方案。战术策划具有很强的可操作性，它往往要设计出"做什么、如何做、何时何地做"等每一个环节的运作步骤，以保证在每一个环节上达到最佳组合，在每一个阶段都取得最大成果。

总之，从策划内容看，一个完整的策划就是"审时度势的战略策划"和"行权达变的战术策划"的有效组合。通过对这两项内容的策划，可以产生各种各样的计谋和层出不穷的方法，从而最大限度地调集、协调和发挥各方面的信息和资源优势，以实现既定的战略目标。

3. 策划的性质

从策划的性质来看，策划是一项极为复杂的综合性思维工程。首先，策划是策划者运用知识、信息、智慧进行复杂的脑力劳动的过程，属于出卖智慧的智力咨询业。

其次，在策划过程中，策划者既要运用周密严谨的理性思维进行分析、判断和预测，又要运用灵活多变、富有创意的感性思维进行想象、创造和重新组合。总之，对各种思维方式的综合运用是策划成功的关键所在。

4. 策划的范围

从策划的范围来看，策划普遍存在于人类行为之中。[①] 无论是政治统治、企业经营还是个人发展，都需要精心的策划。

二、策划与计划

策划与计划有着明显的不同：策划是能实际引导行动、创造性思考及实践的过程，也有人说"策划是一种无中生有的精神活动"；计划则是从现在到未来，根据时间表，思考如何逐次达成目标的行为。从图 4-1 可以直观地看出计划和策划的区别。[②]

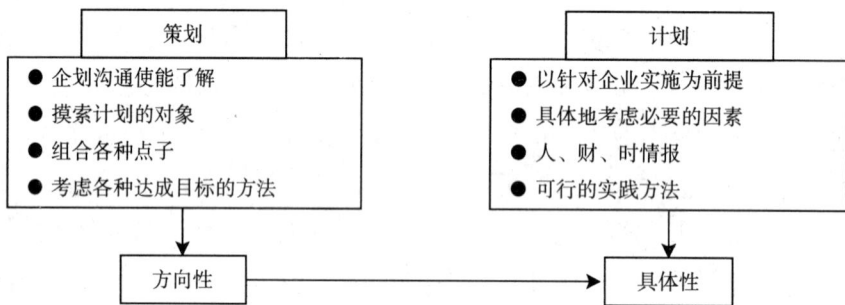

图 4-1　策划与计划的区别

三、策划与点子、谋略

策划、点子和谋略都是以创意为核心、以智慧为纽带的创造性思维活动，都具有智能性、艺术性和思维性。三者有相通之处，但并不完全相同。

点子是关于事物的具体创意和创意的实施。比如，我们常说的出个主意、想个办法、搞个发明，都是点子。点子具有针对性、直接性、零散性和个性化特征。春秋时期齐国著名矮子大夫晏婴设计的"二桃杀三士"就是著名的点子案例。

① 余明阳，陈先红.广告策划创意学（第 3 版）[M].上海：复旦大学出版社，2007.
② [日] 大川耕平.企划新行家 [M].台湾：远流出版社，1993.

链接：二桃杀三士

公孙接、田开疆、古冶子事景公，以勇力搏虎闻。晏子过而趋，三子者不起。

晏子入见公曰："臣闻明君之蓄勇力之士也，上有君臣之义，下有长率之伦，内可以禁暴，外可以威敌，上利其功，下服其勇，故尊其位，重其禄。今君之蓄勇力之士也，上无君臣之义，下无长率之伦，内不可以禁暴，外不可以威敌，此危国之器也，不若去之。"公曰："三子者，搏之恐不得，刺之恐不中也。"晏子曰："此皆力攻敌之人也，无长幼之礼。"因请公使人少馈之二桃，曰："三子何不计功而食桃。"

公孙接仰天而叹曰："晏子，智人也。夫使公之计吾功者，不受桃，是无勇也。士众而桃寡，何不计功而食桃矣。接一搏豮而再搏乳虎，若接之功，可以食桃，而无与人同矣。"援桃而起。

田开疆曰："吾仗兵而却三军者再，若开疆之功，亦可以食桃，而无与人同矣。"援桃而起。

古冶子曰："吾尝从君济于河，鼋衔左骖，以入砥柱之中流，当是时也，冶少不能游，潜行逆流百步，顺流九里，得鼋而杀之。左操骖尾，右挈鼋头，鹤跃而出，津人皆曰河伯也，视之则大鼋之首也。若冶之功，亦可以食桃，而无与人同矣。二子何不反桃？"抽剑而起。

公孙接、田开疆曰："吾勇不子若，功不子逮，取桃不让，是贪也；然而不死，无勇也。"皆反其桃，挈领而死。古冶子曰："二子死之，冶独生之，不仁；耻人以言，而夸其声，不义；恨乎所行，不死，无勇。虽然，二子同桃而节，冶专桃而宜。"亦反其桃，挈领而死。

——《晏子春秋·内篇谏下》节选

谋略是智谋韬略的总称，是指关于某项事物、事情的临机变化的技艺和智谋。谋略具有选择性、方向性、运筹性和艺术性。谋略有法、术、势之说，法就是智谋、谋略；术就是权术、手段、手腕；势则是实力、力量和权力。因此谋略有阴谋和阳谋之分，阴谋是指"点火于基层，谋划于密室"的幕后谋划，含贬义。阳谋是指看得见、听得到、正大光明的智谋。战国时期，田忌赛马的故事就是谋略的经典案例。

链接：田忌赛马

齐使者如梁，孙膑以刑徒阴见，说齐使。齐使以为奇，窃载与之齐。齐将田忌善而客待之。忌数与齐诸公子驰逐重射。孙子见其马足不甚相远，马有上、中、下辈。于是孙子谓田忌曰："君弟重射，臣能令君胜。"田忌信然之，与王及诸公子逐射千金。及临质，孙子曰："今以君之下驷与彼上驷，取君上驷与彼中驷，取君中驷与彼下驷。"既驰三辈毕，而田忌一不胜而再胜，卒得王千金。于是忌进孙子于威王。威王问兵法，遂以为师。

——《史记》卷六十五：《孙子吴起列传第五》

策划是关于某项事物、事情的系统创意和创意的实施过程，具有整体性、系统性、全面性和广泛性特征。比如越王勾践卧薪尝胆就是一系列点子策划的战略组合，谋略实施包括苦肉计、美人计、破釜计、瞒天过海、借刀杀人、趁火打劫、以逸待劳、笑里藏刀，等等，用一条连环计串联起来，构成一个极为复杂的系统策划。

链接：卧薪尝胆

春秋时期，吴王阖闾打败楚国后，成了南方的霸主。公元前496年，越国国王勾践即位。为了征服越国，吴王发兵攻打越国。没想到打了个败仗，自己又中箭受了重伤，回到吴国，就咽了气。阖闾临死时对夫差说："不要忘记报越国的仇。"吴王阖闾死后，儿子夫差即位。

夫差为了报父仇，操练兵马，攻打越国。结果越国战败，越王勾践于是被抓到吴国。吴王为了羞辱越王，派他从事看墓与喂马这些奴仆才做的工作。越王心里虽然很不服气，但仍然极力装出忠心顺从的样子。吴王出门时，他走在前面牵着马，吴王生病时，他在床前尽力照顾，吴王看他这样尽心伺候自己，感觉他对自己非常忠心，最后就允许他返回越国。

越王回国后，决心洗刷自己在吴国当囚徒的耻辱。为了告诫自己不要忘记报仇雪恨，他每天睡在坚硬的木柴上，还在门上吊一颗苦胆，吃饭和睡觉前都要品尝一下，为的就是要让自己记住教训。除此之外，他还经常到民间视察民情，替百姓解决问题，让人民安居乐业，同时加强军队的训练。

经过十年的艰苦奋斗，越国变得国富兵强，于是越王亲自率领军队进攻吴国，最终取得胜利，吴王夫差战败后羞愧地自杀了。后来，越国又趁胜进军中原，成为春秋末期的一大强国。

由此可见，点子靠聪明、耳聪目明，对某一事物的某一侧面能提出与众不同、令人称奇的主意和方法，实施后能够"点射"成功。谋略是临机变化的技艺，在临机变化的行动过程中不断探索最佳的方式和途径，使现有的力量及具有的客观条件，通过谋略达到最佳组合。谋略靠智慧，是多个点子的集合，比点子更聪明、更机智、更系统、更理性。策划更加强调系统性和全局性。

点子—谋略—策划是现代策划学螺旋式上升的三个阶段，借用军事术语，点子是战术，谋略是战役，策划是战略。策划是对全局态势的战略性把握和运筹，三者之间可以交叉相容、相互转化。[①]

链接：何阳的点子

1992 年 9 月 1 日，《人民日报》头版发表的"何阳卖点子，赚了 40 万，好点子也是紧俏商品"一稿在全国引起轰动，令无数知识分子放弃牢骚和不满，投身于市场经济，成为改革开放初期中国知识分子步入市场经济的杰出代表，从此打开了中国的智慧市场，掀起了咨询热。此后，新华社、中央电视台、《光明日报》、《经济日报》、《工人日报》、《中国青年报》、《文汇报》等国内外千余家新闻媒体报道了何阳的种种传奇事迹，为此，中央电视台春节晚会以何阳业绩为背景，专门编排了由冯小刚等创作，冯巩、牛群表演的相声《点子公司》。由北京大学出版的《何阳的点子》一书成为了中国咨询业的第一本启蒙和畅销读物。而后出版的《点遍中国》，成为当时企业家的必读书。牛根生等众多的企业家当时都聆听过他的讲课，并成为他的学生。

---

① 余明阳，陈先红. 广告策划与创意学（第 3 版）[M]. 上海：复旦大学出版社，2007.

第二节
广告策划的内涵及主要内容

广告策划是一项极为复杂的系统工程，它是广告活动中难度最大也是最为重要的一个环节。广告策划水平的高低，直接决定了广告活动的成败。理解广告策划的内涵及实质，熟悉广告策划活动的主要内容及程序，对于顺利实施广告策划实践活动意义重大。

一、广告策划的内涵

广告策划思想产生的时间要比广告活动产生的时间晚很多。在我国，先秦时期就有了很多关于商业广告活动的记载，但是直到北魏时期才有了朦胧的广告策划意识的记载（见第二章【北魏】"擒奸酒"）。

20世纪60年代，英国伦敦波利特广告公司创始人斯坦利·波利特首次在广告领域使用了策划这个概念，提出了"广告策划"这一新思想，并得到了英国广告界的认同。随着策划理论和工作方法的成熟及其在西方广告界和公共关系界的推广普及，广告策划逐渐演化为现代广告活动科学化和规范化的标志之一。

在实际运用中，广告策划又被区分为宏观广告策划和微观广告策划。

宏观广告策划：又叫整体广告策划，它是对在同一广告目标统摄下的一系列广告活动的系统性预测和决策，即对包括市场调查、广告目标确定、广告定位、广告战略战术确定、广告经费预算、广告效果评估在内的所有运作环节进行总体决策。

微观广告策划：又叫单项广告策划，即单独对一个或几个广告活动的运作过程进行的策划。

随着市场经济的发展，广告竞争越来越激烈，过去那种单一、分散、零乱的广告宣传日渐显得苍白无力，现代企业极其需要"用一种声音"系统地、全方位地展示企业的风采和个性，强化消费者对企业及其产品的印象，因此，整体广告策划日渐受到广告主们的青睐。

无论是整体广告策划，还是单项广告策划，都是一项极其复杂的综合性系统工程，都是在充分深入调查的基础上，结合市场、企业、产品、消费者和媒体状况创造出来的智力成果。

二、广告策划活动的主要内容

广告策划活动虽然复杂，涉及的工作庞杂、难度大，但也不是无章可循。一项整体广告策划活动至少应当涉及广告市场调查、目标市场选择与广告定位、广告战略的制定、广告预算、广告推进程序策划、广告媒体策划和广告效果评估七个主要环节。

1. 广告市场调查

广告市场调查是广告策划与创意的基础，也是必不可少的第一步。广告市场调查的主要内容包括：广告宏观环境调查、广告受众调查、竞争状况调查、产品调查等。其中，广告宏观环境调查主要包括经济环境、政治法律环境、自然资源环境、社会文化环境、科学技术环境、人口环境等；广告受众调查主要包括受众的收入状况、文化习俗、消费心理特征等；竞争状况调查涉及主要竞争对手基本情况、竞争地位及广告状况等的调查；产品调查包括对自身产品的优势、劣势、机会、威胁等的分析评价。

2. 目标市场选择与广告定位

目标市场选择是建立在合理的市场细分基础上的。通过市场细分，根据企业自身的目标和资源状况，找寻到最适合自己的服务对象，将其作为自己的目标市场。广告定位是指在确定自身产品或服务的差别化优势的基础上，将这种差别性通过广告传递给目标市场，使产品或服务在目标市场心目中拥有特定位置的过程。

3. 广告战略的制定

广告战略策划是广告策划的中心，是决定广告活动成败的关键。广告战略策划具有全局性、指导性、竞争性、目标性等特点。首先，广告战略是对整个广告活动总的指导思想和整体方案的谋划、确定，一定要注意全局性；其次，广告战略要对广告策划的实践性环节提供宏观指导，对广告推进程序策划、广告媒体策划、广告创意等都要发挥统率的作用，使广告活动有的放矢，有章可循；再次，广告战略策划还必须考虑竞争因素，针对主要竞争对手的广告意图，制定出针对性强的抗衡对策；最后，广告战略策划要明确广告的目标是什么。

4. 广告预算

广告策划的中心任务是以尽可能少的经费达到最佳的广告效果。广告预算的作用就在于使广告经费得到科学、合理的使用。因此，广告预算也是广告战略策划的一项重要内容。

广告预算是在一定时期内，广告策划者为实现企业的战略目标，对广告主投入广告活动所需经费总额及其使用范围、分配方法的策划。如何合理地、科学地确定广告投资方向，控制投资数量，使广告投资能够获取所期望的经济效益和社会效益，是现代广告预算的主要研究课题。

5. 广告推进程序策划

广告推进程序策划主要涉及广告表现策略和广告刊播策略两项内容。

广告表现就是借助各种手段将广告的构思创意转化为广告作品的过程，即创意的物化过程。广告表现的优劣直接影响广告表现效果，广告表现的最终成果是广告作品。广告刊播策略主要是指广告发布的时间和广告发布的频率、时间。

就广告表现而言，首先，要结合企业目标市场战略确定其广告市场策略。企业目标市场战略一般包括无差异战略、差异性战略、集中性战略，相应地，广告市场策略也可以有无差异广告策略、差别化广告策略或集中性广告策略。其次，根据目标市场和产品特性选择适宜的表现方式。广告的表现方式主要有感性和理性两种表现方式，广告表现方式的选择主要取决于产品的特性。最后，选择适宜的广告作品的表现手法。广告作品表现手法从古至今五花八门、千奇百态，具体而言有语言、文字、歌舞、画面、戏剧等多种表现形式，不一而足。广告作品表现手法的选择主要与受众的特征有关。

6. 广告媒体策划

广告媒体策划，就是为了经济有效地实现广告目标，对各种不同的广告媒体渠道进行有计划的系统选择与优化组合的过程。广告媒体渠道策划的基本任务就是把握各种广告媒体渠道的作用与特点，进行科学系统的选择优化，选定能够适时而准确地将广告信息传播给广告对象的媒体，并尽可能使广告媒体渠道及其组合方式实现传播效果佳、广告投资省又能够圆满达成预期的广告目标。

广告媒体策划要考虑广告目标、广告预算费用、广告受众特征、产品特性因素、竞争对手的特点、广告文本的特点等因素。

7. 广告效果评估

广告效果最有效的衡量指标是广告活动对消费者的影响。可以表述为：广告信息通过广告媒体传播之后对消费者产生的所有直接和间接影响的总和。广告效果的内涵首先表现为传播效果，即社会公众接受广告的层次和深度；其次表现为经济效果，即企业在广告活动中所获得的经济利益；再次表现在心理效果上，即广告对社会公众的各种心理活动的影响程度；最后表现在社会效果上，即广告构思、广告语言及广告表现所反映出的道德、艺术、审美、尊严等方面对社会的经济、教育、环境等的影响程度。

广告的传播效果可以用"接受率"进行测定。接受率指接触媒体广告信息的人数占媒体受众的百分比，有时也称广告视听率；销售效果主要通过广告活动实施后的销售量、利润等经济指标同广告活动实施前的指标相比变化的额度来测定。在实际测定中采用事前事后比较法和小组比较法；心理效果是指广告活动实施前后消费者对企业形象的认知改变程度，所以它主要是测定由广告所引起的企业形象或产品形象的知名度和美誉度变化情况。

第三节
广告策划应当遵循的原则

链接：福特"野马"经典策划案

1962 年福特汽车公司设计出新型"野马"牌小轿车，在其正式进入市场的前 4 天，公司策划了一场规模盛大的宣传活动：邀请美国各大报编辑来到迪尔伯恩，并借给每人一部"野马"汽车，组织他们参加汽车比赛，在长达 700 英里的赛程中，没有一辆汽车出现故障，充分地证明了其可靠、优越的超群性能。几百家报刊在明显位置报道了此次盛会，《时代》杂志和《新闻周报》同时在封面刊登了"野马"牌小轿车的照片。此后不久，"野马"牌小轿车负责人说：这个活动至少使福特公司多销售了 10 万辆"野马"车。不到一年时间，"野马"车风靡美国，销售数量打破美国纪录，可谓策划界的经典战役。

近年来，像"野马"小轿车这样成功的广告策划案已经是越来越难得了。由于广告数量急剧膨胀，加之各种信息泛滥成灾，广告在促销中的实际作用一再缩水。作为广告策划人也不得不尴尬地面对这样一个事实：媒体上的很多看似华丽的广告大都是在浪费广告主的钱。

大型广告活动的组织策划本身是一项复杂的系统工程，其涉及人数众多、参与机构复杂、影响面广、时间跨度大，所需动用的人力、物力、财力更是数不胜数。因此，组织策划者务必如履薄冰、战战兢兢地面对策划过程中的每一个细节。市场要求策划人必须精心策划、周密安排，每一个环节都要求丝丝入扣，不能有半点偏差，否则就可能导致整个广告策划活动失败。策划界有这样一句话：广告策划人的一小步也许就是企业的一大步。

为尽可能降低广告策划失败率，也为了使复杂的广告策划活动有章可循，在具体操作时应当遵循以下原则：

一、系统性原则

系统性就是以系统的观点将广告活动作为一个有机整体来考虑，从系统的整体与部分、部分与部分之间相互依存、相互制约的关系中，提示系统的特征和运动规律，以实现广告策划的最优化。既要保持策划与营销整体的一致性，又要保持广告活动自身整体的一致性。

广告策划的系统性原则体现在四个方面：一是广告和产品作为同一系统中的两个子系统，必须相互统一、相互协调。产品决定广告，广告服从产品。如果广告高于产品，会导致虚假；广告低于产品，会导致过谦；广告背离产品，会产生离散。二是广告的内容与形式要和谐统一。广告内容决定广告形式，而广告形式要服从广告内容。三是广告的各种发布手段要相互配合，协调一致。有的产品同一时期的广告出现不同的主题，不同的媒体出现自相矛盾的内容，这些都应当避免。四是广告活动与外部环境发生着信息与能量交流，是一个更大的系统，也要保持统一性。广告活动要适应外部环境，充分利用外界的各种有利因素，以提高广告的效能。

二、效益性原则

广告活动作为企业经营活动的一部分，必须服从企业的发展目标，讲求效益。效益原则是广告策划所必须遵从的一项基本原则。首先，要以最少的广告费用，取得最大的广告效果。这就要求广告经营者在进行广告策划时，从消费者和企业两方面的利益出发，认真进行经济核算，选择最优方案，使企业乐于使用，消费者也乐于接受。其次，广告也要讲求社会效益。要体现为社会大众服务的宗旨，正确引导消费，倡导健康的生活理念和生活方式，鼓励良好的社会风尚和人际关系，以培养公众高尚的思想情操和文化修养，推动物质文明与精神文明的发展，从而树立企业良好的社会形象。

三、灵活性原则

市场是处在不断变化的环境中的，广告策划方案也应当随着环境的变化随时做出调整。因此，广告策划方案不仅要有充分的刚性，即能够产生目标清晰的执行行为，也要保证一定的弹性，即保留可以适度调试的空间。广告策划的弹性主要体现在广告策略和广告手段上要有一定的变动余地。

四、可操作性原则

广告策划不但要为广告活动提供纲领性指导，而且要为它提供具体的行动计划，其最终目的是应用于实际，指导广告活动的操作过程。因此，一切广告策划不能只停留在纸面上，为策划而策划。也就是说，广告策划既不能脱离市场客观情况，也不能脱离广告主实际负担能力和广告公司实际运作能力。因此广告策划必须遵循可操作性原则，使策划的环节明确、步骤具体、方法可行。

五、创新性原则

在现代生活中，广告已无处不在。企业要在激烈的市场竞争中占有一席之地，必须在创新上下功夫。因此，广告策划活动不能墨守成规，而要善于标新立异、独辟蹊径。广告策划创新可以在市场观察角度、广告定位的方式、广告媒体的选择、广告策略的制定以及广告表现方式等方面体现出来。

第四节
广告策划书及其主要内容

广告策划书是由策划者撰写的，为广告活动提供战略和策略指导以及具体实施计划的应用性文件。美国广告学者威廉·博伦认为，广告策划书是广告公司给广告客户的一份作战计划。因此，广告策划书必须经过广告客户的认可方可进入制作、发布等实施阶段。若广告客户不认可，则必须重新修改，直到广告客户满意方可定稿，进入执行阶段。

一份完整的广告策划书应当包括以下主要内容：

一、市场分析

1. 企业宏观营销环境分析

企业宏观营销环境分析包括以下几方面：

（1）经济环境。经济环境分析主要涉及以下内容：

1）总体经济形势。

2）总体消费态势。

3）产业发展政策。

4）机遇和威胁。

（2）政治、法律环境。政治、法律环境是影响企业的重要宏观环境因素，对政治、法律环境的分析主要涉及以下内容：

1）有利或者不利的政治因素。

2）有利或者不利的法律因素。

（3）社会文化环境。社会文化环境分析主要涉及以下内容：

1）产品或服务与目标市场的文化有无冲突。

2）产品或服务与目标消费者的文化契合点。

（4）科技环境。科技环境分析主要涉及的内容有：

1）企业的产品与服务的当前技术地位。

2）技术的变革趋势对企业产品或服务的负面影响和威胁。

3）技术环境给企业带来的机遇。

（5）自然资源环境。自然资源环境分析主要涉及的内容有：

1）资源环境对企业产品或服务的负面影响和威胁。

2）资源环境给企业带来的机遇。

（6）营销环境分析总结。营销环境分析总结应当包括以下两点：

1）机会与威胁。

2）重点问题。

2. 消费者分析

（1）消费者的总体规模。只有了解消费者总体规模的大小，才能够知道产品的销量，并制定相应的广告策划。

（2）消费者特征。消费者特征分析主要涉及以下几个方面：

1）文化特征（核心文化、亚文化、社会阶层）。

2）社会特征（参照群体、家庭、身份与地位）。

3）个人特征（年龄与人生阶段、职业、经济状况、生活方式）。

4）心理特征（动机、感觉与知觉、信念和态度）。

（3）消费者购买行为特征。消费者购买行为特征分析包括以下几点：

1）消费者购买参与程度。

2）消费者购买行为特征。

3）消费者购买行为影响因素。

（4）消费者分析总结。整理、总结出消费者的一系列特征的目的，是为下一步工作打好基础。

3. 产品分析

（1）产品特征分析。产品特征分析主要涉及：

1）产品的特性。

2）产品的优势、劣势。

（2）产品生命周期分析。通过产品生命周期分析，可以判断该产品所处的市场生命周期阶段，广告策划必须与此相适应。

（3）产品的品牌形象分析。产品的品牌形象分析包括：

1）企业赋予产品的形象。

2）消费者对产品形象的认知。

（4）产品定位分析。产品定位分析主要考虑以下因素：

1）产品的预期定位。

2）消费者对产品定位的认知。

（5）产品分析总结。产品分析总结主要涉及以下两个方面：

1）优势与劣势。

2）机会与威胁。

4. 竞争对手分析

（1）现有主要竞争对手分析。现有主要竞争对手分析要从以下几个方面进行：

1）主要的竞争对手是谁。

2）竞争对手的基本情况。

3）竞争对手的市场地位。

4）竞争对手的产品优势。

5）竞争对手的广告策略。

6）竞争对手的发展动向。

（2）潜在竞争对手分析。潜在竞争对手分析要从两方面考虑：

1）进入行业的优势。

2）进入行业的劣势。

（3）企业与竞争对手的比较。主要是为了获得以下信息：

1）优势（产品、广告定位、广告策略）。

2）劣势（产品、广告定位、广告策略）。

3）机遇。

二、广告策略

1. 广告目标

（1）企业的营销目标。

（2）企业的广告目标。

（3）营销目标与广告目标的契合点。

2. 目标市场营销战略

（1）市场细分。

（2）目标市场选择。

（3）产品定位。

3. 广告诉求策略

（1）广告的诉求对象。

（2）广告诉求重点。

（3）广告诉求方式。

4. 广告表现策略

（1）广告主题的确定。

（2）广告表现方式的确定。

5. 广告预算

（1）广告费总额预算。

（2）广告调查费预算。

（3）广告创意、设计费预算。

（4）广告制作费预算。

（5）广告发布费预算。

6. 广告媒体策略

（1）相关媒体的分析评价。

（2）预选择媒体的利弊分析。

三、广告计划

1. 广告活动时间安排

（1）广告活动时机。

（2）广告活动的持续时间。

（3）广告活动的结束时间。

（4）广告活动的频率。

2. 广告作品策划

（1）广告文案（语言文字部分）主题创意及表现方式创意。

（2）报纸、杂志等平面广告作品创意。

（3）电视等视频广告分镜头脚本创意。

3. 广告发布计划

（1）广告发布的媒体计划。

（2）各媒介的广告规格。

（3）广告媒介发布排期表。

4. 相关配套促销活动计划

（1）配套促销活动总计划。

（2）其他活动预算及计划。

四、广告活动的效果测评和监控

1. 广告效果的事前测评

（1）广告作品测评。

（2）广告作品与媒体组合测评。

2. 广告效果的事中测评

（1）受众对广告作品的反应。

（2）受众对广告作品与媒体组合的接受度反应。

3. 广告效果的事后测评

（1）广告产生的经济效益测评。

（2）广告产生的心理效果测评。

（3）广告产生的社会效益测评。

不是所有广告活动的策划书都一定要涉及以上全部内容。在具体的广告策划活动中，应当根据具体的广告目标和需要完成的主要任务，有所侧重，有所取舍。

| 第五章 | 广告市场调查及其方法 |

正如市场调查之于营销的重要性一样，广告调查也是广告活动的重要组成部分。广告市场调查是市场营销战略的重要组成部分，也是广告策划和创意的基础。广告调查与市场调查在方法上一脉相承，在内容上既有交叉又各有侧重。广告调查应该说是市场调查在广告活动中的具体应用，是伴随着广告活动而进行的一切调查活动。从调查的目的来看，市场调查是出于整体的市场营销决策和运作，而广告调查则是为某一局部目标而进行的，这种局部目标通常都是根据广告活动的不同环节来设定的。

第一节
广告调查的历程

西方国家早在 19 世纪就开始了广告调查。1879 年，美国有一个脱粒机制造商向驻纽约的 W·W 艾耶广告公司索要一份全国报纸目录，艾耶广告公司立即向所有报纸出版商电报询问有关脱粒机的市场供求情况，三天后，该公司拿到了一份市场调查报告。这是最早的广告调查。广告市场调查的演进过程大致可分为以下三个阶段：①

---

① 余明阳，陈先红. 广告策划创意学（第 3 版）[M]. 上海：复旦大学出版社，2007.

119

一、广告心理调查阶段（1900~1960 年）

第一次世界大战后，资本主义社会逐渐由自由竞争向垄断过渡，较高的生产力水平与相对狭小的市场需求迫使生产者更加重视生产经营过程中的销售环节。销售学的诞生极大地推动了广告调查的发展。1918 年，哈佛大学教授丹尼尔·斯达奇（Daniel Statch）开始对广告文案的测验方法进行研究。

这一阶段的广告调查活动主要集中在美国，其中大部分都是对广告心理效果的测评，多以实验心理学的方式调查广告效果。

这一阶段影响较大的著作和活动有：

1900 年 H. S. 盖尔（H. S. Gale）的《广告心理学》。

1903 年 W. K. 斯科特（W. K. Scott）的《广告心理学》，主要研究杂志广告的读者再生率与广告篇幅大小以及提示次数的关系。

1913 年 H. L. 欧林沃（H. L. Hollingworth）的《广告与销售》。

1914 年丹尼尔·斯达奇（Daniel Statch）的《广告原理》等。

以上著作都偏重于对广告文案的调查。

二、广告传播效果调查阶段（1961~1969 年）

这一阶段以调查传播效果作为广告调查的主要模式。

1961 年 R. H. 库利（R. H.Colley）提出 DAGMAR（Defining Advertising Goals for Measured Advertising Results）理论，即广告效果测定的广告目标明确化理论，认为广告传达信息分为：未知—认知—理解—确信—行动 5 个阶段，强调广告的目标主要是传递信息，即传播功能，而增加销售额不是广告的目标。这一时期的主要著作有：1963 年卢卡斯（Lucas）、布里特（Britt）及麦克格雷希尔（Mc-GrawHill）等出版的《广告效果测评》（Measurement of Advertising）一书。1968 年日本 5 家民营广播公司测评研究会编纂的《广播广告效果》。

这一阶段计算机的发明和使用极大地提高了数据处理的速度，使得调查人员统计、汇总调查结果时，覆盖面更广，工作更加便捷。广告调查的实践在各媒体公司、广告公司、测评公司也开展得如火如荼：

加拿大广播公司（Canadian Broadcasting Corporation，CBC）大量发表广告效果研究报告；美国国家广播公司（National Broadcasting Company，NBC）、日本放送协会（NHK）[①] 等开始从事视听率预测；博报堂（HAKUHODO）[②]、电能、万年社等都设置了广告效果测评实验室；1960 年尼尔逊（美国调查公司）在日本开展电视视听率测评业务；1965 年 ASI（Audience Studies Inc）开始专门从事电视广告效果测评工作。

三、系统研究阶段（1970~）

1970 年以后的广告调查不仅仅限于阅读率、视听率等单项内容的调查，还包含了广告整个销售效果、即时效果与长远效果的综合调查。

这一阶段广告调查的系统性不仅表现在广告研究的对象和范围上，广告调查的方法也呈现出多元化、系统性的特点。广告公司常用"深度面谈"、"焦点小组"等方法开展市场调查，从而了解消费者对相关产品的态度、兴趣。

20 世纪 80 年代可口可乐新配方的失败使广告调查人员除了运用定量的方法以外，也开始重视市场调查中的定性分析。美国著名的奇阿特·戴（Chiat Day）广告公司把通过定性研究制定广告计划和广告策略的整个过程称为"广告策划"。后来，广告策划的思想迅速在西方广告界流行起来。

链接：可口可乐新配方饮料的失败

● 决策的背景

20 世纪 70 年代中期以前，可口可乐占据了全美 80% 的市场份额，年销售增长率高达 10%。然而，70 年代中后期，百事可乐的迅速崛起令可口可乐公司不得不着手应付挑战。1975 年全美饮料业市场份额中，可口可乐领先百事可乐 7 个百分点，到 1984 年仅领先 3 个百分点，这让可口可乐胆战心惊起来。

---

① NHK，译名日本放送协会，是日本最大的广播电视机构，也是日本唯一的公共广播电视台，1925 年创办开播，1935 年 6 月 1 日开始以"日本广播电台"的名义对国外播音。它是以东京广播电台为中心，合并大阪、名古屋电台联合组成的。

② HAKUHODO，译名博报堂，是日本排名第二的广告与传播集团，也是日本历史最久的广告公司，由 Hironao Seki 于 1895 年 10 月创立。

百事可乐公司的战略意图十分明显，通过大量动感而时尚的广告冲击可口可乐市场。

首先，百事可乐公司以饮料市场最大的消费群体——年轻人为目标消费群，推出"百事新一代"广告系列。该广告以心理的冒险、青春、理想、激情、紧张等为题材，赢得了青少年的钟爱，使百事可乐拥有了"年轻人的饮料"的品牌形象。随后，百事可乐又推出大胆而富创意的"口味测试"广告。在被测试者毫不知情的情形下对两种不带任何标志的可乐口味进行品尝，结果80%以上的人回答是百事可乐的口感优于可口可乐。这个名为"百事挑战"的直播广告令可口可乐一下子无力应付，市场上百事可乐的销量再次激增。

● **市场营销调研**

为了着手应战，可口可乐公司推出了一项代号为"堪萨斯工程"的市场调研活动。1982 年，可口可乐深入到 10 个主要城市，进行了大约 2000 次的访问，调查口味因素是否是可口可乐市场份额下降的重要原因，同时征询顾客对新口味可乐的意见。于是，在问卷设计中，可口可乐公司询问了例如"你想试一试新饮料吗？""可口可乐味变得更柔和一些，您是否满意？"等问题。

调研结果表明，顾客愿意尝新口味的可乐。这一结果坚定了可口可乐公司的决策者们的想法——长达 99 年的可口可乐配方已不再适合今天消费者的需要了。于是，满怀信心的可口可乐开始着手开发新口味可乐。

可口可乐公司向世人展示了比老可乐口感更柔和、口味更甜、泡沫更少的新可口可乐样品。在新可乐推向市场之初，可口可乐公司倾资 400 万美元，在 13 个城市中，约 19.1 万人被邀请参加了对无标签的新、老可乐进行口味测试的活动。结果 60% 的消费者认为新可乐比原来的好，52% 的人认为新可乐比百事好。新可乐的受欢迎程度一下打消了可口可乐领导者原有的顾虑，于是，决策者们认为新可乐推向市场只是个时间问题。

在将新可乐推向生产线时，各地的可口可乐瓶装商因为成本加大而拒绝新可乐瓶的生产。为了争取市场，可口可乐又一次投入巨资帮助瓶装商们重新改装生产线。在新可口可乐上市之初，可口可乐又大造了一番广告声势。1985年 4 月 23 日，在纽约城的林肯中心举办了盛大的记者招待会，共有 200 多家报纸、杂志和电视台记者出席，依靠传媒的巨大力量，可口可乐公司的这一举措引起了轰动效应。

● **灾难性后果**

　　起初，新可乐销路不错，有 1.5 亿人试用了新可乐。然而，这种"变化"受到了原可口可乐消费者的排挤，顾客的愤怒情绪犹如火山爆发般难以驾驭。顾客之所以愤怒，是认为 99 年秘不示人的可口可乐配方代表了一种传统的美国精神，而热爱传统配方的可口可乐就是美国精神的体现，放弃传统配方的可口可乐意味着一种背叛。在西雅图，一群忠诚于传统可乐的人组成"美国老可乐饮者"组织，准备发起全国范围内的"抵制新可乐运动"。在洛杉矶，有的顾客威胁说："如果推出新可乐，将再也不买可口可乐。"新可乐推广策划经理的父亲也开始批评起这项活动。

　　而当时，人们预期老口味的传统可口可乐会减少，于是将它们居为奇货，价格竟在不断上涨。每天，可乐公司都会收到来自愤怒的消费者的成袋信件和 1500 多个电话。为数众多的批评，使可口可乐迫于压力不得不开通 83 部热线电话，雇请大批公关人员安抚愤怒的顾客。

　　面临如此巨大的批评压力，公司决策者们不得不稍作动摇。在此后又一次推出的顾客意向调查中，30% 的人说喜欢新口味可口可乐，而 60% 的人却明确拒绝新口味可口可乐。可口可乐公司不得不又一次恢复传统配方的可口可乐的生产，同时也保留了新可口可乐的生产线和生产能力。在不到 3 个月的时间内，即 1985 年 4~7 月，尽管公司曾花费了 400 万美元，进行了长达 2 年的调查，但最终还是彻底失算了。

　　资料来源：百度文库。

第二节
广告调查的内容

　　日本电通公司对广告调查的定义是较权威的界定，它在《广告用语事典》中对广告调查是这样定义的：广告调查是指伴随着广告活动所进行的一切调查活动。它包括：①为发现或决定广告的诉求点而做的调查。②为购买者显在化而做的调查。③媒介量的调查。④关于媒介特性的调查。⑤媒介接触率的调查。⑥商品或商业形象的调查。⑦广告影响力的测定调查。⑧购买动机的调查。⑨关于投入市场的广告量的调查。

广告调查是编制广告计划的主要依据。如前所述，广告市场调查是市场营销战略的重要组成部分，其调查内容与一般的市场调查所涉及的内容相差不大，也包括宏观环境的调查、消费者调查、竞争环境调查、产品调查等。广告调查与市场调查在内容上有交叉，但因为广告调查主要服务于广告策划，因此在具体内容上有所侧重。综合国内外学者关于广告市场调查内容的阐述，本节将广告市场调查的主要内容归结如下：

一、宏观环境调查

宏观环境是企业不可控制的环境因素，主要包括人口环境、经济环境、自然环境、科学技术环境、政治法律环境、社会文化环境等。企业应当了解宏观环境，并预见宏观环境的变化趋势，以便抓住市场机遇，规避风险。

1. 人口环境

人口是构成市场的第一要素。人口数量的多少及其增长速度直接决定市场的规模及其数量，而人口的结构与布局则直接决定目标市场和市场格局。企业营销活动所处地区的人口总量（包括绝对数量、人口出生率等）、年龄结构、地理分布、家庭状况（包括家庭结构、婚姻状况、家庭生命周期、子女数量等）、人口性别结构等是人口环境调查的主要内容。

（1）数量及其增长速度。人口数量是决定市场潜在规模的一个基本要素。可以根据人口数量大致推算出市场潜在规模。人口数量主要通过人口普查数据获得。人口增长速度会影响未来市场的规模和市场吸引力，如果人们有足够的购买力，人口的增长就意味着市场的扩大，但如果人口增长超过收入水平的增长或者对各种资源的供应带来过大的压力，则会导致市场收入的下降，甚至会引发经济恶化，造成市场萎缩。人口增长速度资料主要通过人口出生率和人口死亡率统计数据获得。

（2）地理分布。人口的地理分布主要涉及地区人口密度、人口流动趋势等。

人口密集程度不同，市场需求规模和特性也不尽相同。例如我国东南沿海一带人口密度大，而西北地区人口稀少；城市的人口相对比较集中，农村人口相对分散，人口密度相对小；北京、上海、广州等一线城市人口密度明显大于二、三线城市。

此外，人口的流动趋势也是不可忽视的重要因素。人口流动会引起购买力的流动，从而引起市场需求的变化。人口的流动应当重点关注农村向城市的流动、落后地区向发达地区的流动以及季节性的农民工流动、大学生流动等趋势。人口流动对于处在政治、经济、文化中心或交通枢纽的城市影响尤为明显。

（3）年龄、性别结构。年龄结构主要受人口出生率、死亡率、人口平均寿命等因素的影响。不同年龄段的消费者对产品的喜好明显不同；受计划生育政策和重男轻女思想的影响，我国人口性别比例严重失调，但是，受产业布局等因素的影响，不同地区的性别比有其自身的特点。由于性别的差异，消费者的购买习惯和行为会有很大差别，对此应当予以重视。

（4）家庭状况。家庭是消费的基本单位，家庭的数量、规模、生命周期阶段、婚姻状况、亲疏关系等都会直接影响其购买产品的数量、规格等。如住房、家具用具、家用电器等。因此，对家庭状况的调查主要涉及家庭规模、家庭数量、家庭生命周期阶段、家庭婚育状况、离婚率等因素。

值得注意的是，我国的家庭呈现出以下变化趋势：家庭规模小型化、家庭结构简单化、晚婚晚育趋势明显、"丁克"家庭数量在增加、离婚率快速上升、非家庭住户在增加等。这些变化对企业的产品或服务都提出了新的要求，同时也充满了机遇。

2. 经济环境

经济环境主要包括经济发展水平、产业发展状况以及收入支出状况等。

（1）经济发展水平。企业的营销活动要受到一个国家或地区的整体经济发展水平的制约。经济发展阶段不同，消费水平不同，必然影响市场状况。反映经济发展水平的基本指标是国民生产总值和人均国民收入。国民生产总值是衡量一个国家或地区经济实力与购买力的重要指标。一般来说，国民生产总值规模越大，增长越快，对相关产品的市场需求和购买力也就越大；人均国民收入是国民收入总量与总人口的比值，它是衡量一个国家居民收入水平高低的重要指标。一般来说，人均国民收入水平较高并且增长较快，对消费品的需求量和购买力就会增加。

（2）产业发展状况。与企业自身密切相关的产业或行业发展状况，对企业的投资方向、目标市场的确定具有重要影响。产业发展状况可以通过产业结构指标得以反映。产业结构指标主要是指第一、第二、第三产业的比例构成及其变动趋势。产业结构指标体现了一个国家（或地区）生产要素、生产模式和消费模式等方面的综合情况，也体现了产业竞争力的情况。

（3）居民个人收入状况。居民个人收入状况很大程度上反映了市场购买力水平，而一定的购买力水平则是市场形成并影响其规模大小的决定因素。

个人收入指一个国家一年内个人得到的全部收入。包括从各种途径所获得的收入的总和，主要有工资、租金收入、股利股息及社会福利等。个人收入反映了居民个人的实际购买力水平，预示了未来消费者对于商品、服务等需求的变化。个人收入指标是预测个人的消费能力、未来消费者的购买动向及评估经济情况好坏的一个有效指标。需要注意的是，个人收入中转化为购买力的决定性部分分为个人可支配收入和个人可任意支配收入。

个人可支配收入是个人收入中扣除税款后所得余额，它是个人收入中可以用于消费支出和储蓄的部分，它构成实际的购买力。

个人可任意支配收入是个人可支配收入中减去用于维持个人与家庭生存不可缺少的费用（如房租、水电、食物、燃料、衣着等项开支）后剩余的部分。这部分收入是消费需求变化中最活跃的因素，也是企业进行营销策划时所要考虑的主要因素。因为这部分收入主要用于满足人们基本生活需要之外的开支，如购买高档耐用消费品、旅游、娱乐等方面，它是影响非生活必需品和劳务消费的主要因素。

在调查了解消费者的个人收入时，不能忽视通货膨胀的因素，要注意区分货币收入和实际收入的概念。在通货膨胀的情况下，商品价格不断上涨，消费者购买力下降，必然对商品需求产生抑制作用，消费者可能会因此取消购买或推迟购买。

（4）居民支出状况。需要关注的主要是消费者支出模式和支出结构。消费者支出模式和支出结构主要受收入水平的影响，除此之外，还受到家庭生命周期阶段、家庭所在地址与消费品的生产和供应情况、城市化水平、商品化水平、食物价格指数与消费品价格指数的变动是否一致等因素的影响。

这里涉及一个重要的指标就是恩格尔系数（食物费/总支出×100%）。联合国粮农组织提出的标准是：恩格尔系数在59%以上为贫困，50%~59%为温饱，40%~50%为小康，30%~40%为富裕，低于30%为最富裕。

实用广告理论与方法
Advertising Theory & Method

根据国际经验，大致情况是，恩格尔系数降到 50% 左右时，社会进入电视机、电冰箱、洗衣机等"家电"的普及阶段；降到 40% 左右时购买劳务性、服务性产品成为社会普遍的消费行为；降到 35% 左右时"买车购房"就会形成规模；降到 30% 左右时，社会有 70% 左右的家庭达到住房消费支出不超过家庭年收入的 30%，也即大多数人可以基本依靠市场化的方式买得起或租得起房。恩格尔系数高低决定一个国家或地区人们在生存型消费、发展型消费和享受型消费各个消费层次可能的分布情况。

（5）储蓄与消费信贷。一个国家或地区消费者的储蓄和消费信贷情况以及当地的通货膨胀水平等都会直接影响消费者购买力水平。

消费者储蓄来源于消费者货币收入，其最终目的是消费。但在一定时期内，消费者的储蓄水平直接影响消费者本期支出水平和潜在购买力水平。消费者储蓄的变动会引起市场需求规模和结构的变动，从而对企业的营销活动产生影响。对储蓄情况的调查主要是对储蓄额及储蓄率的调查。我国的居民储蓄率远远高于世界平均水平，近 10 年来，我国居民储蓄余额增速越来越快。储蓄率高对市场和企业而言是一把"双刃剑"，因此要合理地分析评价储蓄率的利弊。另外，也要及时关注"余额宝"等互联网金融产品对居民储蓄的影响。

消费信贷是金融机构对消费者个人发放的用于购买耐用消费品或支付其他费用的贷款。其主要形式有短期赊销、分期付款、信用卡信贷等形式。消费信贷直接增加了社会有支付能力的有效需求，对经济增长的拉动作用是全方位的。它可以使消费者由"自我积蓄型滞后消费"转变为"信用支持型提前消费"。

目前，我国市场上消费者信贷的主要品种有住房消费信贷、汽车消费信贷、教育消费信贷、家庭耐用消费品信贷和旅游消费信贷等十多个品种。对消费信贷情况的调查主要涉及对消费者信贷产品的接受度、接受范围、信贷规模以及相关信贷政策等。

3. 自然环境

世界上每个国家或地区都有其独特的自然环境，主要表现在自然资源、地形地貌和气候等方面。

自然资源包括阳光、水、空气等无限资源，还包括森林、耕地等有限的可再生资源以及矿产资源等有限的不可再生的资源。从全球范围来看，自然资源的变化趋势是：阳光、空气和水等无限资源已出现问题；金属矿产、森林、耕地等资源日益短缺；石油、煤等能源成本越来越高；环境污染日益严重；各国政府对自然资源的保护和开发力度在加强。但是，由于地理、地质环境的差别，不同地区的资源情况又有所不同。

地形、地貌及气候条件的差别，也会造成人们生产、生活方式的差别，继而造成消费者消费习惯、消费方式及对消费品功能特点等的喜好的差别。

企业应当密切关注自然环境面临的变化和趋势。如与企业生产经营活动密切相关的自然资源是否供应充足，企业的生产经营活动是否对环境造成了污染和破坏，相关能源成本是否上升等。对自然资源环境的关注有利于引导企业从事可持续的生产经营活动，有利于为企业开发研究新产品提供思路，也有利于帮助企业为现有产品或服务确立广告宣传主题。

4. 社会文化环境

社会文化环境是指一个国家或地区的民族特征、价值观念、生活方式、风俗习惯、宗教信仰、伦理道德、教育水平、语言文字等的总和。广告市场调查人员应当关注社会文化特征的两个内容：一是企业所处国家或地区的人们普遍接受的核心文化价值观。二是一些特定的人群所持有的文化价值观，即亚文化。核心文化价值观具有高度的持续性，企业的任何广告行为都不得与人们的核心文化价值观相冲突。亚文化主要包括民族亚文化、宗教亚文化、地理亚文化、语言亚文化等。相对于核心文化价值观，亚文化价值观念会随时间推移而发生变化。

不同文化价值观的人群会有不同的婚丧嫁娶礼仪、不同的生活禁忌与喜好、不同的生活习惯与行为规范等。文化价值观对人们的消费偏好、消费模式、消费行为往往具有最根本、最广泛的影响。因此，对社会文化环境的调查应当是广告市场调查的重点内容之一。

5. 政治法律环境

政治和法律环境是影响企业生产经营的重要的宏观环境因素。政治环境因素从根本上控制和调节着企业的行为模式和发展方向，法律环境因素则规定和制约着企业的行为准则和经营效果。

（1）政治环境。政治环境是指企业面临的外部政治形势、政治制度等。对于国内政治环境，应当关注党和政府的路线、方针、政策。如国家的中长期社会发展规划、国家重大活动事件、工农业生产发展的方针政策、工资政策、物价政策、税收和信贷政策、对外贸易政策等。对国际政治环境，主要应当研究相关国家的社会性质、政治体制、政局变化、对外政策、国家或地区之间的政治关系等。国际政治形势的变化，如政权的更迭、地区冲突、国家政策的调整，都会对企业的经济往来、进出口贸易、跨国投资经营产生重大的影响。是否掌握这些信息，直接关系企业能否进入国际市场，能否顺利开展跨国经营活动，对于避免风险、减少损失，都会有十分重要的意义。

（2）法律环境。世界上许多发达国家都十分重视经济立法并严格遵照执行，我国也在加速向法制化方向迈进，先后制定了《经济合同法》、《商标法》、《专利法》、《广告法》、《环境保护法》等多种经济法规，这些法律、法规对企业营销活动产生了重要的影响。随着外向型经济的发展，我国与世界各国的交往也愈来愈密切，许多国家都制定有各种适合本国经济的对外贸易法律，其中规定了对某些进口国家所施加的进口限制、税收管制及有关外汇的管理制度等。此外，在国际贸易中，企业还必须熟悉国际贸易惯例和世界贸易组织、地区经济组织等的要求，注意日益壮大的消费者组织对企业经营活动的影响。

6. 科学技术环境

科学技术是一种"创造性的破坏力量"，具有"双刃剑"的作用。一种新技术的应用，可以为一个企业创造一款明星产品，使企业获取巨大的经济利益，新技术也可以使企业曾经获取过巨大成功的产品被迫退出市场。因此，企业必须时刻关注与自身产品相关的新技术的发展动态，一方面可以及时吸收新技术，改进产品，另一方面也可以防止自己的产品或服务被新技术淘汰出局。

二、微观环境调查

与宏观环境相同的是，微观环境也是存在于企业外部的不可控制的环境因素，不同于宏观环境的是，企业往往可以通过自身的营销努力，对外部微观环境施加影响，从而实现自身目标。因此，熟悉微观环境，往往可以使企业变被动为主动。

1. 行业环境调查

对于行业环境的分析，我们可以借鉴著名战略管理学家迈克尔·波特（Michael Porter）的"五力模型"理论。

（1）行业内现有竞争对手调查。任何企业在进行生产经营活动时，都不可避免地要遇到竞争者的挑战。竞争可以是直接竞争，也可以是间接竞争，但不论何种竞争，不论竞争对手的实力如何，要想使自己处于有利地位，首先要对竞争对手进行调查，以确定企业的竞争策略。

行业内现有竞争对手的调查，包括竞争对手的基本情况研究（主要研究竞争对手的数量、分布、活动、实力——找到主要竞争对手）、主要竞争对手研究（研究主要竞争对手对本企业构成威胁的原因）、主要竞争对手的发展动向研究（研究主要竞争对手市场发展或市场转移动向、产品发展动向、供应商转移动向、战略联盟动向等）。

（2）潜在竞争对手（入侵者）调查。分析判断谁会是潜在入侵者以及潜在入侵者威胁大小。

（3）替代品生产商调查。判断哪些产品是替代品，哪些替代品可能对本企业经营构成威胁。

（4）买方讨价还价能力调查。主要分析影响买方讨价还价能力的影响因素有哪些。

（5）供应商讨价还价能力调查。主要分析影响供应商讨价还价能力的影响因素有哪些。

（6）竞争者的营销策略及广告策略。调查竞争者的营销及广告策略，目的是确立本企业的差异化的竞争策略。各竞争企业采取的营销策略越是相似，竞争就越激烈，只有选择与竞争对手不同的营销策略及广告策略，才会形成本企业的某种竞争优势，才能有效地吸引同一目标市场上的消费者。

2. 消费者调查

在买方市场条件下，"消费者是上帝"，企业的一切经营活动都必须以满足消费者的需要为中心。因此，广告策划人员必须对消费者作深入调查研究。这里的消费者是指企业的目标市场。为便于研究目标市场，可以将目标市场进行分类：消费者市场、生产者市场、中间商市场、政府市场、非营利组织市场。

消费者市场相对于其他组织市场要复杂得多，涉及的内容千头万绪。因此，本文重点介绍消费者市场的调查。根据营销学研究消费者市场的经验，消费者市场的调查主要可以通过对消费者特征的调查获得有价值的信息。消费者特征主要涉及文化、社会、个人、心理四个方面：

（1）文化特征。对文化特征的调查主要涉及主文化特征、亚文化群特征以及社会阶层的调查。

1）主文化。主文化是被组织中绝大多数成员所认可和共享，在组织中占据着主导地位的文化。每一个人都在一定的社会文化环境中成长，通过家庭和其他主要机构的社会化过程学到和形成了基本的文化观念。文化是决定人类欲望和行为的基本因素，文化的差异引起消费行为的差异，表现为婚丧嫁娶、服饰、饮食起居、建筑风格、节日、礼仪等物质和文化生活等各个方面的不同特点。比如，中国的文化传统是仁爱、信义、礼貌、智慧、诚实、忠孝、上进、尊老爱幼、尊师重教，等等。美国文化的特点是追求成就与功名、活跃、效率与实践、上进心、物质享受、自我、自由、形式美、博爱主义和富有朝气等。

2）亚文化。每一种核心文化中又包含若干不同的亚文化，主要包括：

民族亚文化。比如我国有 56 个民族，每个民族都在自身漫长的历史发展过程中形成了独特的风俗习惯和文化传统。企业的广告活动必须尊重和迎合不同民族的风俗和文化传统。

宗教亚文化。世界上有基督教、佛教、伊斯兰教 3 大宗教，而且，还存在道教、印度教、犹太教等宗教，每种宗教都有自己的宗教亚文化群的清规戒律。

种族亚文化。一个国家可能有不同的种族，不同的种族有不同的生活习惯和文化传统。比如，美国的黑人与白人相比，购买的衣服、个人用品、家具和香水较多，食品、运输和娱乐产品较少。虽然他们更重视价格，但是也会被商品的质量所吸引并进行挑选，不会随便购买。他们更重视商品的品牌，更具有品牌忠诚性。美国的许多大公司如西尔斯公司、麦当劳公司、宝洁公司和可口可乐公司等非常重视通过多种途径开发黑人市场。还有的公司专门为黑人开发特殊的产品和包装。

地理亚文化。世界上处于不同地理位置的各个国家，同一国家内处于不同地理位置的各个省、市、县都有着不同的文化和生活习惯。

3）社会阶层。社会阶层是社会学家根据职业、收入、教育水平、价值观或居住区域对人们进行的一种社会分类，是按层次排列的、具有同质性和持久性的社会群体。

社会阶层具有以下特点：同一阶层的成员具有类似的价值观、兴趣和行为，在消费行为上相互影响并趋于一致；人们以自己所处的社会阶层来判断各自在社会中占有的高低地位；一个人的社会阶层归属不是由某一变量决定，而是受到职业、收入、教育、价值观和居住区域等多种因素的制约；人们能够在一生中改变自己的社会阶层归属，既可以迈向高阶层，也可以跌至低阶层。这种升降变化的程度随着所处社会的社会层次森严程度的不同而不同。

（2）社会因素。社会因素的调查主要涉及相关群体、家庭、身份与地位等的调查。

1）相关群体。相关群体是指能够影响消费者购买行为的个人或集体。只要某一群人在消费行为上存在相互影响，就构成一个相关群体，不论他们是否相识或有无组织。某种相关群体的有影响力的人物被称为"意见领袖"或"意见领导者"，他们的行为会引起群体内追随者、崇拜者的仿效。

按照对消费者的影响强度分类。相关群体可分为基本群体、次要群体和其他群体。

基本群体。也称为主要群体，指那些关系密切、经常发生相互作用的非正式群体，如家庭成员、亲朋好友、邻居和同事等。这类群体对消费者影响最强。

次要群体。指较为正式但日常接触较少的群体，如宗教、专业协会和其他同业组织等。这类群体对消费者的影响强度次于主要群体。

其他群体。指有共同志趣的群体，即由各界名人如文艺明星、体育明星、影视明星和政府要员及其追随者构成的群体。这类群体影响面广，但对每个人的影响强度逊于主要群体和次要群体。

相关群体对消费行为的影响。表现为三个方面：一是示范性，即相关群体的消费行为和生活方式为消费者提供了可供选择的模式；二是仿效性，即相关群体的消费行为引起人们仿效的欲望，影响人们的商品选择；三是一致性，即由于仿效而使消费行为趋于一致。相关群体对购买行为的影响程度视产品类别而定。据研究，相关群体对汽车、摩托车、服装、香烟、啤酒、食品和药品等产品的购买行为影响较大。俗话说"入乡随俗"，广告策划人员必须深入调查了解消费者的社会背景，制定产品广告策略，否则就会碰壁。

2）家庭。消费者以个人或家庭为单位购买产品，家庭成员和其他有关人员在购买活动中往往起着不同作用并且相互影响，这构成了消费者的"购买组织"。分析这个问题，有助于企业抓住关键人物开展广告活动，提高广告效率。家庭不同成员对购买决策的影响往往由家庭特点决定，家庭特点可以从家庭权威中心点、家庭成员的文化与社会阶层等方面分析。

社会学家根据家庭权威中心点不同，把所有家庭分为四种类型：①各自做主型。亦称自治型，指每个家庭成员对自己所需的商品可独立作出购买决策，其他人不加干涉。②丈夫支配型。指家庭购买决策权掌握在丈夫手中。③妻子支配型。指家庭购买决策权掌握在妻子手中。④共同支配型。指大部分购买决策由家庭成员共同协商作出。

3）身份和地位。每个人的一生会加入许多群体，如家庭、公司、社会团体等组织。一个人在群体中的位置可用身份和地位来判断。身份是周围的人对一个人的要求或一个人在各种不同场合应起的作用。比如，某人在女儿面前是父亲，在妻子面前是丈夫，在公司是经理。每种身份都伴随着一种地位，反映了社会对他的总体评价。

消费者做出购买选择时往往会考虑自己的身份和地位，企业把自己的产品或品牌变成某种身份或地位的标志或象征，将会吸引特定目标市场的顾客。当然，人们以何种产品或品牌来表明身份和地位会因社会阶层和地理区域的不同而不同。

（3）个人因素。个人因素指消费者的经济条件、生理、个性、生活方式等对购买行为产生影响的因素。

1）经济因素。指消费者可支配收入、储蓄、资产和借贷等能力。经济因素是决定购买行为的首要因素，决定着能否发生购买行为以及发生何种规模的购买行为，决定着购买商品的种类。比如，低收入家庭只能购买基本生活必需品以维持温饱。

2）生理因素。指年龄、性别、体征（高、矮、胖、瘦）、健康状况和嗜好（比如饮食口味）等生理特征的差别。生理因素决定着消费者对产品款式、构造和细微功能有不同需求。

3）个性。指一个人的心理特征。个性导致个人对自身所处环境相对一致和连续不断的反应。个性特征有若干类型，如外向与内向、细腻与粗犷、谨慎与急躁、乐观与悲观、领导与追随、独立性与依赖性等。一个人的个性影响着消费需求和对市场营销因素的反应。

4）生活方式。指一个人在生活中表现出来的活动、兴趣和看法的模式。不同生活方式的群体对产品和品牌有不同的需求。营销人员应设法从多种角度区分不同生活方式的群体，如节俭者、奢华者、守旧者、革新者、高成就者、自我主义者、社会意识者，等等。在广告策划时应明确针对某一生活方式的群体。

（4）心理因素。消费者的心理活动过程往往是看不见摸不着的，但是，消费者购买行为的全程都会受到其动机、感觉与知觉、个性以及信念和态度等心理因素的微妙影响。

1）动机。消费者购买商品的动机往往很复杂，比如有人买黑色衣服的动机是希望自己看上去更加苗条，而另外一些人的动机可能是希望自己看上去更加庄重。对消费者购买行为动机的调查和分析，可以借鉴马斯洛的需要层次论、赫茨伯格的双因素论、弗洛伊德的精神分析论等关于动机和行为的关系的分析方法和分析思路。

2）感觉与知觉。感觉是人脑对当前直接作用于感觉器官的客观事物个别属性的反应。广告市场调查人员应当通过调查，确定一些重要的感觉评价标准，了解消费者对商品或服务的感觉，在广告设计中考虑消费者的感觉与感受性变化。

知觉就是人脑对直接作用于感觉器官的客观事物各个部分和属性的整体反应。知觉具有整体性和选择性两个特征。所谓整体性，是指知觉能够根据个体的知识经验将直接作用于感官的客观事物的多种属性整合为同一整体，以便全面地、整体地把握该事物。有时候作用于感觉器官的刺激本身是零散的，而由此产生的知觉却是整体的。所谓选择性，是指知觉对外来刺激有选择地反应或组织加工的过程，包括选择性注意（指在外界诸多刺激中仅仅注意到某些刺激或某些方面，而忽略其他刺激）、选择性扭曲（指人们有选择地将某些信息加以扭曲使之符合自己的意向）和选择性保留（指人们倾向于保留那些与其态度和信念相符的信息）。

3）个性。个性指人的整个心理面貌，是个人心理活动的稳定的心理倾向和心理特征的总和。个性倾向指人所具有的意识倾向，它决定人们对现实的态度以及对认识活动对象的趋向和选择，主要包括需要、动机、兴趣、理想、价值观和世界观；个性心理特征是指一个人经常地、稳定地表现出来的心理特点的组合，主要包括能力、气质和性格。个性是人的行为的基本动力，是行为的推进系统。

4）信念和态度。信念指一个人对某些事物所持有的描述性思想。信念的形成可以基于知识，也可以基于信仰或情感等。顾客的信念决定了企业和产品在顾客心目中的形象，决定了顾客的购买行为。营销人员应当高度重视顾客对本企业或本品牌的信念，如果发现顾客的信念是错误的并阻碍了他的购买行为，就应运用有效的广告活动予以纠正以促进产品销售。

态度指一个人对某些事物或观念长期持有的好与坏的认识评价、情感感受和行动倾向。态度导致人们对某一事物产生或好或坏、或亲近或疏远的感情。态度使人对相似的事物产生相当一致的行为，因为按照已有态度对所接触到的事物作出反应和解释能够节省时间和精力。由于人们的态度呈现为稳定一致的模式，所以改变一种态度是十分困难的。企业最好使自己的产品、服务和营销策略符合消费者的既有态度，而不是试图去改变。如果改变一种态度带来的利润大于为此而耗费的成本，则值得尝试。

三、产品调查

产品调查是广告调查的重点内容之一，主要是调查欲宣传的产品是否适销对路，是否符合市场要求和消费者的习惯。具体包括产品特征调查、产品生命周期调查和产品市场形象调查等。通过产品调查，企业还可能获得关于广告定位、广告诉求点及诉求方式等方面的灵感。

1. 产品特征调查

产品特征包括产品用料、质量、性能、功能、外观等。产品用料主要涉及产品使用的原材料的产地、性质、特点及与同类产品相比较的优势或劣势；产品质量主要涉及产品的有效性、耐用性、可靠性等；产品性能是对产品所具有的主要属性方面的描述，比如手机的通话效果，冰箱的制冷技术等；一部具有照相、音乐播放、上网等功能的手机显然比只有通话功能的手机更受欢迎；在人们的需求越来越个性化的时代，色彩、包装、装潢、款式、规格等独特的产品外观也会成为提高产品竞争力的手段。

2. 产品生命周期调查

产品从进入市场到被市场淘汰的过程就是产品的生命周期。典型的产品生命周期包括投入期、成长期、成熟期和衰退期四个阶段。对产品生命周期的调查，主要是通过产品的销售增长率、利润、市场需求等市场表现，来判断该产品所处的市场生命周期阶段。

处在生命周期不同阶段的产品其工艺成熟度、消费者的心理需求、市场竞争状况和市场营销策略也各不同，广告策划必须与此相适应，在广告目标、广告诉求重点、媒体选择和广告实施等方面要有所区别。

3. 产品市场形象调查

产品市场形象调查主要涉及消费者对产品标识及其含义的接受度和认可度，产品知名度、美誉度，消费者对产品的忠诚度、信任度以及消费者对该产品整体形象的一般描述等。只有企业欲打造的产品市场形象被消费者认可时，产品才有可能被市场接受。

链接：万宝路香烟产品形象的一次革命

风靡全球的万宝路香烟是在 1854 年以一小店起家，1908 年正式以品牌 Marlboro 形式在美国注册登记，1919 年才成立菲利普·莫里斯公司，而在 20 世纪 40 年代就宣布倒闭的一家公司。在万宝路创业的早期，公司将其定位为女士烟，其广告口号是："像五月的天气一样温和"。尽管当时美国吸烟人数逐年上升，但万宝路香烟却始终销路平平。女士们抱怨香烟的白色烟嘴会染上她们鲜红的口红，很不雅观，于是，莫里斯公司把烟嘴换成红色。可是这一切都没有能够挽回万宝路女士香烟的命运，莫里斯公司终于在 20 世纪 40 年代初停止生产万宝路香烟。

"二战"后，美国吸烟人数继续增多，万宝路把最新问世的过滤嘴香烟重新搬回女士香烟市场并推出三个系列：简装的、白色与红色过滤嘴的以及广告语为"与你的嘴唇和指尖相配"的。当时美国香烟消费量一年达 3820 亿支，平均每个消费者要抽 2262 支之多，然而万宝路的销路仍然不佳，吸烟者中很少有人抽万宝路的，甚至知道这个牌子的人也极为有限。

在一筹莫展中，1954 年莫里斯公司找到了当时非常著名的广告大师李奥·贝纳，交给了他这个课题：怎么才能让更多的女士购买万宝路香烟？但是，李奥·贝纳并没有被任务和资源限定住，而是对莫里斯公司给予的课题进行了辩证的思考。

在对香烟市场进行深入的分析和深思熟虑之后，李奥·贝纳完全突破了莫里斯公司限定的任务和资源，对万宝路进行了全新的"变性手术"，他提出将万宝路香烟定位为男子汉香烟，变淡烟为重口味香烟，增加香味含量，并大胆改造万宝路形象：包装采用当时首创的平开盒盖技术并以象征力量的红色作为外盒的主要色彩；广告上的重大改变是：万宝路香烟广告不再以妇女为主要诉求对象，而是一再强调万宝路香烟的男子汉气概，以浑身散发粗犷、豪迈、英雄气概的美国西部牛仔为品牌形象。结果，万宝路香烟吸引了所有喜爱、欣赏和追求这种气概的消费者。

李奥·贝纳突破资源和任务的大胆策划，彻底改变了莫里斯公司的命运，在万宝路的品牌、营销、广告策略按照李奥·贝纳的策划思路改变后的第二年（1955 年），万宝路香烟在美国香烟品牌中销量一跃排名第 10 位，之后更是扶摇直上。

四、企业调查

企业调查包括企业的历史和现状、规模和特点、企业形象等的调查，目的是了解企业的市场地位以及知名度、美誉度等市场评价情况，以寻找与竞争对手的差距，确定广告策划重点。

企业自身的历史和现状、规模和特点都可以通过对企业历史资料和现有经营状况加以分析、总结取得。企业形象的调查主要从品牌形象、技术形象、企业识别系统等方面入手。对企业形象的调查结果所形成的具体的指数就可以反映企业的知名度和美誉度。另外。还可以采用 SWOT 分析法对企业的优势、劣势、机会与威胁进行全面评估，寻找差距，以确定广告重点。

五、广告媒体调查

媒体调查的目的在于为正确制定媒体方案收集资料。首先，要调查了解所有可用媒体的种类及各类媒体特点；其次，对拟采用的广告媒体及其与广告效果相关的指标作全面调查，以便确定企业拟采用的媒体及媒体组合方式。这里重点介绍广告媒体效果评价指标。

常被采用的较成熟的评价广告媒体效果的指标主要是针对广播、电视、报纸、杂志等大众媒体而言的，互联网等新型媒体也可以借鉴。根据统计学中指标分类的方法，可将所有的媒体测评指标相应划分为总量指标、相对指标和平均指标三种类型。这三类指标可以组成一个完整的广告媒体指标评价体系。

1. 媒体效果测评的总量指标

媒体效果测评的总量指标是表明媒体的总规模和总水平的指标，其表现形式为绝对数指标。它们包括覆盖域总人数、媒体受众、视听众暴露度、发行量、发布费等指标，这些指标分别用总人数、总户（人）数、总份数、费用总额等表示媒介影响力的广度和范围以及媒体传播达成的总规模、总水平等。总量指标越大，媒体效果越好。

（1）覆盖域总人数。是指某一媒体覆盖域内的所有人数。

（2）媒体受众。是指暴露于某种媒体下的人或家庭的总数。

（3）视听众暴露度。是指某一特定时期内，收听、收看某一媒体或某一媒体特定节目的总人数或总户数。

（4）发行量。通常是指报纸或杂志每期实际发行到读者手上的份数，它小于或等于印刷数量。发行量往往与广告效果成正比。

（5）发布费。是指广告通过媒体刊播时支付给媒体的费用。

2. 媒体效果测评的相对指标

媒体测评的相对数指标有视听率、到达率、阅读率、毛评点、触及率、千人成本等。这些指标都是通过两个指标对比得到的比率来反映媒体现象的性质和数量特征。

（1）视听率。是指媒体或某一媒体的特定节目在某一特定时间内，特定对象占总视听人数的百分比。

（2）到达率。是指特定对象在一定的时期内（通常是4周）看到某一广告的非重复性人口数占总人数的百分比。

（3）阅读率。是指阅读某报刊的人数占该报刊所覆盖地区总人数的百分比。

（4）毛评点。毛评点是一个较为特殊的相对数，是指在一定时期内视听率的总和。计算方法为：毛评点＝到达率×接触频次。例如，在一个收视率为20%的节目中插播3次广告，则毛评点总数为：20%×3＝60%。对毛评点概念的理解需注意两点：①毛评点中包含了重复。如某广告有的人可能看了一次，有的人可能看了两次或多次，毛评点都会把次数计算进去。②毛评点可以超过100%。如在收视率为20%的A节目中插播4次，在收视率为15%的B节目中插播6次，则毛评点总数为170%（20%×4＋15%×6）。因此毛评点是一个较为特殊的相对数。

（5）触及率。一则广告借助某一媒体推出后，可能只会让部分受众接收到，媒体的触及率就是用来衡量这一比率的。触及率表示一则广告推出一段时间后，接收到的人数占覆盖区域内总人数的百分比。

（6）千人成本（GPS）。千人成本是广告媒体的绝对费用与传播对象人数（千人）的比率，其计量单位是：元/千人。千人成本是媒体效果测评中最常用的指标，它可用于计算任何媒体、任何人口统计群体及任何总成本。它便于说明一种媒体与另一种媒体、一种媒体排期表与另一种媒体排期表的相对成本。每千人成本越小，媒体广告效益越好。

3. 媒体效果测评的平均指标

暴露频次属于媒体效果测评的平均指标，因为暴露频次是个人（或家庭）接触同一广告信息的平均次数，或者说是一条广告信息到达相同的人或家庭的平均次数。该指标一般用来测量特定的媒体排期表的密度。

另外，广告媒体的权威性、知名度、美誉度等也是影响广告效果的主要指标。尤其是媒体的权威性，它是衡量广告媒体本身带给广告的影响力大小的指标，它为广告带来的影响举足轻重，不可忽视。

第三节
广告调查的操作流程

广告调查是一项很繁琐但又很重要的工作，既要保证调查工作的效率，又要保证调查结果的价值。科学合理的工作流程既可以保证调查工作各个环节的顺利衔接，保证调查工作操作过程的完整性，避免工作疏漏，又可以提高调查工作的效率。

广告调查的基本操作流程一般可以分为六个步骤：①明确广告调查的目的。②确定调查主题和调查内容。③调查计划制订和调查设计。④收集资料和调查方案实施。⑤调查资料的处理与分析。⑥撰写调查报告。

一、明确广告调查目的

调查目的是整个调查活动的行动纲领，因此确定广告调查目的是广告调查的关键一步。广告调查的目的会决定调查人员的选择及团队的组建、调查内容及调查对象的确定、调查方法及调查范围的选择以及调查后续各项步骤的制定，因此，广告调查的目的必须是明确而具体的。

企业市场营销战略会决定其广告战略，而广告战略各阶段实施计划的不同也会决定企业广告调查目的的不同。一般而言，广告调查有以下目的：了解产品市场竞争地位、了解自身产品品牌市场形象、寻求品牌定位方向、产品特色确定、企业形象定位、为确定宣传主题寻找灵感、为确定最佳媒体寻找切入点，等等。

二、确定广告调查主题及调查内容

如果没有明确的调查主题，广告调查可能会陷入盲目、无重点的困境，其结果是撰写的调查报告可能毫无价值。因此，在确定了广告调查目的之后，还应当明确调查主题，并据此确定具体要调查的内容，以便有的放矢。

以帮宝适纸尿裤为例，早期的广告诉求点是可以让妈妈们照顾小孩更加方便，但是很多妈妈不接受，认为买帮宝适纸尿裤的妈妈是懒惰的妈妈，后来广告诉求点变了，广告宣传的主题变为：用了帮宝适纸尿裤，小孩子的屁屁很干爽。这一诉求点让妈妈们觉得买帮宝适的妈妈不再是懒惰的妈妈，而是有责任心、有爱心的妈妈。近几年，帮宝适在中国市场开展了以"金质睡眠"为主题的调查推广活动，又将"金质睡眠"作为广告宣传的主题。

链接：帮宝适在中国的"金质睡眠"项目

"金质睡眠"这个诞生于中国的项目已经被宝洁公司复制到全球其他地区，从而使更多的宝宝和家长获益，也为公司不断创造着价值。在 2011 年的全国"两会"上，全国政协委员、中国农工民主党中央组织部原部长肖燕军建议将每年的 3 月 20 日定为"中国婴幼儿睡眠日"。这一创意的来源以及提案背后的主要推动者之一，就是宝洁公司旗下的婴幼儿护理品牌——帮宝适（Pampers）。

帮宝适大力支持设立"中国婴幼儿睡眠日"的提案，是因为这与其所推广的"金质睡眠"活动一脉相承。"金质睡眠"活动的核心诉求就是唤起父母对于婴幼儿睡眠问题的重视，进而促进宝宝的健康成长。

实用广告理论与方法
Advertising Theory & Method

2007 年，在帮宝适的资助下，中美两国研究人员共同完成了《使用布尿布和纸尿裤的中国婴儿睡眠质量以及认知行为的比较研究》报告。研究人员通过两年时间，在中国 8 个城市对约 1500 个 2~9 个月的健康婴儿进行了近 6800 次临床式家访，这是国内第一次对婴儿睡眠状况全过程进行记录的专业研究。报告指出，在参加调研的孩子中，逾 3 成孩子每晚睡眠时间平均少了 1.1 小时，算下来，一年缺失的睡眠时间高达 400 小时，而导致婴儿睡眠时间减少的主要原因是父母在夜间频繁检查宝宝尿湿情况并为宝宝更换尿布。调查还发现，50% 穿着传统尿布的婴儿晚上更换尿布超过 3 次，其中 80% 的宝宝会在更换尿布时醒来。而穿着优质纸尿裤的婴儿睡眠平均持续时间比穿布尿裤的婴儿多近 20%。

睡眠对于婴儿的成长有着重要的作用，纸尿裤产品恰恰能够帮助婴儿获得良好的睡眠。而且，宝宝睡眠质量的提高还意味着家长们也能得到充分的休息，这种附带效果对于许多初为父母、正被宝宝搞得焦头烂额的家长们来说实在是一种福音。

帮宝适推出"金质睡眠"活动的背后，其实是对用户需求的精准把握，而这也可以说是帮宝适在品牌运作中最大的特点。"我们试图让妈妈们将我们的产品与最能满足他们的需求联系在一起。""它（指"金质睡眠"项目）不再是仅仅关注纸尿裤的干爽，它关注的是在满足这些基本需求之后，还能做些什么。"宝洁大中华区婴儿护理品类总经理于叡豪（Yuri Hermida）如是说。

资料来源：杨钊. 帮宝适：抓住消费者需求的 CSR 实践 [J]. 商业价值，2011（6）.

前面"广告调查内容"一节中对要确定的广告调查的内容已有详细阐述。具体到不同的企业和不同的产品，广告调查的内容会因为广告调查的目的和主题的不同而不同。

三、调查计划的制订和调查设计

这一环节需要将调查时间及进度计划、调查空间、调查对象、调查方法、调查人员确定及任务分工、调查经费预算及分配方案具体化。

1. 确定调查时间和进度计划

调查时间安排和进度计划是指调查的开始和结束的时间段的确定，以及整个调查任务在不同时间段需要完成的任务和任务完成程度的确定。这不仅有利于调查人员有清晰的工作思路，而且有利于提高广告调查工作的效率。一般情况下，应当制订详细的调查进度计划表。以问卷调查为例，如表 5-1 所示。

表 5-1　广告调查进度表

时间或日期	调查任务分解	任务负责人	备注
	拟定问卷		
	样本选择		
	预调查		
	问卷修改和样本调整		
	问卷发放		
	问卷收集		
	筛选有效问卷		
	数据统计分析		
	撰写调查报告		

2. 确定调查空间

调查空间主要是指调查活动所涉及的地区、范围。确定合理的调查空间有利于使调查活动有的放矢，有利于取得预期的调查效果。调查空间的选择要遵循科学、合理、客观、可行等原则。

3. 确定调查对象

广义上讲，调查对象是指所有与广告产品有关的人群，但在具体调查活动中，一般而言，就是从相关人群中抽取部分相关性最大的人群进行分析研究。具体而言，就是确定抽样人群、抽样方法及抽样数量等。

4. 确定调查方法

调查方法，主要是指资料收集的方法。资料收集方法有电话访问法、信访调查法、访谈法、入户访问法、深度访问法等访问调查法；还有问卷调查法、观察法、实验法、文献研究法等调查方法。调查方法的选择取决于调查目的、调查内容及调查条件等因素。一般而言，应当在选择一种主要调查方法的同时，配合其他多种调查方法作为辅助手段，以保证收集到的信息的全面性和准确性。

5. 调查人员确定及任务分工

实施调查方案必须要有一支训练有素、有职业精神和具有熟练的操作技能与较强的沟通能力的调查团队。为此，必须做好调查人员的选用、培训和组织工作。一般来说，一支好的调查队伍的人员结构搭配要合理，不仅在知识结构、沟通能力、语言表述能力、创造性思维、分析问题的能力等方面要合理搭配，还要有较好的团队协作精神，以保证调查工作高效、顺利进行。

6. 调查经费预算及分配

从实践来看，一般情况下，企业广告调查费占整个广告费的5%左右。主要包括问卷印刷费、邮寄费、差旅费、通讯费、访问员劳务费、受调查者礼品费以及调查资料统计分析和调查报告撰写等环节产生的各种杂费等。调查经费的合理分配可以为调查工作有效率、有质量地进行提供保障。

四、收集资料和调查方案实施

资料收集阶段是花费精力最多也是最困难的一个阶段。比如被调查者不合作、不诚实、不在场、有偏见等都会增加工作难度。调查资料的收集一般分为原始资料和现有资料两部分，即通过调查人员到现场进行实地调查所获得的第一手资料和通过搜集他人整理的各种文字、数据等获得的第二手资料。广告策划活动应当以第一手资料为主。在第一手资料收集过程中，问卷调查是最常用的形式。

收集资料是调查工作的主体部分。这一部分的工作需要调查团队在良好的分工协作的基础上，保证高度的工作责任心，并严格按照调查计划中选定的样本、选定的调查方法和制定好的计划进度及时展开资料收集工作。这一阶段需要特别注意的是，一定要对调查对象进行全面而深入的了解，对调查过程中遇到的困难要妥善处理，及时补救，对获得的信息要学会准确判断和正确处理，尽可能保证资料来源的可靠性和真实性，避免弄虚作假。

五、调查资料的处理与分析

资料的处理主要包括资料的筛选、汇总、分类和制表等。筛选就是从所获取的资料中剔除无关的、没有价值的资料，将有价值的资料进行整理；汇总和分类就是把经过筛选的有价值的大量资料进行编组或按一定的类别进行集中，以便于下一步的分析；制表是把有关调查所获资料用适当的表格形式展示出来。

调查资料的分析是要指出资料所反映的意义，需要用到一些统计学的方法。广告调查中应用最广泛的是百分率的计算、频数分析、相关系数等。

六、撰写调查报告

调查报告一般是以文字和图表形式将整个调查工作所获得的结果系统地、规范地反映出来。它是广告调查结果的集中体现，也是对整个广告调查工作的全面总结。调查报告通常包括调查题目、调查目的、调查过程、调查方法、调查统计结果、调查结论及广告策划等可行性建议及相关材料附录。

第四节
广告调查的方法

广告调查也属于社会调查范畴的一种具体的调查活动，因此，广告调查的主要方法也采用一般的社会调查的方法。主要有问卷调查法、访问调查法、观察法、实验调查法、文献研究法等。

一、问卷调查法

问卷调查法，就是将所要调查的内容精心设计成一组问题，以表格或设问的方式形成一份问卷，让调查对象填写问卷来收集信息，并对回收问卷进行整理和分析而获取资料的一种调查方法。这是广告调查中获得第一手资料时最常用的方法，也是效果较好的一种调查方法。

1.问卷的类型

从问卷中问题的形式来区分，可将问卷分为结构式问卷和非结构式问卷。如果一份问卷中，以封闭式问题和量表式问题为主，则问卷称为结构式问卷。如果问卷中的问题以开放式问题为主，则问卷称为非结构式问卷。根据问卷对问题和答案设计的形式不同，可以把问题分为封闭式问题和开放式问题。

（1）封闭式问题。封闭式问题是一种事先对问题确定了可供选择的答案，被调查者根据各自的情况进行判断，选择一个或多个自认为恰当的答案。这种问卷多用来调查事实、态度、行为特点等方面的问题。例如：

1）单项选题。自 2005 年 9 月 1 日起法律允许在校大学生可以结婚，您怎样看待这一现象？（请对你认为合适的选项打√）

　　A. 可以接受　　　　　　　　B. 可以接受别人结婚，但自己绝对不会

　　C. 坚决反对　　　　　　　　D. 无所谓

2）多项选题。你选择网络购物的原因是什么？（请对你认为合适的选项打√，可以多选）

　　A. 价格便宜　　　　　　B.方便　　　　　　　C. 服务好

　　D. 选择余地大　　　　　E. 其他

封闭式问题所获答案内容较为规范整齐，便于调查结束后进行大量的定量分析和计算机数据处理，因而是广告调查中采用最多的一种问卷设计形式。但封闭式问题的缺陷也很明显，那就是问题设计可能不够全面，可能会遗漏一些很重要的问题，或设计的问题与调查目标关系不大等，从而有可能影响问卷所获信息的价值。因此，对调查问卷设计人员一定要进行事先培训，使其熟练掌握问题设计的方法和技巧。

（2）开放式问题。开放式问题是一种可以自由回答的问题，只提出具体的问题，答案完全由被调查者提供。例如：

1）请您谈谈对网络购物的看法。

2）您对法律允许在校大学生可以结婚这件事有什么看法？

开放式问题多用于探索式研究，它能给被调查者很多自由表达的空间，可以了解到被调查者一些独到的见解或有创意的想法，可以获得一些极有价值的见解或建议。但是，由于对被调查者而言，需要动脑子和花费较多的时间和精力，一般拒绝回答的人较多，有时会影响问卷的有效性。另外，由于所收集到的答案各不相同，也给调查者进行资料的整理统计带来困难。因此，在问卷设计中，开放式问题的数量不宜太多，一份问卷有 1~2 个开放式问题较合适。

2. 问卷的结构

一份设计合理的问卷应当包含以下几个部分：

（1）引言。也叫说明，一般应当包含调查的目的、调查组织者、选择样本的原则、调查结果的使用者及使用方式、相关保密措施等。意思表达明确的引言有利于消除被调查者的戒心，但这部分文字表述一定要简洁明了。

（2）注释。也叫导语，用来提示问卷填写方式及解释某些术语的含义。

（3）条款。也叫调查项目，它是问卷的主体部分。问卷设计主要就是条款的设计，这部分一般由封闭式问题和开放式问题组成。

（4）资料的登录部分。它是为了区分、核实、分析资料而专门设计的。区分设计包括问卷编号、调查对象基本情况等；核实设计包括调查问卷使用的日期、时间、地点及调查人员和核实人员姓名等；分析设计包括问卷内容各部分的编码、序号等，主要供资料统计和输入计算机分析使用。

3. 问卷发放的形式

从调查执行和问卷发放的方式来区分，可分为邮寄法、组织分配法、当面填写法、网络回答法等。这几类问卷的问题主体部分区别不大。需要注意的是，由于执行方式的不同，对于问卷的相关问题的说明，如作答方式、问卷回复的方式等的详略程度要求不同。一般的原则是与受访者的直接接触程度越低，相关的说明就越要详细，比如邮寄问卷中关于调查目的的解释、问题的填答方式都要比面访问卷更为详细，还要补充面访问卷中所没有的关于问卷回复方式的说明。

（1）邮寄法。邮寄法是把问卷邮寄给调查对象，被调查者填写完问卷后寄回的方法。邮寄的优点是可以省时省力，可以广泛地、大量地发放问卷。但是缺点也很明显，就是回收率不高，很难保证问卷质量。

（2）组织分配法。组织分配法是通过已有的组织形式发放和回收问卷。一般是依靠有强制控制能力的组织或个人，或有社会影响力的组织或个人。比如，在学校课堂上由教师组织发放或由单位领导利用上班时间组织统一发放等。组织分配法的优点是成本低、效率高，且回收率高，但不能保证问卷质量。

（3）当面填写法。当面填写法即调查人员亲自把问卷发放到调查对象手上，请被调查者当面填好后调查人员立即收回的方法。当面填写的优点是可以解答被调查者的对问卷的疑问，也确保了问卷确实为被调查者填写。缺点是时间、人力及交通等费用消耗较多。

（4）网络回答法。网络回答法即调查者通过发送网络链接的方式，请被调查者参与回答问卷以获取信息的一种调查方式，属于在线调查的一种。参与此种调查通常需要几分钟到几十分钟时间，而且可以借助先进的统计软件，迅速获得调查问卷中封闭式问题的调查结果。这种调查方法的局限性在于只适用于部分网络用户。

二、访问调查法

访问调查法就是通过人际交往的形式获得信息的调查方法，即通过由调查者向被调查者直接提出问题，被调查者直接回答问题的方式来收集调查资料的一种调查方法。这种方法通常针对难以通过调查问卷的形式获得准确信息的一些需要深入调查的问题。访问调查法一般可通过三种具体的形式实现：访谈法、信访调查法、电话访问法。

1. 访谈法

访谈法又称晤谈法，是指通过调查员和受访人面对面地交谈来了解受访人的心理和行为的心理学研究方法。访谈法具有较好的灵活性和适应性，多用于既有事实的调查及意见的征询，更多用于个性、个别化研究。

（1）访谈法的类型。因研究问题的性质、目的或对象的不同，访谈法具有不同的形式。根据访谈进程的标准化程度，可将它分为结构型访谈和非结构型访谈。前者的特点是按定向的标准程序进行，通常是采用问卷或调查表形式；后者指没有定向标准化程序的自由交谈。访谈有正式的，也有非正式的；有逐一采访询问，即个别访谈，也可以开小型座谈会，进行团体访谈。

（2）访谈法的注意事项。访谈法应注意下列事项：

1）创设恰当的谈话情境。

2）不使受访人感到有压力。

3）熟悉相关的知识。

4）具有细致的洞察力、耐心和责任感。

5）不对受访人进行暗示和诱导。

6）对相同的事情从不同的角度提问。

7）如实、准确记录访谈资料，不曲解受访人的回答。

2. 信访调查法

信访调查又称作通讯调查，指采用信函方式将调查表或问题提纲寄给被调查者，请被调查者按要求以书面形式回答问题后，再把资料寄回给调查者。信访调查适用于大面积或远距离调查。优点是省时、低成本、保密；缺点是不易控制、回函率低、信息的真实性不太可靠。

为提高信访调查的回函率，尽可能保证信息的可靠性，在调查表的设计上要尽量做到简洁明了，问题的设计不仅要考虑调查对象的特点，还应当做到美观、意思表达清晰、一目了然。此外，还应当附上写好回寄地址的信封与邮票，尽可能减少调查对象的不便。

3. 电话访问法

电话访问是由调查人员通过拨打电话的方式访问调查对象，以获取信息资料的一种调查方法。其优点是快捷、省时、省力，获取的信息也比较可靠；局限性是拒访率极高，而且访问的时间不宜过长，调查内容不宜繁杂。

电话访问法需要注意以下事项：

（1）做好调查计划，拟定调查内容，精心选择样本。

（2）选择合理时间拨打电话，尽可能避免打扰调查对象的工作或休息，避免引起调查对象的反感。

（3）通话时注意用语技巧和态度，以提高调查对象受访率。

三、观察法

观察法是由调查人员深入调查现场，以公开或隐蔽的身份观察调查对象的行为、态度等，并记录总结的调查方法。

首先，观察法要求观察者有敏锐的观察能力，能够由现象洞察到事物的本质，善于捕捉到常人忽视的问题，并作出正确的判断；其次，观察者还应当掌握一些新型的技术手段，以便快速、完整地记录所观察到的声音、行为、表情以及相关背景信息等；最后，观察者尽量避免主观因素对信息判断的影响，尽可能客观记录。

四、实验调查法

实验调查法是通过一种小规模实验来了解所需信息的一种调查方法。根据实验场所，实验调查法可分为实验室实验和现场实验两种方法。实验调查法的优点：一是可以探索不明确的因果关系；二是实验结果有较强的说服性。缺点：一是成本高；二是保密性差；三是管理控制难。

实验调查法的主要步骤：①提出实验假设。②进行实验设计。③选择实验对象。④控制实验环境。⑤比较实验差距。⑥收集实验数据。

五、文献研究法

文献研究法也是广告调查中常用的一种方法，主要通过第二手资料来收集信息、了解情况。文献研究主要是收集他人调查研究的成果。

广告调查中主要的文献研究来源有两个：

1. 出版物

出版物包括公开出版的统计年鉴、杂志、报刊和内部发行的通讯、简报等各种印刷材料。

2. 政府和社会团体的档案

政府和社会团体的档案包括文件、统计资料、会议记录、大事记等。这类材料原始、真实可靠、实用价值相对较大。

以上五种调查方法是广告调查中较常使用的方法。近几年，随着计算机技术的不断提升和互联网的普及，一些借助互联网技术的新型调查方法也在探索中。当然，在具体的广告调查实践中，不能仅仅依靠单一的调查方法，应当根据实际需要，多种调查方法综合使用，这样才有可能获得相对完整和准确的信息。

第六章	**广告预算与广告效果测评及方法**

广告预算是对企业投入广告活动费用的匡算，是企业投入广告活动的资金费用使用计划，它规定在一定计划期内从事广告活动所需经费总额和使用范围，是企业广告活动得以顺利进行的保证。

广告效果测评是广告策划的最后一个环节，也是支付了巨额广告费的广告主最为关心的问题。通过广告效果测评，企业可以了解到消费者对广告活动的反应，包括广告主题是否明确、广告诉求是否准确有效、广告预算分配是否经济合理、媒体安排是否得当等信息，以便增加对广告活动的监控力度，提高广告决策的科学性和广告活动的有效性。

第一节
广告预算及其方法

据实力传播集团数据，2007 年是美国广告支出达到高峰的一年，约达 1780 亿美元；2013 年全球广告支出超出 5 万亿美元。另据美国市场研究公司 eMarketer 数据，2014 年美国人均广告支出达到 565 美元。近几年，全球广告支出仍然在以较快的速度上升。eMarketer 最新指数显示，全球广告商 2014 年将支出 5454 亿美元用于付费媒体广告。eMarketer 估计，2014 年媒体广告总支出将增加 5.7%，增速是 2013 年的 2 倍。

可见，如今的广告主都意识到了广告的重要性，也舍得投入数额巨大的广告费用。但是如果没有科学合理的广告预算，大量的资金投入就可能会付诸东流。正如费城百货公司创始人约翰·沃纳梅克（John Wanamaker）的一句名言："我知道我在广告上的投资有一半是无用的，但问题是我不知道是哪一半。"

广告策划活动的中心任务是用尽可能少的费用获得尽可能大的广告效益。而广告预算的主要任务就是在一定时期内，为实现企业的广告战略而对广告活动所需经费总额及其使用范围、分配方案进行最优规划。

一、广告预算的构成

广告活动是一项长期的、复杂的活动，几乎每一个环节都会产生费用，但是归结起来，主要有以下四部分：

1. 广告调查费

广告调查费包括广告市场调查中产生的差旅费、咨询费、问卷打印费、电话调查所产生的话费、购买统计部门或调研机构的资料所支付的费用、广告效果检测费等。一般地，这部分费用约占广告费总额的 5%。

2. 设计及制作费

设计及制作费主要包括广告设计人员报酬、广告作品制作过程中产生的材料费以及摄影、翻印、制版、录音、录像、文字编辑、美术设计、绘画等工艺费。这部分费用一般占广告费总额的 5%~15%。

3. 广告媒体费

广告媒体费主要是购买电视、网络、广播等媒体的时间或空间，购买报纸、杂志等媒体的版面以及购买路牌、灯箱、霓虹灯等空间的费用。这部分费用约占广告费总额的 80%~85%。

4. 广告行政管理费

广告行政管理费包括广告部门工作人员的工资及办公费、广告活动业务费、公关费以及与其他营销活动的协调费用等。这部分费用约占广告费总额的 2%~7%。

链接：国际广告界对广告费用的划分

目前国际上公认的广告费用开支表，是由美国最权威的广告刊物之一《印刷者油墨》于1960年刊出的。查尔斯·帕蒂和文森特·布拉斯特通过对100家著名广告公司的调查，验证了该表。

该杂志把广告费用的支出划为三大类：

列入白表的费用：①购买广告媒体及其他广告的费用。包括广播、电视、报纸、杂志媒体、户外广告、POP广告、直邮广告、商品目录、宣传小册子、电影、幻灯、交通广告等。②管理费用。含广告部门有关人员的工资、办公费用、付给广告代理和广告制作者以及顾问的手续费、差旅费用。③广告制作费用。包括美术设计、文字编辑、印刷制版、纸型、照相、录像、录音、包装设计等。④其他费用。包括广告材料的运送费用（如邮费及其他投资费）、陈列橱窗的安装服务费用、涉及白表各项活动的杂费。

列入灰表的费用：样品费、示范费、客户访问费、推销表演费、商品展览费、广告部门的存货减价处理费、电话费、广告部门的其他各项经费、推销员的推销费用、宣传汽车费用、有关广告协会和广告团体费用、商品目录费用、研究及调查费用。

列入黑表的费用：免费赠品、社会慈善、宗教、互助组织的捐献品和费用、旅游费、包装费、标签费、新闻宣传员的酬金、报纸杂志费、行业工会费、接待费、陈列室租金、推销会议费、推销样本费、工作人员的生活福利费、娱乐费、潜在顾客接待费。

列入白表的费用可以作为广告费用支出；列入灰表的费用既可以作为广告费用的支出，也可以不作为广告费用的支出；列入黑表的费用不能作为广告费用的支出。

二、广告预算的影响因素

制定科学、合理的广告预算方案，既可以减少不必要的浪费，又可以保障广告活动的顺利进行。在制定广告预算方案时，不但需要考虑企业广告总体目标，还要兼顾企业阶段性的广告计划和目标。同时，要密切关注广告环境的变化趋势，尽可能使预算方案既有章可循，又有一定的灵活性。

影响广告预算分配的因素很多，比如一个国家或地区的物价水平、消费者对待广告的态度、市场竞争格局等都会对广告预算产生间接的影响。我们仅关注几个主要影响因素。

1. 企业广告目标

企业的广告目标可以是促进销售、增加利润，也可以是提高产品的品牌知名度、提升企业形象或提高市场占有率等。不同的广告目标需要制定不同的广告预算分配方案。例如，相比之下，以提高市场占有率为目标所需要投入的广告费用，要高于以保持品牌知名度为目标的广告费用。

2. 产品生命周期

根据产品生命周期理论，一般的产品都会经历投入期、成长期、成熟期、衰退期4个阶段。在产品生命周期的不同阶段，销售状况、竞争环境、消费者接受程度、利润等方面会表现出不同的特征。为了延长产品生命周期，企业应当在产品生命周期的不同阶段制定出相应的营销对策，广告策略是其中很重要的部分。

在产品生命周期的投入期，因为新产品刚刚上市，消费者不了解产品，往往需要投入大量的广告宣传费用，为的是尽快让消费者了解并接纳产品。美国尼尔逊调查公司的派克汉通过对40多年的统计资料进行分析得出结论：要确保新上市的产品的销售额达到同行业平均水平，其广告预算相当于同行业平均水平的1.5~2倍。

产品进入成长期后，部分消费者已经接受该产品，销售进入快速增长期，竞争态势开始出现。这一时期广告预算可以较前一阶段有所减少，广告的主要任务从投入期的扩大产品知名度转移到树立产品形象上来，广告预算必须能够保证产品良好市场形象的打造。

产品进入成熟期时，产品销售已趋于稳定，此时的市场占有率、利润水平及知名度等都达到最佳状态，企业的任务主要是尽可能延长成熟期，所以此时的广告预算应当稳定在一定水平上，以确保较好地维持现状。

产品一旦进入衰退期，市场需求大幅下降，消费者兴趣转移，广告预算费用也应当视情况大幅削减。

3. 竞争因素

对任何企业而言，广告既是宣传书，又是挑战书。因此，企业的广告预算必须要考虑到自身竞争地位如何确立的问题。在同类产品高度同质化的当下，企业的竞争地位在一定程度上演变成了广告的竞争。相对而言，市场的主导者具有较强的主动性，而挑战者或追随者往往处在较被动的地位，其广告预算往往受到对自己造成威胁的竞争对手的影响。

4. 媒体因素

如前所述，媒体费用往往占广告预算总额的 80% 以上。不同的媒体有不同的受众，不同的媒体也具有不同的广告效果。因此，首先要考虑目标市场的特征，据此确定所要使用的主要媒体。目前，不同媒体的价格相差较大。在几个大众化的媒体中，相对而言，电视媒体价格最高，其次是报纸、广播和杂志，网络媒体价格则较低。即使是同一类媒体，也会因为信誉度、知名度、辐射范围等因素使其市场影响力和传播效果产生很大的差异，因此价格也会有很大的差别。

5. 企业资金实力

研究表明，广告投资效果具有上、下两个临界点，广告预算只有在两个临界点之间才能发挥作用。在广告预算投入的各个阶段，其对销售的促进效果是不同的。在销售成长初期广告投资的促销效果最明显；到了中期，销售增长缓慢而利润空间较大，广告投资促销效果降低；到了后期，销售成长停滞，此时如果继续大量投入广告费用，必将以牺牲利润为代价。

总之，广告预算不是越多越好，一定要与企业实力相匹配。特别要注意的是，不能盲目求多、求大，应当量力而行。

链接：秦池酒——巨额广告费带来灭顶之灾

1995 年 11 月 8 日，山东秦池酒厂以 6666 万元的标的击败众多对手，勇夺 CCTV 标王，再经新闻界炒作，一夜之间，秦池在白酒如林的中国市场中脱颖而出。秦池抓住时机，短时间内建立起布满全国的销售网络。1996 年秦池酒厂销售额比 1995 年增长 500% 以上，利税增长 600%，秦池从一个地方酒厂迅速成为一个全国知名的企业。

此时，秦池酒的生产能力尚能满足迅速增加的市场需求，生产工艺和质量尚有保证。这时的秦池本应急流勇退，将经营管理的重点回转至夯实秦池酒的竞争力方面。但是，秦池却错误地进行了争夺 1997 年 CCTV 标王的豪赌。1996 年 11 月 8 日，秦池集团以 3.2 亿元的天价卫冕标王，结果自掘坟墓，自己把自己送上灭亡的道路。据业内人士分析，要消化掉 3.2 亿元的广告成本，秦池必须在 1997 年完成 15 亿元的销售额，产、销量必须在 6.5 万吨以上。而秦池酒厂的实际生产能力远远无法满足巨大的市场需求。于是，发生了秦池酒厂收购川酒进行勾兑的事件。在其实际生产能力和勾兑事件被媒体广泛报道后，消费者迅速表现出对秦池的不信任，秦池的市场形势开始全面恶化。1997 年全年亏损，辉煌一时的秦池酒转瞬即逝。

一手"培育"了标王现象的谭希松则谈道："我认为，企业做宣传，一定要量力而行，有多少面烙多大饼，不能盘子做得很大，资金落实很少。秦池的 3.2 亿元，扣除代理费，真正交给中央电视台的不足 5000 万元。通过这件事，我想给企业一个忠告，企业广告像开路先锋，如果先锋打过去了而后面的产品产量等后续部队跟不上，这个仗是打不赢的。"

三、广告预算的分配方式

广告预算总额确定之后，还需要制订具体的预算分配方案，将广告预算总额分摊到广告活动的各个项目中去。选择何种具体的预算分配方案，主要取决于广告活动的具体计划。

实践中，企业进行广告预算分配时，根据广告活动计划的不同，可选择以下分配方式：按商品类别分配、按媒体分配、按广告区域分配、按时间分配、按广告对象分配、按广告活动主题分配等。

1. 按广告的商品类别进行分配

按广告的商品类别进行分配，就是在对产品组合进行评价分析之后，结合企业营销战略和广告目标，将广告预算费用在不同产品间进行分配。以某家用电器集团公司为例，广告预算分配如表 6-1 所示。

2. 按传播媒体进行分配

按传播媒体进行分配，主要是在不同类型的媒体间和在不同级别的同类媒体间的预算分配。一般而言，企业会因产品目标市场的不同选择一种或两种主要媒

表 6-1　不同商品类别的广告预算分配

产品名称	广告预算经费（万元）	占广告费总额比重（%）
电视机		
洗衣机		
电冰箱		
微波炉		
电热淋浴器		
空调机		

体，但是往往需要其他多种媒体作为辅助。在同类媒体中，又会根据市场规模的大小将其中一个或几个区域的媒体作为重点。还是以某家电企业为例，不同媒体间广告预算分配如表 6-2 所示。

表 6-2　不同媒体的广告预算分配

媒体	广告预算经费（万元）	广告费占预算总额比例（%）
电视		
广播		
报纸		
杂志		
网络媒体		
户外媒体		
其他媒体		

3. 按广告的区域进行分配

企业往往对某些区域有所侧重，其广告费预算也会相应有所侧重。例如，某家电企业在中国境内按区域对广告费进行预算分配，广告预算分配如表 6-3 所示。

表 6-3　不同区域的广告预算分配

区域	广告预算经费（万元）	广告费占预算总额比例（%）
华东		
华南		
华中		
华北		
西北		
西南		
东北		

4. 按广告的对象进行分配

企业的某类产品可能选择卖给不同的用户。例如某缝纫机生产厂家，其缝纫机主要的目标顾客群有三个：服装加工厂、家庭用户、个体裁缝店。该缝纫机生产厂家针对不同的顾客群，选择了不同的广告方式，其广告预算也因此不尽相同。广告预算在不同目标顾客群的分配如表 6-4 所示。

表 6-4　不同广告对象的广告预算分配

目标市场	广告预算经费（万元）	占广告预算总额比例（%）
服装加工厂		
家庭用户		
个体裁缝店		

5. 按广告的时间进行分配

绝大多数的产品会在不同季节和不同时间段表现出销售较淡或较旺的一定的规律性。因此，企业的营销活动也应当遵循其规律，在不同的时间段做出不同的反应。体现在广告活动方面，就是往往在产品销售旺季到来之前会有相对较多的广告费预算，而在淡季，广告预算相应减少。以某家电企业生产的家用空调机为例，其广告预算分配如表 6-5 所示。

表 6-5　不同时间的广告预算分配

时　间	第一季度	第二季度	第三季度	第四季度	合　计
广告预算额（万元）					
占广告预算总额比例（%）					

6. 按广告活动主题进行分配

企业在投放产品广告时，一般都确定一个核心主题进行宣传。为了突出宣传主题，往往会安排一系列主题活动。例如，某跨国公司长期重视在全球的体育赞助广告，该公司某一年在主要体育赛事上的广告预算分配如表 6-6 所示。

表 6-6　不同广告活动主题的广告预算分配

项　目	广告预算金额（万元）	占年度体育赞助广告费总额比例（%）
法国网球公开赛		
欧洲足球锦标赛		
伦敦奥林匹克奥运会		
世界乒乓球团体锦标赛		
世界全能速滑锦标赛		

四、广告预算的方法

理论上，广告预算的方法可以有很多，总结起来有几十种。但是，在实际操作中，较为科学合理和可行的方法主要有百分率法、销售单位法、竞争对抗法、实力投入法、目标任务法、贡献提取法、计量设定法等。

1. 百分率法

百分率法主要有销售百分率法和盈利百分率法两种：

（1）销售百分率法。销售百分率法是以一定时期内销售额（上年度销售实绩或次年度预计销售额）与广告费用之间的比率来确定广告预算费用的方法。计算公式为：

广告预算费用=销售总额×广告费用占销售额的百分比

例如：某企业预计明年销售额为4000万元，计划明年的广告费将占销售总额的4%，那么今年的广告预算如下：

广告费用=4000×4%=160（万元）

销售百分率法有利于保持竞争的相对稳定。因为如果各竞争企业都默契地统一使自己企业的广告预算随着销售额的一定百分率变动，就可以避免广告战。但是，这种方法把销售额作为广告预算的基础，因果倒置，缺乏科学性。

（2）盈利百分率法。盈利百分率法是根据一定期限内的利润总额（上年度利润额实绩或次年度预计利润额）与广告费用之间的比率来确定广告预算费用的一种方法。盈利百分率法又可以分为毛利百分率法和净利百分率法。

例如：某企业今年预计实现的净利润（或毛利润）为2000万元，计划投入的广告费用占净利润（或毛利润）的3%。则：

广告费用=2000×3%=60（万元）

采用利润额来计算较销售额更为恰当，因为利润是企业经营成果的最终表现。但是，当企业没有利润，出现亏损时，此法就失去了可操作性。

2. 销售单位法

销售单位法是按照每个销售单位所投入的广告费确定广告预算总额的方法，这种方法简便易行。计算公式为：

广告费用=每件产品的广告费×产品销售数

例如：某企业计划对某产品的广告投入预算为每件 0.1 元，计划销售 100 万件。则：

广告费用 = 0.1 × 100 = 10 （万元）

3. 竞争对抗法

竞争对抗法主要是根据竞争对手的广告预算来制定本企业广告预算的方法。采用这一方法的条件是企业必须能够获悉竞争对手广告预算的可靠信息，而且竞争对手的广告预算能代表企业所在行业的集体智慧。常用的竞争对抗法有市场占有率法、广告收益增减法两种方法。

（1）市场占有率法。市场占有率法是先计算竞争对手的市场占有率和广告费用，求得单位市场占有率的广告费，以此确定本企业广告预算的方法。

例如：竞争对手的市场占有率为 25%，它的广告费总额为 500 万元，则竞争对手每 1% 的市场占有率花费的广告费为 20 万元。如果本企业下年度预计的市场占有率为 30%，则：

广告费用 = 20 × 30 = 600 （万元）

（2）广告收益增减法。广告收益增减法即根据竞争企业广告投入的增加或减少的比例而相应增减本企业广告费用投入比例的一种方法。这种方法的优点是简便易行；缺点是盲目追随，缺乏科学性。因为竞争对手的广告费增减方案不一定合理，而且有可能推高行业广告费水平。

4. 实力投入法

实力投入法主要是根据企业资金实力的大小来决定广告预算投入额的一种方法。实践中，以下三种方法比较常用：

（1）倾力投入法。倾力投入法是指将企业收入剔除各项成本支出以及税收、利润和留取企业各项基金外，剩余的就作为广告预算。这是广告预算中最简单的方法。这种方法通常在新产品刚刚投放市场，企业为迅速引起人们注意时使用。

倾力投入法最大的优点是易于迅速扩大知名度；缺点是广告费用的支出不一定符合市场开发的需要，可能出现浪费，也反映不了广告支出与销售变化的关系。因此很难做出长期的广告安排计划。

（2）平均投入法。平均投入法是根据企业财力，将广告资金分阶段等量投入的预算方法。如每月平均投资多少，或每季度平均投资多少，等等。这种方法简单、易操作，但是不适合季节性较强的产品。

（3）任意投入法。任意投入法也叫武断法，是一种"感性投放"，是企业决策者根据经验或其他方面的知识来确定广告费用总额的一种方法。运用这种方法编制广告预算时，不考虑广告活动所要达到的目标，而是完全根据决策者的判断来确定企业的广告规模。

任意投入法是一种非科学的决策方法，常被一些中小型企业采用。在一些中小型企业里，经验管理代替了科学的经营决策。因此，这种方法具有较大的冒险性，广告投入与广告效果不成因果关系。但如果决策者判断准确，采用这种方法制订广告预算往往也能取得较好的广告效果。

5. 目标任务法

目标任务法首先根据企业的营销战略和营销目标确定企业的广告目标，再根据广告目标编制广告活动计划，并确定为达到广告目标而必须执行的任务，最后估算执行各种任务所需的各种费用，再根据各种费用累加的总和确定企业的广告预算总额。

目标任务法是在广告调研的基础上确定的广告预算总额，具有较强的科学性，因此是使用较为广泛的一种广告预算方法。

6. 贡献提取法

贡献提取法主要指企业的广告费用只能在超出企业预期利润的收入中提取。如某企业产品销售量为 12 万件，单位产品利润为 50 元，全部产品利润为 600 万元，企业目标利润为 500 万元，那么该企业的广告费用最多不得超出 100 万元。

这种方法是比较保守的，考虑的只是企业的眼前利益，缺乏长远计划。

7. 计量设定法

计量设定法是指采用系统分析和运筹学的原理，把与广告、销售密切相关的生产、财务等要素一并纳入广告费用预算应考虑的范围之内，通过建立数学模型加以系统分析和定量分析来求出广告费用预算。

这种方法使得广告费用预算更合理、更科学、更完善。这种方法最早来源于竞赛理论（Came Theory），即在了解竞争者销售策略后，估计多种可能发生的情况，制定出本企业销售策略，并以此作为设定广告费用预算的基础。在运作这种方法时，如果只做一些简单的相关分析或者统计分析，结论往往不准确，必须运用数学模型，选用大量参数，进行计算分析，才能得出比较精确、可靠的结论。这种方法具体操作起来有一定的难度，因此对广告预算人员的相关知识和操作能力有一定的要求。

第二节
广告效果测评及其方法

广告活动包括广告调查、广告计划制定、广告作品及文案创意、广告作品设计与制作、广告媒体策划及广告效果测评等主要环节。在我国，广告主和广告公司都已经认识到了广告计划的重要性，也会在广告作品创意及广告作品设计与制作等方面下大力气。广告主在购买广告媒体的时间、版面和空间时更是不惜血本，每年央视广告标王的激烈争夺战就是例子。然而，广告主和广告公司对广告市场调查这一广告活动的起点和基础普遍不够重视，同样，他们也常常忽视对广告效果测评这一广告活动的反馈环节。

广告效果测评对企业监控广告活动效果，及时调整广告活动方案，提高广告活动效率等方面的作用不容忽视，对其应当予以足够的重视。

一、广告效果的含义

在广告活动中，人们对广告效果的内涵理解不一。南开大学李东进教授给广告效果下的定义是：所谓广告效果是说媒体受众对广告效果的结果性反应。这种影响可以分为对媒体受众的心理（沟通）影响、对媒体受众社会观念的影响以及对广告产品销售的影响。也有人用一句话来表述：广告效果就是广告给消费者所带来的各种影响。

一般来说，广告效果有狭义和广义之分：狭义的广告效果，是指广告所获得的经济效益，即广告传播促进产品销售的程度，也就是广告带来的销售效果。这是广告效果测评的重要内容。广义的广告效果，是指广告活动目的的实现程度，是广告信息在传播过程中所引起的直接或间接的变化的总和，包括广告的经济效益、心理效益和社会效益等。就商业广告而言，应当从广告的社会效果、广告的经济效果、广告本身的效果三方面进行综合测评。

广告的社会效果是指广告活动对整个社会的文化、道德伦理等方面造成的影响。广告能够传播商品知识，可以影响人们的消费观念，也会作为一种文化而流行推广，这些都是其社会效果的体现。广告的经济效果是指广告对社会经济生活，包括生产、流通、分配、消费产生的影响。特别是指由于广告活动而造成的产品和劳务销售以及利润的变化。这些变化既包括广告活动引起自身产品的销售及利润的变化，也包括由此引发的同类产品的销售、竞争情况的变化。广告本身的效果即广告的接触效果或广告的心理效果，是指广告发布之后对广告受众产生的各种心理效应，包括在知觉、记忆、理解、情绪情感、行为欲求等诸多心理特征方面的影响。这是广告效果的核心部分。它不直接以销售情况的好坏作为评断广告效果的依据，而是以广告的收视率、收听率、产品知名度等间接促进产品销售的因素为根据。

二、广告效果的特征

广告效果既体现于广告整体运作进程中，又存在于广告表现的实施过程中，更显露于广告活动告一阶段之后，因此，广告效果测评有其复杂性。了解广告效果测评的特征，有助于我们确定正确的广告效果测评的方向，把握广告效果测评的重点。

1. 复合性

广告效果是经济效果、心理效果和社会效果的统一。很难断定广告活动的最终效果就是广告活动本身的效果。事实上，广告效果不仅与整体的广告策划水平及广告活动本身有关，还与商品品质、价格及消费者心理因素、购买力等因素有关。它会受经济、政治、科学技术、社会文化、自然资源、人口等宏观环境因素的影响，也会受企业的竞争对手、供应商、中间商以及社会公众等微观环境因素的影响。也就是说，广告效果是一种复合多种因素的、极为复杂的传播活动的结果。

2. 累积性

广告活动是一个连续、动态的过程，消费者接收信息的过程也是一个动态的过程。消费者接触广告之后，"引起注意—发生兴趣—产生购买欲望—实际产生购买行动"，这实际上是一个心理累积的过程，这一过程会受到多种因素的影响。也就是说，从消费者接受广告信息到消费者实际购买行为的产生，可能是包括广告信息在内的多种信息刺激以及消费者心理等因素的一个累加效应。

3. 迟效性

广告效果不是一个立竿见影的简单过程。只有 POP 广告可能产生立竿见影的效果。在大多数情况下，广告效果往往是在广告活动进行一段时间之后才能充分表现出来。比如某消费者成年之后对"海尔"的产品产生兴趣可能源于他在童年时看了动画片《海尔兄弟》。

4. 间接性

广告促使消费者达成认知、理解或态度改变，最终实施购买行为，使企业获得经济效益，这称为广告效果的直接性。有时接收者虽然接收到广告信息，并对广告商品建立了深刻认识，但本人由于某种原因而未实现购买行为，却介绍亲朋好友购买，这就是广告效果的间接性的表现。

可见，广告效果是广告传播活动中的一个复杂现象，不能用简单的方法来对待它。在广告活动中，既要讲究广告的即时效益，也要放眼长远，兼顾广告的蕴藏性效果。

三、广告效果测评的必要性

现代广告已步入整合行销传播时代，广告活动不再只是单纯的设计制作和简单的发布，而是应当建立在全面广告测评基础上的整合营销传播。随着广告市场的日渐成熟，广告主和广告经营者都开始意识到广告效果测评的重要性，意识到广告投入不应该是盲目的，而应该是建立在明确的广告目标的基础上的科学投入。因此，必须重视广告效果测评的意义，以充分发挥广告效果测评的重要作用。

广告效果测评的必要性主要表现在检验决策、改进创作、调控管理三个方面。

1. 检验广告决策

广告策划活动会涉及很多重要的决策。通过广告效果测评，可以检验广告目标是否合理、广告主题选择是否准确、广告定位是否明确、广告媒体策略是否得当、广告发布时间和频率是否科学、广告费用的分配是否恰当等。通过对以上重要环节的检测，可以促进广告整体策划水平的提升，还可以对不合理的决策进行及时调整，从而实现较好的广告效益。

2. 完善广告作品

广告作品由多种要素构成，包括广告主题、广告创意、广告文稿等。检测广告作品，就是对这些要素进行评价分析。具体而言，就是检测广告主题是否鲜明、突出，能否被认可，诉求是否有力、有针对性，诉求重点是否突出；广告创意有无新意，能否准确、生动地表现广告主题，是否引人入胜，感染力如何；广告文稿对广告主题、创意的表现如何等。通过对广告作品的全方位测评，有利于在不成熟的广告作品播出前及时进行修改完善。

3. 控制广告活动

对广告活动进行事前、事中及事后测评，便于对广告活动的全程进行监控，有利于对广告活动过程中发生的任何不利于广告目标实现的环节进行控制，有利于广告整体目标的实现。

四、广告效果测评的内容

广告不仅是一种商业信息传播手段，也是社会文化生活的一部分。因此，对广告效果的测评不能仅仅局限于经济效果，还要兼顾其社会效果。此外，对广告活动和广告作品本身而言，能否对消费者的心理产生冲击力，从而改变或影响消费者的观念、行为，也是对广告活动和广告作品本身的质量和水平进行测评的主要内容之一。

在对广告活动进行测评时，为了做到有章可循，应当先确定广告社会效果、广告经济效果及广告心理效果的具体测评指标及内容。

1. 广告社会效果测评的内容

广告主要是通过大众传播媒体将有关信息传达给广大公众的，因此广告信息的传播具有社会性，与社会公众利益密切相连。广告活动应该是社会制度、政治法规、经济、文化、艺术以及社会风尚的完美统一。

测定广告的社会效果的依据是一定社会意识形态下的政治观点、法律规范、伦理道德和文化艺术标准。同时，测定广告社会效果，往往不能简单地量化，要结合其他的社会因素进行综合评价。主要可以从以下几个方面进行评价：

（1）广告的真实性。广告可以采用各种艺术表现形式，包括艺术夸张的手法，但是广告内容绝对不可以夸张，广告所传达的信息内容必须绝对符合实际。

近几年，由国家工商局牵头，联合公安部、卫生部、新闻出版署等十几个部门连年开展虚假违法广告专项整治工作，但目前我国广告市场仍然是虚假广告泛滥成灾，关系到人民群众健康和生命安全的药品、医疗器械、食品、保健品等商品往往是重灾区。虚假广告不仅侵害了广大消费者的利益，而且严重影响了社会伦理道德和精神文明的水平。而真实的广告，既有利于建立良好的市场经济秩序，也有利于形成良好的社会风尚。因此，真实性是对广告的基本要求，也是测评广告社会效果的最重要的内容。

（2）广告的合法性。广告必须符合国家和政府的各种法规政策的规定和要求。在我国，广告是否合法的主要评判依据是《中华人民共和国广告法》、《广告管理条例》以及《中华人民共和国刑法》、《中华人民共和国民法通则》、《消费者权益保护法》、《反不正当竞争法》、《食品安全法》、《合同法》、《商标法》等法律中有关广告的规定。除此之外，国家有关职能部门对不同领域涉及的广告活动规范都有相关限制或规定，比如《医疗器械广告管理办法》就是由国家医药管理局发布的。

（3）广告的伦理道德水平。广告是否遵守伦理道德主要体现在广告内容是否诚信、是否公平，广告表现形式是否文明向上、是否有利于社会良好风尚、是否爱国、是否自尊自重等方面。

目前，我国广告的伦理道德缺失现象比较严重。主要表现是：虚假广告泛滥，包括广告内容虚假、广告代言人说假话、广告产品名不副实等；新闻广告、比较广告甚至色情广告层出不穷；脑白金、脑黄金等一些极其恶俗的广告占据了大量的电视广告黄金时段；一些宣扬独生子"小皇帝"地位的儿童广告大行其道；一些暗含妻子年老色衰后理所应当遭丈夫抛弃等不良社会风气的化妆品及美容广告冠冕堂皇地出现在各种场合。

以上广告中的种种现象都会对整个社会道德水准、社会风气等产生不良影响，也会潜移默化地影响人们的审美观、价值观、道德观和消费观。

（4）广告的文化艺术水平。广告既是一种社会经济活动，也是一种文化艺术现象。为了说服受众，广告必然要使用某种特定的媒体，将商业信息以特定的语言、画面、场景及特定的表现手法传达出去，这种信息的传达就会体现出一定的文化性及艺术性。健康向上的文化信息的传达，高雅的艺术表现形式会对全社会的文化修养及艺术修养产生良好的影响。

2. 广告经济效果测评的内容

广告的经济效果，可分为传播效果和销售效果。传播效果主要表现为企业和商品的知名度的提升及品牌形象的提升；销售效果主要表现为销售增加和利润增长。

（1）广告传播效果测评。广告传播效果主要取决于广告作品的质量及广告媒体组合的效果。因此，广告传播效果的测评，主要涉及广告作品的测评和广告媒体组合方案的测评。

1）广告作品测评。广告作品测评就是对构成广告作品的各要素进行检验和测定。主要包括广告定位、广告主题、广告创意、广告文案等内容。

广告定位的目的就是通过广告活动，使企业或品牌将其鲜明的特征传达给消费者，并在消费者心目中确定特定的位置。比如"海飞丝"洗发精广告就成功地在消费者心目中确定了具有"去头屑"功能的位置。广告定位是否准确，是否被消费者认可，这是广告作品测评的一个重要内容。

广告主题是广告的中心思想，是广告内容和目的的集中体现和概括。广告主题在广告的整个运作过程中处于统帅和主导地位，广告设计、广告创意、广告策划、广告文案、广告表达均要围绕广告主题进行。因此，广告主题在很大程度上决定着广告作品的格调与价值。比如"帮宝适"纸尿裤广告，之前以妈妈可以更加轻松为广告主题时销售不理想，后以可以提高宝宝睡眠质量为主题时则销量大增。

广告创意是为了准确表达广告主题产生的创造性的思维。成功的广告创意可以让受众更好地接受和认可广告主题，从而接受广告商品或服务。比如"舒肤佳"香皂用使用前后显微镜下细菌数量的对比来表现其杀菌效果好的主题，而某洗发精用一把插在头顶的梳子顺着一头长发毫无阻挡地滑落的画面来表现其可以使头发更加柔顺飘逸的主题。

广告文案主要是指广告的语言文字部分。语言文字在准确表达广告主题方面有着其特殊的作用。比如感冒药白加黑的广告词"白天吃白片不瞌睡，晚上吃黑片睡得香"把药品的特点和主题表达得清清楚楚。

2）广告媒体组合方案测评。一般来说，广告主广告费中的 80% 都是用来购买媒体的，如果媒体选择不当，或者媒体组合不合理，就会直接影响广告信息的传播效果，造成广告费用的浪费。

广告媒体组合是指在广告发布计划中，在一定的时间段里同时采用两种以上的不同媒体，或是同一种媒体采用两种以上不同的发布形式、不同的发布时间的组合状态。媒体组合对于企业有效利用媒体资源、节省推广费用、提高竞争地位都是至关重要的。

广告媒体组合方案的测评，主要包括以下内容：①广告媒体选择是否能增加总体效果，是否被所有目标受众接触到。②不同媒体的优势是否能互补，重点媒体与辅助媒体的搭配是否合理。③媒体覆盖的集中点是否与广告的重点诉求对象一致。④媒体的阅读率、视听率等主要指标有无变化。⑤媒体组合的整体传播效果是否理想，是否降低了相对成本。⑥选择的媒体是否符合目标受众的接触习惯。⑦媒体组合方案是否考虑了竞争对手，是否有竞争力。

（2）广告销售效果测评。广告销售效果主要通过广告发布前后商品或服务销售或利润的变化得以反映。销售额和利润额是衡量广告销售效果的两个基本指标。通常用广告费用指标、广告效果指标、广告效益指标来反映[①]。

1）广告费用指标。广告费用指标用以表示广告费与销售额之间的对比关系，包括销售费用率（E_1）和利润费用率（E_2）。

$$E_1 = \frac{C}{Y} \times 100\%$$

$$E_2 = \frac{C}{L} \times 100\%$$

式中，C 表示本期投入的广告费；Y 表示广告后产品销售额；L 表示广告后产品利润额。

销售费用率和利润费用率反映的是获得单位销售额和单位利润额支出的广告费，用来评价企业广告费总支出对产品总销量（或总利润）的影响。该指标越小，表明广告销售效果越好。

2）广告效果指标。广告效果指标用以评价在广告计划期内，企业广告费对产品销售额的影响。包括销售效果比率（E_3）和利润效果比率（E_4）。

$$E_3 = \frac{\Delta Y / Y_0}{\Delta C / C_0} \times 100\%$$

---

① 郭子雪，张强. 广告销售效果的评价指标体系 [J]. 统计与决策，2007（3）.

实用广告理论与方法
Advertising Theory & Method

$$E_4 = \frac{\Delta L/L_0}{\Delta C/C_0} \times 100\%$$

式中，C_0 表示上一期广告费；Y_0 表示广告前销售额；L_0 表示广告前销售利润；ΔC 表示本期广告费较上期增加额；ΔY 表示本期广告后销售额增量（$Y - Y_0$）；ΔL 表示本期广告后利润额增量（$L - L_0$）。

销售效果比率（或利润效果比率）表示广告费用每提高一个百分点，能使销售额（或利润额）增加的百分比。它反映广告费用变化快慢程度与销售额（或利润额）变化快慢程度的比率关系。广告效果指标数值越大，表明广告销售效果越好。

3）广告效益指标。广告效益指标用以表明在广告计划期内，每支出单位广告费能使销售额（或利润额）增加的数量，包括广告销售效益（E_5）和广告利润效益（E_6）。

$$E_5 = \frac{\Delta Y}{C} \times 100\%$$

$$E_6 = \frac{\Delta L}{C} \times 100\%$$

广告效益指标反映广告费用与广告销售增加额（或利润增加额）的对比关系，广告效益指标数值越大，表明广告销售效果越好。

3. 广告心理效果测评的内容

广告心理效果并非直接以销售状况的好坏作为判断广告效果的依据，而是把广告到达率、品牌知名度、品牌偏好率、消费者购买意愿等间接影响销售的因素作为评判广告效果的依据。从广告对消费者的影响来看，广告传播效果是对消费者浅层次的影响，广告心理效果是对消费者深层次的影响，广告销售效果是这种影响的具体反应。

路易斯（E. S. Lewis）提出的 AIDA 法则认为，广告的说服功能是通过广告信息刺激受众而实现的。广告的终极目标是要促使消费者产生购买行为，消费者在购买某一品牌之前，通常都会经过一系列的心理阶梯，以酝酿、评估、决定其购买行为。尽管途径不一样，但从认知到购买都经过了一级一级的阶梯，一则广告要引起人们的关注并取得预期的效果，必然要经历一些过程。这些过程是：引起注意（Attention）、发生兴趣（Interest）、产生欲望（Desire）和购买行动（Action），要经历这样的一个过程才能达到目的。路易斯的提法就是从心理学的角度，也就是从广告受众的心理活动过程这个视角，来探讨广告如何产生作用和效果的。

五、广告效果测评的方法

从广告主的立场来看，在未付出巨额广告费之前预测广告效果，可以谋求广告合理化和有效运用广告费。为此，在广告的事前、事中、事后三个不同的阶段都需要采用大量的调查和统计，以确保广告社会效益、广告经济效益及广告心理效益的实现。广告大师大卫·奥格威（David Ogilvy）在其名著《奥格威广告学》一书中预测了未来广告学的发展，他指出："广告调查方法会更进步，有关广告效果的知识会大量增加。"

1. 广告效果的事前测评

广告效果的事前测评，主要目的在于发现广告作品和广告媒体组合方案中的问题，以确保其产生最佳的传播效果。

实践中，传统的广告事前测评的方法有以下几种：

（1）专家意见综合法。专家意见综合法就是将设计好的广告文本和媒体组合计划交给若干位有经验的广告专家、社会学家、心理学家、推销专家等，让他们从各个角度、各个层次，预测出可能产生的广告效果。这种方法简便易行、效果好、费用低，但在选择专家时一定要注意其权威性，而且各位专家要能代表不同的创意风格，以保证专家评价的全面性、准确性。

（2）消费者意见法。消费者意见法就是让消费者给广告文本和媒体组合方式打分。常用的方法有积分计算法和配对比较法。

1）积分计算法。积分计算法是让消费者在选定的态度量表中画上自己对广告的态度，然后再将这些态度汇总统计，进行量化分析。态度量表见表6-7。

表6-7 态度量表

非常不赞成	不赞成	无所谓	赞成	非常赞成
(1)	(2)	(3)	(4)	(5)

这种方法简便易行，但必须注意所选择的消费者要有一定的代表性，以确保他们对广告的态度能够代表大多数消费者的实际反应。

2）配对比较法。配对比较法是每次只测试两个广告方案，让消费者两两对比，选择出最喜欢的一个，再将第一轮选出的广告又两两一组，让消费者进行第二轮选择，经过一轮又一轮的对比筛选，直到消费者最后选定一份最满意的广告方案为止。与积分计算法的要求相同，这种方法的关键是被调查的消费者样本一定要有代表性。

（3）投射法。投射法是用引导的手段，诱使调查对象在看了广告资料后，自由发表意见。比如，将一幅广告作品作短暂的展示之后，让消费者立刻讲出或写出几个他当时想到的词，以此判断出消费者在看到广告作品后的心理反应。

投射法具体包括自由联想法和语句完成法两种方法：

1）自由联想法。根据调查需要，对调查对象稍作提示，让其对广告作品中出现的内容或画面进行自由的联想。比如，对广告中的色彩、画面、构图、物品、人物、环境等进行自由联想，然后对调查对象联想到的词进行收集，由此推测广告作品对消费者心理的影响。

2）语句完成法。语句完成法也可以考核广告作品对消费者心理的影响。具体做法是，先给出广告中出现的信息的部分内容，让调查对象填充完成剩余部分。比如，"××产品的主要优点是＿＿＿＿＿＿＿＿＿＿＿＿"，"××产品的广告标语是＿＿＿＿＿＿＿＿＿＿"。

（4）机械测试法。机械测试法是运用机械仪器，测定消费者接触到广告作品后的心理、生理反应。这种方法可以更真实、更细致地了解消费者对广告作品的态度。

1）生理电流计测定。生理电流计又叫皮肤电反射测验器。具体做法是，在让被检测者看到或听到广告作品的同时，通过监视仪观察被检测者因情绪反应而引起的电流变化情况，以此为根据来检测广告作品是否对受众有刺激作用。

2）视向测定。这是一种通过记录被测试者注视广告作品时持续时间长短及瞳孔变化的情况来判定广告作品的吸引力的方法。

3）瞬间显露测定。这是通过广告作品的瞬间闪现，让被测试者予以辨认，借以判断被测试者对广告作品的辨认度和记忆度。

2. 广告效果的事中测评

广告效果的事中测评是指在广告活动期内对广告效果进行的测评。事中测评可以充分了解广告的实际运用效果，一方面是为了防止广告因计划不周产生负面影响，另一方面也是为了进一步完善广告计划，以提升广告效果。

广告效果的事中测评方法主要有以下几种：

（1）市场销售实验法。市场销售实验法又称实验调查法。包括纵向实验和横向实验两种方法。

1）纵向实验法。具体做法是，选定某一特定地区和特定时间推出广告，针对确定的广告因素进行广告推出前后销售状况的对比调查，根据销售变化情况来考察广告效果。

2）横向实验法。具体做法是，选定一个地区作为"实验市场"推出广告，同时，设置一个与实验市场类似而未推出广告的地区作为"比较市场"，经过一段较长时间的广告推广后，比较两个市场的销售差别，以此来测评广告效果。

（2）回条法。回条法是在报纸、杂志、商品包装等印刷广告上设一特定的回条，让受众在阅读广告后将其剪下寄回，以此来了解广告的接收情况。

这种测评法往往是将同一则广告作品在各种印刷媒体上同时推出，通过统计各种媒体的回条回收情况，来判断哪一种或几种广告媒体更加有效，为广告公司确定媒体组合提供依据。这种方法可以有效地了解消费者阅读广告的情况。但运用这一方法必须经过周密的策划和安排，同时要给寄"回条"的消费者一定的回馈，比如优惠购物或赠品、奖品等。

（3）分割测定法。分割测定法是回条法的变形，它比回条法更复杂和严格，具体操作是将两种广告文本分别在同一期的广告媒体公开刊出，一半份数刊登一种广告文本，另一半份数刊登另一种广告文本，通过回条的回收情况，测定哪一种广告文本效果更好。此法在国外很常见，但由于能够接受分割刊登的媒体十分有限，这种方法在国内很难实现。

3. 广告效果的事后测评

广告效果事后测评主要是在广告活动结束后进行测评，这是最常采用的一种方法。广告效果的事后测评，也可以采用广告事中测评中提到的方法。此外，广告事后测评还可以采用以下几种方法：

（1）斯塔齐的 NETAPPS 评估模型。由美国 Daniel Starch & Staff 公司提出，是以广告商品购买者为基数建立的模型。斯塔齐认为，看到广告与购买商品之间不一定有直接的因果关系，看过广告且购买广告商品的人中，有的是受广告刺激后购买的，也有的不是受广告刺激而购买的。广告销售效果应剔除看到广告但非因广告刺激因素而购买的情况。斯塔齐假设看到广告却非因广告刺激采取购买行动的人群的百分比等于未看到广告却采取购买行动的群体的百分比。即"非广告因素群体购买率"等于"未看广告群体购买率"。因此，"看过广告的群体的购买率"减去"未看过广告的群体的购买率"，等于"纯广告销售效果"。

NETAPPS 法的具体操作可以简述如下：

如果，A 代表看到广告的人。

B 代表看到广告而购买的人。

C 代表未看到过广告的人。

D 代表未看到过广告但购买了广告产品的人。

假如，广告刊登后，接触某媒体的人中，有 30% 的人阅读过该广告（A）；在阅读该广告的人中，有 15% 的人买了广告的产品（B）；广告刊登后，有 70% 的人未阅读该广告（C）；未阅读该广告的人中，有 10% 的人购买了广告产品（D）。则：

阅读过广告而购买的人：$A \times B = 30\% \times 15\% = 4.5\%$。

未阅读过广告而购买的人：$C \times D = 70\% \times 10\% = 7\%$。

非因广告而购买的人：$A \times D = 30\% \times 10\% = 3\%$。

那么，纯广告销售效果：$4.5\% - 3\% = 1.5\%$。

所以，在所有消费者中，纯粹因广告刺激而购买商品的人所占比例为：

$$[1.5\% \div (4.5\% + 7\%)] \times 100\% \approx 13\%$$

（2）传播幅度形态。消费者对产品的态度有一个心理变化的阶梯：未知—知晓—理解—产生好感—产生购买意愿—实际购买。消费者从未知到实际购买，其心理和态度会经历一个发展变化的过程。如果把广告发布前后消费者的知晓度、理解度、好感度、购买意愿以及实际购买情况进行统计对比，就可以了解广告对消费者心理影响的程度，从而测评出广告对消费者心理影响效果。

为了能直观地反映广告前后消费者心理变化的情况，可以将广告前知晓度、理解度、购买意愿、实际购买率等指标和广告后的指标进行对比，并用图形表示出来，就可以看到传播幅度形态（Communication Spactra Pattern）。

以某清洁剂为例，广告发布前其知名度为 73%，理解度为 57%，好感度为 46%，购买意愿为 34%，有购买行动的为 28%，广告发布半年后，以上指标都有提升，分别为 87%、65%、57%、46%、37%。其传播幅度形态图（如图 6-1 所示）直观地描述了广告对消费者态度的影响效果。

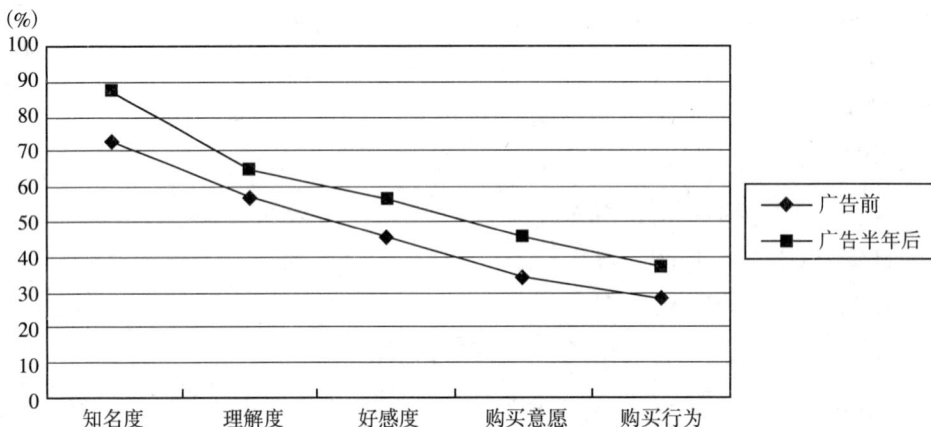

图 6-1　某清洁剂传播幅度形态——CSP

（3）直接评价法。直接评价法是评选优秀广告作品时常用的方法。该方法是由目标消费者或广告专家填写评价性问卷的形式完成。比如，用于印刷广告效果测评时常用广告作品评价表（如表 6-8 所示）对广告作品进行直接评价。

表 6-8　广告作品评价表

评价项目	评价标准及最高得分				评价得分
吸引力	广告吸引注意力的效果（20 分）				
可读性	广告使读者详细阅读的可能性（20 分）				
认知力	广告主题表达是否突出（20 分）				
亲和力	广告是否适合目标受众阅读（20 分）				
行为力	广告引发购买行为的作用（20 分）				
广告得分	0~20 分	20~40 分	40~60 分	60~80 分	80~100 分
广告等级	极差	下等	中等	上等	优秀

直接评价法的理论假设是：吸引力、可读性、认知力、亲和力及行为力等指标得分越高的广告作品，其广告效果越好。此法的优点是简便易行，但有人认为此法仅适用于过滤糟糕的广告作品，而用于筛选优秀作品的可信度值得怀疑。

我国广告界举办的一些优秀广告作品评选活动常常采用的就是直接评价法。如表 6-9 所示是全国第二届优秀广告作品评选标准[①]。

① 陶应虎. 广告理论与实务 [M]. 北京：清华大学出版社，2007.

表 6-9 全国第二届优秀广告作品评选标准

广告类型	评分标准	最高得分
报刊广告	信息传递清晰准确、真实可靠	20
	创意新颖独特、富有想象力，主题鲜明突出	30
	用词精练优雅、文字规范、可读性强	20
	布局严谨、技巧娴熟、视觉流程合理、有吸引力	30
广播广告	创意新颖独特、不落俗套；主题鲜明突出、定位恰当	25
	语言简练、表达准确、生动有趣、引人注意	20
	音乐音响与内容和谐统一，恰当地烘托主题，增添气氛	20
	演播、演唱字音清晰，优美自然、生动悦耳	20
	制作精细、技术综合处理好	15
电视广告	创意新颖独特、主题鲜明突出、定位恰当、内容真实可靠	30
	信息传达清楚准确，易认易记，镜头逻辑语言合理，演示生动感人，富有魅力	25
	色彩和谐、用光合理、文字规范、编排得体	15
	语言精练，解说、音乐、音响设计到位，视听交融，整体效果好	15
	制作严谨，技术综合处理好	15
户外广告	主题突出，定位得当，信息传达准确、清晰	30
	创意独到新颖，富有想象和魅力	25
	正确把握媒体特征，充分发挥媒体长处	15
	图形生动、文字规范、色彩感人、整体视觉效果突出，易读、易认、易记	15
	制作严谨精细，技术综合处理好	15

　　目前，我国的大部分广告主对广告事后测评比较重视，但会忽视广告的事前和事中测评。广告主的主观、盲目的广告投放，轻者导致广告达不到预期效果，重者可能因发布有问题的广告而引发严重不良后果。因此，广告主应当重视监测广告活动全程，重视构建完善的广告事前、事中、事后测评机制。

第七章

广告媒体策划及方法

链接：别出心裁的媒体——大英电信公司的鸡蛋广告

英国人喜欢吃鸡蛋，英国广告设计家因此想出一个点子：在鸡蛋上做广告。1994年3月底至4月初，上市的1300万个鸡蛋壳上便出现了这样一句广告词："睁开双眼瞧一瞧，大英电信日间电话收费少。"英国最大的电话公司——大英电信公司仅花5700美元就做成了这一广告。

链接：DKNY单车"广告游击队"

在2008年纽约时装周期间的街头，人们总会惊奇地发现一辆辆橘红色自行车不时地出现，它们好似神出鬼没的游击队，或多个或单个随意地被锁在大街边，等待着行人们的发现。每一个偶遇它的人都表示对此印象深刻，并觉得这是个传达出友好信息的广告。DKNY的此项计划并不仅仅是为了打亮自己的招牌，更多的是为了呼吁疲于奔波、劳累于工作的人们重新踏起脚下的自行车，拾起健康（见图7-1）。

广告人往往要依赖恰当的媒体，将广告信息有效传达给其目标市场，从而达到促销产品或树立企业形象的目的。近年来，随着数字媒体以及各类新型户外媒体的迅猛发展，使得人们接收广告信息的习惯和渠道都发生了巨大的变化，而且信息的传播方式也在日新月异地变化着。

了解媒体发展的历史进程，把握媒体发展的时代脉搏，认识和探讨各类媒体的基本特点及优劣，是对现代广告人及媒体策划人做好本职工作的基本要求。

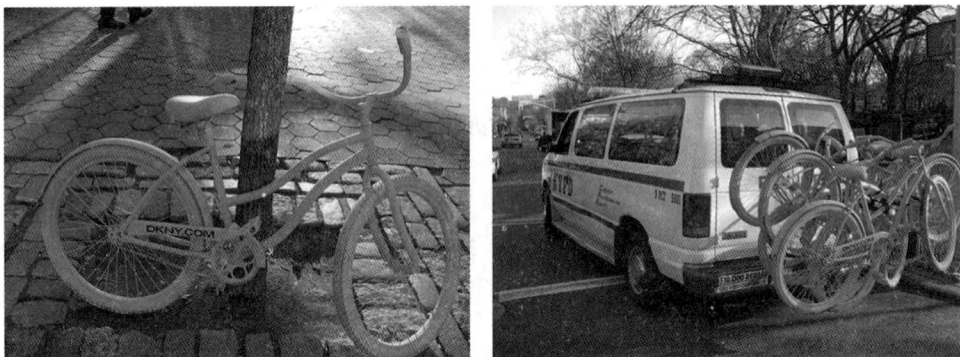

图 7–1　DKNY 的单车广告

第一节
人类信息传播媒介的发展进程

人类信息传播媒介的发展推动了社会的前进，也推动了广告业的快速发展。从原始古朴的口头叫卖广告，到文字广告、印刷广告、电子广告，广告信息传播的范围越来越广，传播的速度越来越快。特别是数字媒体的诞生，又给广告信息跨越时间、空间，高效、低成本传播创造了巨大的机遇。这些变化无不得益于信息传播媒介的发展。

任何信息的传播都是要通过一定的媒介、手段或工具来进行的。而人类信息传播方式的发展过程，不外乎是一部人类在生产劳动和社会实践中不断拓展自身的传播能力、不断发现和创造新的传播媒介、不断使社会信息传播系统走向发达和完善的过程。根据媒介产生和发展的历史脉络，可将人类的传播活动划分为四个阶段：文字发明前的口语传播时代、文字发明后的手抄传播时代、印刷媒体传播时代和电子媒体传播时代。

一、文字发明前的口语传播时代

语言的产生是真正意义上的人类信息传播的开端。人类的信息传播行为从语言到文字，经历了几万年；从文字到印刷技术产生经历了几千年；从印刷技术产生到电报、电影等电子技术产生只经历了几百年；而从第一台计算机问世到互联网技术的广泛应用只经历了几十年。可见，人类信息传播媒介的演变进程是一个加速度发展的过程。

人类在依靠声音和姿态交流的基础上发明了语言。直到今天，口语依然是人类最基本、最常用和最灵活的传播手段。但是作为音声符号的口语是有其局限性的：第一，口语只能在很近的距离内传递交流信息；第二，口语转瞬即逝，记录性较差。因此，口语受到空间和时间的巨大限制，在没有诸如电话等口语媒介的情况下，它只适用于较小规模的近距离社会群体或部落内的信息传递。

二、文字发明后的手抄传播时代

文字是在结绳符号、原始图画的基础上发展而来的，文字的发明是人类信息传播媒介发展史上第二座里程碑。英国历史学家巴勒克拉夫（Geoffrey Bar-raelough）在《泰晤士世界历史地图集》中指出："公元前 3000 年左右的文字发明，是文明发展中的根本性的重大事件，它使人们能够把行政文献保存下来，把消息传递到遥远的地方，也就使中央政府能够把大量的人口组织起来，它还提供了记载知识并使之代代相传的手段。"

巴勒克拉夫的这段话概括了文字发明的重要意义。首先，文字能够把信息长久保存下来，使人类的知识、经验的积累、储存不再单纯地依赖人脑的有限记忆力；其次，文字能把信息传递到遥远的地方，打破了口语传播的距离限制，扩展了人类的交流和社会活动的空间；最后，文字的出现使人类文化的传承不再依赖容易变形的神话或传说，而有了确切可靠的资料和文献数据。总之，文字的产生使人类信息传播在时间和空间两个领域都发生了重大变革。

文字出现以后，人类经历了一个很长时间的手抄传播阶段。手抄传播效率低、规模小、成本高。在这种情况下，文字信息的生产规模还很小，加上教育的普及程度低，文字传播基本上还属于政府、官吏以及统治阶层的特权，传播范围有限。

三、印刷媒体传播时代

印刷时代的到来是建立在纸张和印刷术发明的基础之上的。几年前，甘肃天水的一座汉墓里出土了一张纸，这张纸又薄又软，纸面平整光滑，上面有墨绘的山、川、路等。据考证，这是西汉早期用麻做的纸，也是目前世界上已知的最早的纸。印刷术开始于我国隋朝的雕版印刷，经宋仁宗时代毕昇的发展、完善，产生了活字印刷技术，并由蒙古人传至欧洲。欧洲人的活字印刷技术由德国人约翰内斯·古登堡（Johannes Gensfleisch Zur Laden Zum Gatenberg）发明。古登堡是公认的活字印刷术发展历程中的重要技术革新家，是西式活字印刷术的发明者。

西式活字印刷术是时代发展的必然产物，它的发明把印刷术的发展由古代阶段推进到近代阶段，是人类文字信息传播史和社会文明进步史上的一座里程碑。近代以后，西方国家现代印刷技术迅猛发展，印刷媒体开始普及，书籍、报纸、杂志等出版物作为人们每天获得信息、知识、娱乐的基本渠道之一，在社会生活及广告信息传播中发挥着重大的影响。

四、电子媒体传播时代

最早的、可靠的即时远距离传输信息的通信方式是电报，电报通信技术是19世纪30年代在英国和美国发展起来的。1876年，亚历山大·格雷厄姆·贝尔（Alexander Graham Bell）发明了电话，以此开创了人类的通讯革命。目前，电话以及电视、广播、电影、录音、录像、电动广告牌、电子计算机、移动通信设备等，都成为了信息传播的媒体。

电子媒体信息量大、信息传递快捷、可以即时更新内容，大大提升了信息传播效率。如果说印刷媒体实现了文字信息的大量生产和大量复制，那么广播、电视等电子媒体最重要的贡献之一就是实现了信息的远距离快速传输。

1998年5月，联合国秘书长科菲·安南（Kofi Atta Annan）审时度势，在联合国新闻委员会年会上正式提出：互联网已成为继报刊、广播、电视之后的"第四媒体"。从此，"第四媒体"成为最引人瞩目的字眼，由"第四媒体"引发的经济增长模式被称作新经济，目前正风靡全世界。

近几年，又出现了一些新的媒体形态，如数字杂志、数字报纸、数字广播、手机短信、移动电视、网络博客、桌面视窗等。这些新媒体被形象地称为"第五媒体"。也有人把以大众为传播目标，以定向为传播目的，以及时为传播效果，以互动为传播应用的大众传媒平台，以手机为视听终端，以手机上网为平台的个性化即时信息传播载体称为"第五媒体"。

第二节
主要媒体及特点

媒体的种类随着现代科技的日新月异而不断增加。目前已经有100多种媒体担负着人类广告传播的重任。从英国人申请鸡蛋广告媒体专利的标新立异，到纽约自行车广告的粉墨登场；从国际互联网发展的方兴未艾，到"第五媒体"的火爆热烈，各类新兴媒体纷纷登上舞台。四大传统媒体一统天下的格局已经一去不复返，大众媒体独领风骚的地位已经受到动摇，传统广告媒体"一网打尽"的神话已经破灭，新的媒体生态和环境正在形成，广告投放的效果越来越被这种新的格局稀释。

新媒体的不断涌现推动了大众传播向分众化、个人化方向发展，每一种媒体所覆盖的受众群体越来越少，而每一个受众接触媒体的数量和种类却越来越多，其媒体选择的空间越来越大，自由程度也越来越高。这种新的趋势必将导致新的媒体环境的形成和广告经营、广告传播策略的变化。

一般地，可以将广告媒体分为传统媒体和新媒体两大类。传统广告媒体是相对于近几年兴起的网络媒体等新媒体而言的，主要包括报纸、杂志、广播、电视等传统的大众媒体和路牌、灯箱、霓虹灯、橱窗等小众媒体。新媒体主要包括互联网和移动通信工具等。

一、传统大众媒体及特点

近几年，由于人们接触媒体习惯的改变，加之新型数字媒体的冲击，四大传统媒体——报纸、杂志、广播、电视都受到了明显的冲击，传统媒体广告受众数量都有明显下降的趋势。但是，短期内，四大传统媒体仍然会发挥其广告媒体的主导作用。

1. 报纸

报纸是最早被用来向公众传播广告信息的载体，以文字和图画为主要视觉刺激。在全媒体时代到来的今天，报纸发行受到冲击，平均销量整体呈下滑趋势，这对报纸广告造成了一定的影响。

来自世纪华文全国报刊发行监测数据显示，2013 年我国报业发行市场整体呈下降趋势，环比下降 2.16%，同比下降 10.83%。其中都市报的下降幅度大于其他报纸。因为与其他相对专业的报纸相比，其登载的内容更容易在网上看到，但是难以通过网络获得可靠信息的党报、社区报、时政类报纸却呈现不同程度的上涨态势，而且全国大中城市订阅量相对稳定。虽然报纸所处的环境发生着改变，但是作为广告媒体的报纸，仍然有其自身的优势。

（1）报纸的特点。作为广告传播媒体，报纸具有以下特点：

1）读者群大，广告接触率较高。从内容上，报纸主要分为综合类报纸、时政类报纸、生活服务类报纸、财经类报纸、IT 类报纸等；从出版周期看，分为周报和日报。尽管近几年在网络媒体的冲击下，报纸发行量有所下降，但目前仍然是广告主流媒体。表 7-1 所示是 2012 年我国发行量排名前十位的报纸。

表 7-1　2012 年中国报纸发行量排行榜

排　名	报纸名称	发行量（万份）
第一名	《参考消息》	340
第二名	《人民日报》	280
第三名	《扬子晚报》	180
第四名	《广州日报》	160
第五名	《南方都市报》	152
第六名	《羊城晚报》	140
第七名	《楚天都市报》	130
第八名	《南方周末》	128
第九名	《信息时报》	120
第十名	《齐鲁晚报》	110

资料来源：艾凯咨询集团数据（www.icandata.com），2012 年报纸发行量排行榜。

2）读者群相对稳定，文化层次比较高。一方面，不同的报纸一般有自己固定的读者群；另一方面，因为报纸以文字传播为主，相对电波视听媒体更偏向理性，这就要求它的受众必须具备一定的文字及阅读能力，因此，它过滤掉了文字能力和阅读能力较差的人群，使报纸受众整体文化层次相对较高。

3）广告价格低、经济。报纸的经济性主要表现在：一是报纸的边际成本是相对较低的；二是报纸媒体资源的有效利用率较高；三是报纸相对于电视媒体其制作成本相当低廉，技术要求简单。虽然有的报纸广告的千人成本并不一定较电视媒体低，但是报纸媒体的实际制作、发布成本则很低。

4）广告制作简便，能灵活配合其他促销活动。由于报纸广告的主要表现形式是文字和图片，不需要复杂的制作程序，可以根据广告主的要求，比较自由地选择刊登的时间、版面和规格，并能在短时间内调整广告内容。所以报纸运用起来比电视媒体更为灵活方便，可以根据其他促销活动需要来随时调整设计。在传统四大媒体中，它被认为是最能灵活地配合促销活动需要的媒体。

5）信息量大、说明性强。报纸作为具有综合性内容的媒体，以文字符号为主、图片为辅来传递信息，其容量较大。由于以文字为主，因此说明性很强，可以详尽地进行描述，对于一些受众关心度较高的产品来说，利用报纸的说明性可详细告知受众有关产品的特点。

6）艺术表现力较逊色。报纸是单纯的平面视觉传播媒体，制作简单、印刷品质较差，因此报纸广告在表现力上比较逊色，缺乏电视、网络等电子媒体的演示性功能和生动性。尤其是广告信息需要以图片形式表现时，报纸广告通常难以造成强烈的视觉美感，无法满足某些类型产品广告表现的需要。

7）干扰度高。读者阅读报纸时通常是为了从报纸上获得重要新闻，为了解舆论动向或增加知识等，一般较少主动阅读广告内容，除非广告信息与读者有密切的关系，否则读者在主观上是不会为阅读广告花费很多精力的。加上很多报纸因刊登大量的广告而显得杂乱不堪，而过量的信息也削弱了任何单个广告的作用。

8）时效性强。报纸的发行多为日报，读者阅读周期一般为 24 小时，当报纸的内容失去新闻价值时，报纸往往会被丢弃或作他用，此时，广告也失去了被读者阅读的机会，因此，与杂志相比，报纸广告的阅读率较低。

除了综合考虑以上特点外，在选择报纸作广告媒体时，还要考虑报纸的出版频率（日报、周报）、规格、发行量、印刷质量等因素。

（2）报纸的广告版面。按常规，报纸广告的版面大致可分为以下几类：跨版、整版、半版、双通栏、单通栏、半通栏、报眼、报花等。究竟选择哪种版面做广告，要根据企业的经济实力、产品生命周期和广告宣传的需要而定。

1）报花广告。报花广告又称栏花广告，是在任意版面刊登的小广告，规格一般有两种：30mm×20mm 和 60mm×20mm。这类广告版面很小，形式特殊，不具备广阔的创意空间，文案只能作重点式表现，突出品牌或企业名称、电话、地址及企业赞助之类的内容。

2）报眼广告。报眼，即横排版报纸报头一侧的版面。版面面积不大，但位置十分显著、重要，引人注目。如果是新闻版，多用来刊登简短而重要的消息或内容提要。这个位置用来刊登广告，显然比其他版面广告注意值要高，并会自然地体现出权威性、新闻性、时效性与可信度。

3）半通栏广告。半通栏广告一般分为大小两类：约 50mm×350mm 和 32.5mm×235mm。由于这类广告版面较小，而且众多广告排列在一起，互相干扰，广告效果容易互相削弱，因此，如何使广告做得超凡脱俗、新颖独特，使之从众多广告中脱颖而出，跳入读者视线，是需要特别注意的。

4）单通栏广告。单通栏广告也有两种类型：约 100mm×350mm 和 65mm×235mm，是广告中最常见的一种版面，符合人们的正常视觉，因此版面自身有一定的说服力。

5）双通栏广告。双通栏广告一般有约 200mm×350mm 和 130mm×235mm 两种类型。在版面面积上，它是单通栏广告的 2 倍。凡适于报纸广告的结构类型、表现形式和语言风格都可以在这里运用。

6）半版广告。半版广告一般是约 250mm×350mm 和 170mm×235mm 两种类型。半版与整版和跨版广告，均被称之为大版面广告，是广告主雄厚的经济实力的体现。

7）整版广告。整版广告一般可分为 500mm×350mm 和 340mm×235mm 两种类型，是我国单版广告中最大的版面，给人以视野开阔、气势恢宏的感觉。

8）跨版广告。跨版广告即一个广告作品刊登在两个或两个以上的报纸版面上，一般有整版跨板、半版跨板、1/4 版跨版等几种形式。跨版广告很能体现企业的大气魄、厚基础和经济实力，是大企业所乐于采用的。

链接：梅兰芳的报纸广告

1913 年 10 月 31 日，梅兰芳接受上海许少卿邀请，首次赴上海演出。尽管当时梅兰芳在北京已赫赫有名，但是上海人对他却很陌生。当时有人很为他担心，可是戏园老板却胸有成竹。演出前几天，戏园老板在某大报上刊登了只有"梅兰芳"3 个大字的整版广告，第 2 天一早，报纸头版又出现了"梅兰芳"3 个醒目的大字，这样连登 3 天，顿时轰动了大上海。梅兰芳是何许人，人们纷纷猜测、议论，有好事者向报馆打听，得到的不是一无所知就是"无可奉告"，直到第 4 天，报上"梅兰芳"下面加了几行字：京派名旦，假座丹桂第一大戏院演出《彩楼配》、《玉堂春》、《武家坡》。人们 3 天来结下的疑团，化作了一睹为快的心理需求。人们争看"芳容"，加上梅兰芳艺技高超，结果在上海首演博得了"满堂彩"。此后，场场爆满，威震上海。

2. 杂志

杂志是报纸和电视的中间媒体，其主题化的组织、高清晰的图片、风格化的文字形成了理性和感性结合的说服力。

（1）杂志的特点。作为广告媒体的杂志，主要有以下特点：

1）针对性较强、读者群较稳定。杂志的最大特点是具有很强的针对性，目标对象明确。杂志多以某些专门性的知识介绍为内容或专门以某类群体为对象。例如，《中国摄影》杂志主要提供国内外摄影信息，介绍最新器材及现代拍摄技法等，其目标对象就是专业摄影师或摄影爱好者。广告主可以根据目标市场特点和产品特点，选择符合目标受众年龄、行为方式、爱好等特点，最有可能将广告信息传递到目标受众的杂志种类。

2）具有较强表现力和接触深度。杂志的纸张质量较好，因而广告制作和印刷效果远优于报纸，印刷精美的彩色杂志广告图片能够产生较强的视觉刺激，容易给受众留下深刻的印象。像化妆品、服装、鞋帽、手机、汽车等产品，往往需要突出强调和表现其外型、款式、色彩等，杂志是比较适合的媒体。

另外，杂志侧重在一个更广泛的背景下对事件发生的前因和后果进行分析，表明编辑或原作者的思想观点和立场，因此杂志的内容大部分由评论性的文章构成，更富理性色彩和传播深度。

在四大传统媒体中，杂志的主动参与性是最高的，其表现力在印刷媒体中最强，较适合用来做深度传播。

3）具有较高的重复阅读率和传阅性。因为经常被传阅，所以杂志通常具有较高的重复阅读率，这已经成为考查杂志媒体一个重要的"质"的标准。与此同时，杂志所登载的广告也得到了重复阅读的机会。

4）信息生产周期长，广告安排灵活性较差。杂志的最大局限是，它是四大传统媒体中信息生产周期最长的媒体。不同于报纸，杂志不是每天出版，以月刊最为常见，其他的有周刊、旬刊、半月刊，长的有双月刊、季刊、半年刊和年刊等，出版周期比较长，不能像报纸那样迅速反映市场变化并灵活调整广告内容和形式。另外，杂志广告通常在杂志出版前至少两个月就要把彩色广告的版画送到印刷厂。因此，杂志只适合于那些时效性要求不强的广告，如企业形象、产品形象广告、长期性销售广告等。

5）信息容量小，广告受众少。杂志由于版面面积有限，广告容纳的信息不能太多，从而影响了杂志广告的受注意程度。为了解决这一问题，杂志广告采取了多页、折页、跨页等增加版面面积的办法，以求广告能够容纳更多的文字和图片信息。此外，杂志往往都有特定的读者群体，虽然增强了广告的选择性，但是也限制了广告受众的数量。

（2）杂志的种类。杂志的种类可以细分为如下几种：

1）按照出版周期的不同，可以分为周刊、半月刊、月刊、双月刊、季刊等。

2）按照读者对象的不同，可以分为一般对象性杂志和专业杂志两种类型。

一般对象性杂志主要针对以性别或者年龄划分的读者，如《青年文摘》、《妇女之友》、《儿童文学》等；专业杂志针对以专业或者职业划分的特定读者，如《企业家》、《中国武术》、《口腔生物医学》、《国际广告》等。与一般性杂志相比，对象性杂志拥有更稳定的读者群。

3）按照内容的不同，杂志可以分为新闻类杂志、财经类杂志、家庭生活类杂志、运动类杂志、医学类杂志、文学类杂志、休闲娱乐类杂志、时尚类杂志、艺术类杂志，等等。

4）按照发行范围，杂志又可以分为国际性杂志、全国性杂志、地区性杂志。

一些著名的时尚杂志就是国际性杂志；大多数杂志都是全国性杂志；一些杂志的内容决定了它只能在某一地区发行，称为地区性杂志。

5）根据版面大小不同，杂志可以分为 32 开、大 32 开、16 开、大 16 开、8 开等几种。其中大 16 开是国际流行的开本。

随着印刷技术的进步、消费水准的提高和信息传播的发展，杂志发展呈现出以下几个趋势：一是材质越来越精良，印刷越来越精美，出现了一大批全铜版纸彩色印刷的"精晶杂志"；二是杂志内容的划分越来越细，一般对象性杂志发展很快；三是生活时尚类杂志发展迅速，同时也培养出一大批稳定的读者。这些新的趋势，都有利于广告主对杂志媒体的选择和利用。

3. 广播

用无线电技术传送人的语言和声音，加拿大人雷金纳德·奥布里·费森登（Fessenden Reginald Aubrey，1866~1932）首先获得了成功。1906 年圣诞节，新英格兰海岸附近的人们听到了人类历史上的第一声广播。20 世纪 20 年代，最早的一批广播电台在欧洲出现。20 世纪 20 年代末 30 年代初，无线电广播发展迅速，因其新奇的节目内容、明星主持人和快捷的新闻性而吸引了大量的听众和巨额的广告，迅速成为和报纸、通讯社分庭抗礼的新大众媒体。其主要特点如下：

（1）简便灵活。广播的信息制作简单，制作周期短，可达到发布与接收同步。发布和收听几乎不受自然条件的限制，所以广告主可以很方便地根据竞争对手的举动来调整自己的战术行动，快速灵活地做出反应。另外，广播广告在安排播出和调整时段上相对比较容易，比较灵活。

（2）即时性传播。即时性，是指广播广告传播速度最快。广播可使广告内容在讯号所及的范围内，迅速传播给目标消费者。如果广告主需要临时发布时效性很强的信息，广播广告可以在数小时内完成播出任务。广播的这种即时性的优势是其他传统媒体所无法取代的。

（3）受众接受信息便捷。收听广播最为简便、自由、随意，不受时间、地点的限制。而且随着科技的进步，收音机向小型化、轻便化发展，尤其是可以内置在手机、音乐播放器等各类电器当中，进一步提升了受众接受信息的便捷性。

（4）覆盖面广、受众广泛。一方面，由于电波可以不受空间的限制，广播几乎可以到达全世界的每一个角落，尤其适合于一些自然条件比较复杂的地区；另一方面，广播对受众的文化层次要求不高，因此，针对文盲和半文盲人群，广播是非常合适的广告媒体。

（5）费用低廉。广播广告制作过程也比较简单，制作成本低，加之广播广告单位时间内信息容量大、收费标准低，因此广播是当今最经济实惠的广告媒体之一。

（6）更具想象张力和情绪感染力。广播仅凭声音效果进行传播，更能给听众提供一个广阔的想象空间，充分激发人们的想象力。而且就人的生理现象看，听觉最容易被调动、激发。广播通过播音员抑扬顿挫、声情并茂的播音，使受众在"声"的愉悦中产生共鸣，在"情"的氛围中被同化，从而达到较强的传播效果。

（7）信息稍纵即逝，传达的信息有限。与报纸、杂志相比，广播无法使受众保存信息，广播信息稍纵即逝，而且因为缺乏视觉刺激，可传递的信息内容非常有限。一般来说，娱乐及休闲、商业及服务性行业、邮电通信、食品、交通、金融投资保险、房地产/建筑工程行业、药品、饮料、家居用品等行业较适合采用广播媒体。

4. 电视

1926 年，被誉为"电视之父"的英国人贝尔德（John Logie Baird）成功地完成了电视画面的播送及接受试验。1927 年，他通过电话线成功地实现了从伦敦至格斯拉哥的电视画面传送；1928 年，他又成功地利用无线短波，将图像从伦敦送到了纽约；1929 年，英国广播公司（BBC）就开始电视试播，使用的是贝尔德发明的机械电视，开始播出的是无声图像；1930 年，BBC 播出了第一个声像俱全的电视节目；1936 年，BBC 在伦敦以北 6 英里处的亚历山大宫建立了世界上第一座电视台。第二次世界大战后，世界电视事业得到了蓬勃的发展，1950 年出现了"彩色电视制式"，彩色电视面世；1960 年，通信卫星的发射和应用，打破了电视传播的时空限制，自此，电视快速进入千家万户。

从 1941 年美国宝路华钟表公司首次利用电视做广告以来，电视在四大传统广告媒体中一直处于领先的竞争地位，目前仍然是效果最好的一种广告媒体。作为广告媒体，其主要特点如下：

（1）较强的视觉冲击力和艺术感染力。电视广告集画面、声音、色彩及动作于一体，从视觉和听觉两方面刺激人们的感官，以多种戏剧化的艺术形式表现广告内容，不仅便于人们理解广告内容，而且容易产生强烈的视觉冲击力和艺术感染力，从而打动受众。

（2）可强制性传播信息，具有较高的同时瞩目率。不同于报纸、杂志受众可以主动决定是否阅读广告的内容，电视广告往往是插播在黄金节目之前或之后，广告信息往往是强制性到达受众，而且在收视率高的节目档期，受众对广告信息会有很高的同时瞩目率。

（3）辐射面广，渗透力强。在我国，电视信号几乎可以覆盖所有的城市和乡村，加上电视广告多采用形象生动的艺术表现手法，用人们喜闻乐见的信息传播方式，较少受观众年龄及文化水平等的限制，具有很强的渗透力。

（4）费用高。一是因为制作过程复杂，成本高；二是广告播出费用高，如果请明星代言，明星的出场费也是一笔不小的开支。在四大传统媒体中，电视媒体是费用最高的一种，这是电视媒体最大的缺点，也是很多实力弱小的企业不考虑采用电视作为广告媒体的主要原因之一。2015 年 CCTV-1 综合频道全天时段价格刊例价格表如表 7-2 所示。

表 7-2　2015 年 CCTV-1 综合频道全天时段价格刊例价格表

时段名称	播出时间	元/5 秒	元/10 秒	元/15 秒	元/20 秒	元/25 秒	元/30 秒
上午精品节目前	约 09:05	20300	30400	38000	51700	60800	68400
第一精选剧场第一集贴片	约 09:23	24000	36000	45000	61200	72000	81000
第一精选剧场第二集贴片	约 10:12	29300	44000	55000	74800	88000	99000
第一精选剧场第三集贴片	约 11:03	33100	49600	62000	84300	99200	111600
上午精品节目后	约 11:54	46900	70400	88000	119700	140800	158400
新闻 30 分前	约 11:57	46900	70400	88000	119700	140800	158400
今日说法前	约 12:32	48000	72000	90000	122400	144000	162000
今日说法后	周一至周五、周日 13:06，周六约 13:28	42700	64000	80000	108800	128000	144000
下午精品节目前	周一至周五、周日 13:10，周六约 13:33	40500	60800	76000	103400	121600	136800
第一情感剧场第一集贴片	周一至周五约 14:00，周六、周日 14:22	33100	49600	62000	84300	99200	111600
第一情感剧场第二集贴片	周一至周五约 14:50，周六、周日约 15:13	31700	47600	59500	80900	95200	107100
第一情感剧场第三集贴片	周一至周五约 15:40，周六约 16:05，周日约 15:06	30400	45600	57000	77500	91200	102600
下午精品节目一	周一至周六约 16:33，周日约 15:57	27200	40800	51000	69400	81600	91800
下午精品节目二	周一至周五 16:35~17:45，周六、周日 16:00~17:45	27200	40800	51000	69400	81600	91800

时段名称	播出时间	元/5 秒	元/10 秒	元/15 秒	元/20 秒	元/25 秒	元/30 秒
下午精品节目三	周一至周五 16:35～17:45，周六、周日 16:00~17:45	27200	40800	51000	69400	81600	91800
下午精品节目四	周一至周五 16:35～17:45，周六、周日 16:00~17:45	27200	40800	51000	69400	81600	91800
下午精品节目五	约 17:48	28560	42840	53500	72870	85680	96390
18 点精品节目前	约 17:58	36456	54684	68355	92940	103368	123039
黄金档剧场第一集前情提要前	约 19:59	93900	140800	176000	239400	281600	316800
黄金档剧场第一集贴片	周日至周五约 20:01	93900	140800	176000	239400	281600	316800
黄金档剧场第一集下集预告前	周日至周五约 20:51	87500	131200	164000	223000	262400	295200
黄金档剧场集间	约 20:54	84800	127200	159000	216200	254400	286200
黄金档剧场第二集贴片	周日至周五约 20:58	86400	129600	162000	220300	259200	291600
黄金档剧场第二集下集预告前	约 21:48	77900	116800	146000	198600	233600	262800
黄金档剧场后	约 21:50	73600	110400	138000	187700	220800	248400
名牌时间	约 21:55	71500	107200	134000	182200	214400	241200
晚间新闻前	约 22:00	64000	96000	120000	163200	192000	216000
晚间新闻后	约 22:30	64000	96000	120000	163200	192000	216000
22:30 精品节目前	约 22:35	58700	88000	110000	149600	176000	198000
23:30 精品节目前	周一至周六约 23:33，周日约 23:11	41600	62400	78000	106100	124800	140400
夜间精品节目一	周一至周六约 00:28，周日约 00:10	27300	41000	51200	69600	81900	92200
夜间精品节目二	周一至周六约 01:19，周日约 01:01	24500	36800	46000	62600	73600	82800

资料来源：CCTV 官网—CCTV 央视网—中国中央电视台官方网站，cctv.cntv.cn。

　　（5）瞬间传达、被动接受。全世界的电视广告时长大多是以 5 秒、10 秒、15 秒、20 秒、30 秒、45 秒、60 秒、90 秒、120 秒为基本时长单位。这就要求一则电视广告只能在短短的瞬间完成信息传达的任务，而且受众又是在完全被动的状态下接受电视广告的，这就是电视广告不断重复播出的主要原因。

　　近些年，宽带技术使交互式电视在一些大城市发展迅速，并将快速波及到更多的地区。它最大的特点就是观众可以控制观看节目的时间和内容，这必将给传统电视广告带来新的挑战。

二、小众媒体及特点

"小众媒体"顾名思义，就是满足少数群体个性化需求的文化传播媒体。传统小众媒体主要有路牌、灯箱、霓虹灯等户外媒体及直邮媒体、车身媒体、POP媒体等。新型的小众媒体有 LED、楼宇电视、移动 TV 等。

1. 户外媒体广告（Out Door Advertising）

户外媒体（简称户外广告）是指主要建筑物的楼顶和商业区的门前、路边等户外场地设置的发布广告信息的媒体，主要包括：路牌、墙面等绘画类媒体；霓虹灯、灯箱为主的光源类媒体；电子显示屏、LED、移动 TV、液晶广告电视等电子类媒体；气球、横幅、旗帜等空中媒体。户外媒体广告具有以下特点：

（1）到达率高。大多数户外媒体都是持久地、全天候发布的。同一内容的广告信息一般会停留数周、数月甚至一年时间。这会使经常路过的受众重复接受同一信息的刺激。通过策略性的媒体安排和分布，户外媒体广告能创造出理想的到达率。据实力传播公司的调查显示，户外媒体的到达率仅次于电视媒体，位居第二。

（2）对地区和受众的选择性强。户外媒体广告可以根据地区的特点选择广告形式，如在商业街、广场、公园、交通工具上选择不同的广告表现形式，而且户外媒体广告也可以根据某地区消费者的共同心理特点、文化习俗等来设置，广告信息可以有较强的针对性。

（3）视觉享受，强制性诉求。户外媒体广告其媒体及表现形式丰富多彩，很多设计巧妙的户外媒体广告不仅可以突出产品信息，还有美化市容的作用，还可能会成为某个地区远近闻名的地理标志；户外媒体广告还具有一定的强制诉求的特点，即使匆匆赶路的受众也可能因对户外广告不经意地一瞥而留下印象，并通过多次反复而对某些广告信息留下较深的记忆。

（4）千人成本低。户外媒体可能是传统媒体中性价比最高的媒体了。它的价格虽各有不同，但与其传统的大众媒体相比，其千人成本（即每一千个受众所需的媒体费）低，成本优势明显。

（5）信息传递范围有限。由于大多数户外媒体是不可移动的，接触媒体的人群不确定，广告的辐射面较窄。因此，设置户外媒体广告时应特别注意地点的选择。比如灯箱、LED、电子显示屏等广告适合选择人口密度大、流动性强的商业中心周边；路牌则更加适合选择较开阔的广场、机场、高速公路、码头等。

（6）广告效果难以测评。由于户外媒体广告的对象是在户外活动的人，这些人具有流动性特点，因此其接受率很难估计。而且人们总是在活动中接触到广告的，因此对广告的注视时间非常短，甚至可能只有几分之一秒。有时人们在同一时间可能接触到许多户外媒体广告，因此其广告效果很难评估。

2. 售点广告（Point of Purchase Advertising，POP）

POP 广告起源于美国超级市场和自助商店的店内广告。据美国 POP 广告协会公布的数据显示，消费者中有近 2/3 的购买决定是在店内做出的，有些产品类别甚至有 80%的购买属于冲动型购买，这一调查结果大大激发了广告主对 POP 广告媒体的兴趣。

POP 广告属于销售现场媒体广告，是一种综合型的媒体形式，分为室内媒体和室外媒体。室内媒体包括货架、柜台、模特儿、店内招贴、橱窗等；室外媒体主要有横幅、太阳伞、店前装饰等。POP 广告的主要目的是渲染气氛、制造声势，促成消费者即时购买。

3. 直邮广告（Direct Mail Advertising，DM）

传统的直邮广告是以邮政传递网络为传播途径，以信函为载体的广告媒体，选择有针对性的目标客户群体的地址打印封装，通过邮政渠道寄发的一种函件业务。直邮广告的具体形式有：①商业信函（产品目录、征订单、宣传单、招商函、产品说明书、会议邀请）。②邮送广告（报纸夹送、邮箱投递、入户派送）。③新兴的 DM 类广告（手机短信、E-mail）。

直邮广告的主要特点是：①它可以有针对性地选择目标对象，有的放矢，减少浪费。②信息反馈及时、直接，有利于买卖双方双向沟通。③广告效果易测定。

4. 公交车身广告

在我国，公交车身广告在 20 世纪二三十年代就已经比较普遍了。新中国成立后消失了几十年，直到 90 年代才重新出现。目前，公交车身广告已经是非常普遍和重要的一种媒体。

（1）公交车身广告的特点。

1）是唯一可移动的户外媒体。

2）线形覆盖，并可同时兼顾多点位、多区域传播。

3）是唯一以三面立体展示方式传播的媒体，有效可视范围大于 270°。

4）发布面积巨大（30~70m²），画面清晰，有效传播距离远。

5）位置与视线平行，近距离传播，给受众亲切感。

6）较高的到达率与接触频次、较低的千人成本。

（2）投放车身广告应考虑的因素。投放车身广告需要考虑以下因素：

1）发布线路。很多客户在选择投放公交广告时，往往把大部分预算集中在市区的黄金线路，覆盖市区的商业中心、交通干道，以期覆盖尽可能多的人流与车流。但这种线路覆盖方式有其局限性：一是区域过于单一；二是价格较高；三是难以覆盖到以生活区、运动休闲区为活动中心的人群。

2）发布周期。对于消费季节性不明显的产品可采用较长周期的发布策略，以覆盖整个消费周期，同时减少频繁更换画面的广告制作费用；而相对于消费季节性产品，则可在消费旺季来临之前集中宣传。

3）发布时机。公交车身广告的发布时机与广告效果的关系极为密切。一般而言，发布时机与产品本身特点和媒体组合方式有关。按照产品上市与广告发布时间差可以分为提前投放、同期投放、针对性投放。

购买决策周期较长，单次购买投资大的消费品及季节性产品适合在产品尚未正式上市前发布；对于已经有一定的知名度和市场占有率的产品，则可以与其他产品推广活动同步发布；对于一些节日旺销品和季节性产品，则适合在产品旺销期出现之前有针对性地发布。

4）发布形式。近年来，随着高新技术、新材料的运用，公交车身广告的种类和规格也得到不断地开发和扩展。目前主要有全车喷绘、车载 LED 等形式。

全车喷绘是公交车身广告中最易引人注目的发布形式。特别是高大新颖的全车喷绘双层巴士，广告有效面积可达 70 平方米。运行中的全车喷涂巴士，不仅极易吸引行人的视线，还具有营造城市现代化氛围的社会功能，能有效塑造企业形象和产品形象。

车载 LED 作为全新的媒体形式，具有视觉冲击力强、广告注目率较高、费用适中等优点。但是目前车载 LED 一般只用于发布文字广告，而且较适合内容简短的商品名称、企业名称、店铺名称或广告标语及新闻标题类广告等。

5）发布频次。广告发布的频次太少或太多，效果都会大打折扣。发布频次过少，达不到刺激消费者的作用；发布频次过多，受众在接收广告信息一段时间后，就会开始麻木，甚至产生反感。

三、新媒体及特点

近几年，以数字媒体为代表的新媒体的出现，已给传统媒体带来了严重的冲击，甚至将会对未来的广告运作模式产生影响，但是对新媒体概念的争论还将持续一段时间。

1. 新媒体的界定

对于新媒体的界定，学者们可谓众说纷纭，莫衷一是，至今没有定论。主要有以下几种有代表性的表述：

新传媒产业联盟秘书长王斌："新媒体是以数字信息技术为基础，以互动传播为特点、具有创新形态的媒体。"

联合国教科文组织："以数字技术为基础，以网络为载体进行信息传播的媒介。"

歌风传媒："新媒体是新的技术支撑体系下出现的媒体形态，如数字杂志、数字报纸、数字广播、手机短信、移动电视、网络、桌面视窗、数字电视、数字电影、触摸媒体、手机网络等。"

美国学者 Martin Lister 等所著《New Media：a Critical Introduction》中，强调了新媒体的五大特点：数字化（Digital）、交互性（Interactive）、超文本性（Hyper textual）、虚拟性（Virtual）、网络化（Networked）。

为便于梳理新媒体的特征，这里对新媒体的界定如下：新媒体是利用数字技术、网络技术、移动通信技术等新技术，通过电脑、手机、数字电视等终端，能在较短时间内迅速地、广泛地进行信息传播的媒体形态和传播形态。主要包括数字杂志、数字报纸、数字广播、手机短信、手机微信、数字电视以及交互式网络电视等。

2. 主要的新媒体及其特点

相比较于传统媒体，新媒体更加适合无暇接触传统媒体的人群随时随地在时间碎片化的休闲状态下获取信息；新媒体可以满足人们互动性和主动参与、主动表达的需要；新媒体内容选择更具个性化，可以使市场细分更加充分。

（1）数字杂志。第一代数字杂志是以超链接的网页形式出现的，比如打开电子邮箱，可能会收到诸如"某某证券杂志"之类的邮件列表，这就属于第一代数字杂志；第二代数字杂志是以 hlp、chm、pdf、exe、ppt 等格式存在的。"电子书"堪称第二代数字杂志的代名词。

目前，数字杂志已经发展到了第三代——富媒体杂志（也叫多媒体杂志）。富媒体杂志就是尝试将动画、声音、视频、超链接及人机交互等手段，全面用在数字期刊的制作上，文字、图像、声音、视频相得益彰。不仅内容丰富生动，还为读者提供了便捷的电子索引、随机注释、电子商务链接等。富媒体杂志制作精美、内容精粹、信息集束，其书刊效果逼真，翻动页面时还会发出类似纸张翻动的声音，点击书上的人物还能使其开口说话，不同的内容还可以配上相应的背景音乐，再加上精彩的视频、三维的图像等，给人前所未有的阅读体验。

相比较于传统杂志，数字杂志具有以下优点：

1）海量信息。它可以借助计算机惊人的运算速度和存储能力，提供海量信息。

2）成本低廉。它从投稿、编辑出版、发行订购到读者意见反馈的全过程都是无纸化的，节省了印刷费。

3）艺术表现力强。它集声音、文字、图像、视频于一身，可以使读者体验多种感官感受。

4）内容灵活、更新便捷。它可以不受时间和版面的限制，随时进行内容的完善和调整。

数字杂志也有局限性，主要在于其读者群年龄结构较集中。据艾瑞市场咨询2005 年调查显示，阅读数字杂志的人群中，18~35 岁人群占比 90%。因此，数字杂志并不太适合向年纪较大的人群及未成年人群做广告。

（2）数字报纸。数字报纸也称数字报，实际上就是报纸的电子版。是将原有报纸的排版格式转化生成为 flash、html、pdf 等数字格式的文件包，以满足用户对不同格式数字报纸的需求。除了不能有纸张的触摸感，阅读的过程体验与传统报纸高度契合。

与传统报纸相比，数字报纸主要有以下特点：

1）信息传播更快捷。省去了传统报纸印刷、发行的时间，时效性更强。

2）覆盖面更广。因为是通过网络发行，所以可以做到全球发行。

3）可回溯性增强。数字报纸的回顾功能可以让客户轻松地找到特定期次的报纸内容，也方便了编者对报纸内容的管理。

4）内容的互动性增强。在线评论等读者和编辑的互动方式，可以促进报纸不断改进。

5）广告表现形式更加生动。广告形式由单纯静态变成动态显示，更加生动。

6）成本更加低廉。网络数字发行方式，大大节约了纸张及印刷费。

（3）手机微信。微信是腾讯公司于 2011 年 1 月推出的一个为智能终端提供即时通信服务的免费应用程序。它支持跨通信运营商、跨操作系统平台通过网络快速发送免费语音短信、视频、图片和文字；微信提供公众平台、朋友圈、消息推送等功能，用户可以通过"摇一摇"、"搜索号码"、"附近的人"、"扫二维码"等方式添加好友和关注公众平台；微信可以将内容分享给好友以及将用户看到的精彩内容分享到微信"朋友圈"。腾讯 CEO 马化腾曾把微信描述为"全球第一个融合了通信、社交平台的产品"。作为时下最热门的社交信息平台，微信的营销功能已引起企业营销人员的高度关注，其对营销行业带来的颠覆性变化开始显现。

微信作为信息传播工具，具有以下特点：

1）用户覆盖面广，使用便利。据 2014 年 6 月 29 日中国广播网消息，目前微信用户已达 6 亿，覆盖全球 200 多个国家和地区，发布超过 20 种语言版本，国内外月活跃用户超 2.7 亿。而且，用户使用微信很方便。用户注册微信只需用 QQ 号或手机号即可，而且通过微信连接手机通讯录，打破了三大通信运营商对于用户沟通资费的限制。

2）信息传播更有针对性。这得益于真实有效的用户资料。据 CNNIC 网调数据显示，65.80% 的被调查者在个人微信中填写了真实所在地区，46.61% 的被调查者使用了真实姓名。而且，大多数微信用户都会绑定手机号。鉴于此，企业广告活动可以更加具有针对性，而且更易于评估广告效果。

3）信息到达率高，传递效果好。企业一般是利用微信公众平台向客户推送信息的，这能保证客户几乎 100% 接收到企业推送的信息。因为用户只有对某产品或某企业感兴趣时才会自愿添加官方微信或扫描企业二维码。因此，他们一般能及时、主动、有效地关注所接收到的信息。即使短时间内用户没有打开企业所推送的内容，他们也迟早会阅读，哪怕只是一个标题。

4）用户接受信息不受时间和地点限制。以手机作为接收载体，用户和企业可以随时随地进行沟通。因为生活节奏快，越来越多的人会在碎片化的时间里通过玩手机来打发时间。比如人们会在如厕的时候、候车的时候、工作间隙休息的时候，甚至晚上入睡前和早晨一睁眼就打开手机。看微信已经成了很多中青年群体生活方式的一部分，这方便了企业实时实地传播商业信息。

（4）数字电视。数字电视是一个从节目采集、节目制作、节目传输直到用户端都以数字方式处理信号的电视系统。

与模拟电视相比，数字电视具有以下特点：

1）数据传输量大。现有模拟电视一个频道只能传送一套普通的模拟电视节目，而数字电视一个频道可传送 6~10 套数字电视节目，可达到模拟电视传输通道节目容量的 10 倍以上。

2）图像和声音清晰度高。数字电视信号的传输不受传输过程中噪声积累的影响，且不受地理因素的限制，在接收端接收到的图像及伴音效果接近演播室水平。

3）交互性、针对性。数字电视提供的最重要的服务就是视频点播（VOD）。VOD 提供了更大的自由度、更多的选择权、更强的交互能力。用户可根据兴趣点播自己喜好的电视节目，不受时间限制。

4）可实现移动接收。移动数字电视就是通过无线数字信号发射、地面数字接收的方式播放和接收电视节目的。人们可以在任何安装了接收装置的出租车、公交车、轮渡、轨道交通等移动载体中收看到如 DVD 般清晰的移动电视画面。移动数字电视除了具有传统媒体宣传和欣赏功能外，还承担着城市应急预警、交通、食品卫生、商品质量等政府安全信息发布的重任。

（5）IPTV。IPTV 即交互式网络电视，IPTV 既不同于传统的模拟式有线电视，也不同于经典的数字电视，它是一种利用宽带网，集互联网、多媒体、通信等技术于一体，向家庭用户提供包括数字电视在内的多种交互式服务的崭新技术。

与数字电视相比，IPTV 主要有以下特点：

1）终端选择更多。因为采用的技术系统不同，用户可以有三种方式享受 IPTV 服务：计算机、网络机顶盒＋普通电视机、移动电话。而数字电视用户终端一般是数字机顶盒＋电视机。

2）交互性更强。有线数字电视的网络介质大部分是单向 HFC 网，只有少部分为双向网，互动性不强。而 IPTV 的媒介是互联网，开放型和双向性是互联网的根本特征，因此，IPTV 具有与生俱来的超强的互动性。

3）服务内容更广。IPTV 可以非常容易地将电视服务和互联网浏览、电子邮件以及多种在线信息咨询、娱乐、教育及商务功能结合在一起。另外，也可以开展网络游戏、电子邮件、电子理财等基于 Inter 网的其他内容业务，其服务内容更广。

4）观众分布范围更广，但需求面更窄。IPTV 观众分布范围广，它通过互联网向全国乃至全世界传播，观众遍布全球，而数字电视被局限在各个本地有线电视网内。但 IPTV 需求面较窄。由于 IPTV 以收费节目为主，所以主要服务对象为那些支付能力较强的高端用户，而数字电视以广大普通观众为主要服务对象。

第三节
选择广告媒体时需考虑的主要因素

在广告策划方案中，媒体方案是其中很重要的内容。一般而言，广告主不会仅仅局限于选择一种媒体，而是要在广告目标的指引下，进行全方位的媒体分析和多种媒体组合。在制定具体的媒体组合方案时，需要考虑很多因素。产品特性、广告受众、广告预算、广告文案形式、媒体自身的综合能力等因素是主要因素。

一、产品特性因素

不同特性的产品有不同的最适合自己的媒体。比如电视媒体比较适合宣传一些与人们的日常生活息息相关的产品和服务，比如家用电器、化妆品、服装、家用汽车、儿童食品、药品、酒类产品等，其主要目标市场是个人或家庭为单位的消费品市场；而一些招聘信息、开业信息等更适合广播、报纸、网络等媒体；像机器、设备、原料、材料等生产资料，则更加适合一些专业性较强的报纸、杂志或直邮媒体。

二、广告受众因素

不同的受众因为年龄、性别、职业、受教育程度等方面的不同，对媒体也有不同的接触习惯。例如《读者》杂志的阅读人群一般是文化层次较高的人群；《人民日报》、《参考消息》的读者以党政机关工作人员为主；电视和广播较适合文盲、半文盲和低龄人群；《知音》的读者以女性为主；而有过军队生活经历的人群更加喜欢阅读军事类杂志；互联网以及各类新型移动媒体的主要接触人群往往比较年轻。

三、广告预算因素

广告主能够承担的广告费用的多少，往往会成为制约媒体选择的关键因素。在广告预算充裕时，可采用多种媒介的组合运用，形成一种强大的、立体交叉的宣传攻势。相对而言，实力雄厚的企业来自资金的压力会较小，它们可选择电视等费用较高的媒体及价位较高的黄金时段或版面；而普通的中小企业可选择费用较低的媒介及低价位时段或版面。广告主应充分考虑到广告预算的因素，合理调配，使媒介运用达到最佳效果。

四、广告文案形式因素

广告文案有多种形式：文字的、画面的、声音的；静止的、动态的；无色彩的、色彩绚丽的等。不同的文案形式需要用不同的媒体来表现。音乐、对话、故事等纯声音的文案最适合用广播表现；动态的彩色画面文案适合用电视、网络视频等媒体表现；静止的、文字的文案适合用报纸、杂志、海报等印刷媒体表现。

五、媒体自身综合能力因素

选择哪一种媒体作为主要媒体，还要对媒体自身的综合能力进行评价。媒体的综合能力的评价，主要涉及媒体的传播质量、媒体的寿命以及媒体的灵活性等。

广告媒体的传播质量，主要是指媒体的影响力、声誉及覆盖率。比如电视媒体中 CCTV 的影响力、声誉及覆盖率相对于地方电视都要高得多。广告策划人员在拟定广告媒体选择方案之前必须对媒体的质量进行衡量。

媒体的寿命，即受众接触媒体时间的长短。媒体寿命的长短会影响广告传播效果。一般而言，电波类媒体的寿命周期较印刷类媒体要短；广播、电视广告都属于瞬时广告；而报纸的寿命周期一般为 1~2 天；杂志的生命周期为 1~2 个月；路牌、灯箱、公交车身等媒体的生命周期往往长达数月。

媒体的灵活性，主要是看能否对广告方案随时进行修改或调整。灵活性较强的媒体，有利于广告主根据环境的变化或营销方案的变化随时调整广告方案。在传统四大媒体中，广播和报纸的灵活性较好，而杂志和电视的灵活性相对较差。

第四节
广告媒体策划的程序

从现代广告策划的角度观察，对广告媒体的选择并非只是进行简单的广告媒体排列或组合，而是需要通过对各种广告媒体的深入分析研究，根据企业的广告战略目标拟定出一整套传播广告信息的方案。具体地说，广告媒体策划至少应当包括广告媒体综合分析评价、广告媒体方案制定、广告媒体方案效益评价、广告媒体方案实施四个环节。

一、广告媒体综合分析评价

广告媒体综合分析评价是广告媒体策划的首要环节，是拟定广告媒体计划的必要前提。广告媒体综合分析评价的目的，是为了掌握重点广告媒体的主要特点和广告效能，以便根据广告目标的需要选择最适合的媒体，花费尽可能少的费用，取得最好的广告效果。广告媒体综合分析评价的主要任务就是全面收集广告媒体在质与量方面的资料，并予以综合评价，从而为广告媒体策划提供有价值的资料与备选方案。广告媒体综合分析评价所涉及的主要内容包括以下几点：

1. 主要广告媒体种类及基本情况调查

主要是对传统的大众媒体、小众媒体及时下较流行或广告效果较好的新型媒体的覆盖面、质量、主要受众人群、适合宣传的商品类别、价格、发展趋势等基本数据进行摸底调查。

2. 分析目标市场的媒体接触习惯及态度

主要是对企业目标市场接触媒体的习惯、接触频次以及对各类媒体的信任度和接受度等进行调查，以便确定最适合于目标市场的媒体。

3. 对预选择媒体的特性进行分析

主要是对预选择的各类媒体的优点及缺点进行仔细研究和比较评价，以便为具体的媒体策划方案提供思路和寻找灵感。

4. 对主要媒体的综合效果进行评价

媒体综合效果的评价内容及方法参见第五章第二节"广告媒体调查"。

二、广告媒体方案制定

广告媒体方案会涉及很多具体的问题，但最重要的是确定传播对象、传播时间、传播区域及传播方式等。

1. 确定传播对象

确定传播对象就是确定广告主的广告诉求对象，即广告的目标受众。广告的选择特性决定了其必须根据广告目标的要求来确定某项广告活动特定的诉求对象。广告受众包括一般消费者、组织市场中的机构代表、商品经销中的采购决策人等。其中最重要、最复杂的就是以个人或家庭为单位的一般消费者。

广告受众会因为年龄、性别、受教育程度、宗教信仰、民族、地理环境等的不同而对不同的广告媒体有不同的接触习惯和接触度、信任度和接纳度，不同的媒体也因此会因为受众的不同产生不同的广告效果。

有时，广告受众和广告产品的使用者可能是分离的，比如婴幼儿用品，其广告受众可能是妈妈或奶奶，而儿童用品需要同时打动妈妈和儿童。因此，分辨谁是真正的广告受众是制定广告媒体方案的前提。

2. 确定传播时间

广告传播的时间往往与消费者的消费时间相关。消费者购买产品或服务往往有季节性或时间性，比如羽绒服的消费旺季是在冬季，而空调的消费旺季是在夏季；不同的旅游景点也有不同的淡季或旺季，比如哈尔滨的冰雕节是在隆冬季节，而香格里拉最美的景致是在盛夏；还有像月饼、粽子、菊花、康乃馨等产品的消费都与特定的节日密切相关。一般而言，广告播出的时间应当是在消费旺季到来前的某一时段。

另外，媒体自身也有时间的限制，如不同的电视节目会在不同时段播出，而且不同时段的收视率和广告效果也不同。因此广告主还需要根据广告价目表、受众接触媒体的习惯等因素，确定广告在一年当中播出的时段和频次以及一天24小时内的具体播出时段及频次等。

3. 确定传播区域

广告传播区域是指广告在计划播出期内所要到达的地理范围。广告播出区域的范围主要是由企业广告战略、目标市场、企业实力、产品竞争地位等因素决定的。根据广告覆盖范围，广告传播区域由大而小可以分为全球性广告、全国性广告、地区性广告、地方性广告等。

4. 确定传播方式

广告传播方式主要是指具体的广告表现形式、广告诉求方式等。广告表现形式主要有文字、图像、画面、声音等或多种形式的组合；广告诉求方式主要有感性诉求、理性诉求、情感诉求三种诉求方式。广告传播方式的选择要受产品特点、受众特点及媒体条件等的限制。

三、广告媒体方案效益评价

成功的广告媒体方案应当既能实现预期的经济效益，又能产生良好的社会效益。因此，在媒体方案实施前，就应当对预选方案可能产生的经济效益和社会效益进行分析、预测，以便从中选择出综合效益较好的方案。

1. 媒体方案经济效益分析

主要是对每种预选的媒体方案的广告投入与产出情况进行比较分析。具体而言，就是对每种媒体方案投入的成本费用与可能因广告而产生的广告收益进行评估，并对比评价各种媒体方案投入产出比。一般而言，广告主应当将经济效益较好的媒体方案作为主要方案，而将其他媒体方案作为辅助方案。

2. 媒体方案社会效益分析

广告媒体方案不仅要考虑经济效益，还要避免对社会公众造成其他负面影响。比如某儿童饮品的广告词："妈妈我也要！"可能会鼓励小孩子在父母未能满足其愿望时无理取闹。一些低俗广告虽然经济效益显著，但是却污染文化环境。广告媒体方案应当尽可能兼顾经济效益和社会效益。

四、广告媒体方案实施

广告媒体方案实施是广告媒体策划工作的最后一个环节。这一环节的主要任务是严格按照已经确定下来的媒体方案有步骤地组织实施，以确保媒体方案的有效性。

广告媒体方案组织实施内容包括以下几点：①广告主与媒体单位签订费用支付合同。②购买广告媒体的版面、时间与空间。③推出广告，并监督实施。④搜集反馈信息，并对传播效果作出评价。

第八章

广告创意理论与创意技法

　　现代人每天可以接触到成千上万的各种资讯。人们会主动地关注许多信息，比如石油价格、房地产市场动态、战争、反腐、明星八卦等。在成千上万的信息中，广告是人们接触机会最多的一种信息。正如法国广告评论家罗贝尔·格兰所说："我们呼吸着的空气，是由氮气、氧气和广告组成的。"尽管如此，广告也是人们最被动接受的一种信息。所以，要想引起快节奏的现代人对广告的关注和兴趣，要么是花大把的金钱和时间做大量简单信息的重复，通过不断刺激受众感官以积累广告效果，要么就是一定要有"好创意"。正如美国 DDB 广告公司威廉·彭立克说的："我们没有时间，也没有金钱，容许大量以及不断重复的广告内容，我们呼唤我们的战友——创意。要使观众在一瞬间发生惊叹，立即明白商品的优点而且永不忘记，这就是创意的真正效果。"

　　在广告实务的所有环节中，广告创意是难度最大、最富有挑战性的重要一环，是广告最终是否能引起受众兴趣，激发受众欲望，从而使受众产生购买行动的关键。大卫·奥格威对创意是这样评价的：除非你的广告建立在伟大的创意之上，否则它就像夜航的船，不为人所注意。

第一节
广告创意的内涵及基本理论

　　"创意"一词在许多强调创造性思维的行业里非常流行。如今，创意产业涉及的门类繁多。被全世界公誉为"创意产业之父"的约翰·霍金斯（John Howkins）在其《创意经济》一书中，将创意产业分为：广告、建筑、艺术、工艺、设计、时装、出版、研发、电影、交互式休闲软件、音乐、表演艺术、摄影、软件、视频游戏 15 种类别。1997 年，英国设立创意产业专责小组，将 13 个产业确认为创意产业：广告、建筑、艺术和文物交易、工艺品、工业设计、时装设计、电影互动休闲软件、音乐、表演艺术、出版、软件、电视、广播。后来，人们又将动漫、网络、地产景观等纳入其中。在广告界，创意被认为是"广告的生命和灵魂"。因此，首先要理解被指为"广告的生命和灵魂"的广告创意的内涵。

一、广告创意的内涵

广告大师李奥·贝纳（Leo Burnett）是这样描述创意的："创意只能在人类的脑海里成形。只要有创意在，人们就能生存与繁荣。若没有创意，人类将还寄居在洞穴里忙着撕生肉吃。事实上，所有被我们称之为财富的、幸福的、文明的事物，全都是创意的产物。"

对于"创意"一词是汉语词汇还是外来语，人们有不同的看法。有人考证，创意原本就是一个古老的汉语词汇，早在公元 1 世纪就已出现过。汉王充《论衡·超奇》："孔子得史记以作《春秋》，及其立义创意，褒贬赏诛，不复因史记者，眇思自出于胸中也。"宋程大昌 《演繁露·纳粟拜爵》："秦始皇四年，令民纳粟千石，拜爵一级，按此即晁错之所祖效，非错刱意也。"（"刱"同"创"）王国维《人间词话》："美成深远之致不及欧秦，唯言情体物，穷极工巧，故不失为第一流之作者。但恨创调之才多，创意之才少耳。"郭沫若《鼎》："文学家在自己的作品的创意和风格上，应该充分地表现出自己的个性。"

在英文中，"创意"一词曾有多种表达。Creative 和 Creativity 都曾被译为"创意"。Idea 一词是创意最普遍、最有代表性的英文词汇。广告大师詹姆斯·韦伯·杨（James Webb Young）的广告名著 《A Technique for Producing Ideas》就被译为《产生创意的方法》。

"创意"这一概念包含多层含意，它既是一个静止的概念，又是一个动态的过程；静态的"创意"是指创造性的意念、巧妙的构思，即我们常说的"好点子、好主意"；动态的"创意"是指创造性的思维活动，是"从无到有"这一逻辑思想的产生过程。

这里我们采用余明阳和陈先红对广告创意内涵的描述：所谓广告创意，从动态的角度看，就是广告人员对广告活动进行创造性的思维活动。从静态的角度看，就是为了达到广告目的，对未来广告的主题、内容和表现形式所提出的创造性的"主意"。①

在 1991 年的首届国际广告研讨会上，智威汤逊广告公司的一位经理总结了公司 127 年的广告实践，深有感触地说："创意能引导消费者以新的眼光去观察做广告的产品或服务。创意能使消费者停下来甚至目瞪口呆。在 127 年的公司历史中，我们一再地感受到，有'创意'的广告是真正起作用的，而且能经受住时间的考验。"由此可见，无论在广告活动的哪一个历史阶段，广告创意的核心地位从没有动摇过。

链接：希特勒"促销"火柴

第二次世界大战期间，美国有家生产火柴的公司，利用人们仇恨希特勒的心理，在火柴盒上画上了希特勒的漫画像，将磷涂在人像的手臂上。这样，每划一次火柴，就好像燃烧了希特勒一次，对于热爱和平的人来说，似乎也解了心头之恨。因此，这种火柴一推出，便成了热门货，公司的生意也就越做越大了。

二、几个主要的广告创意理论

自 20 世纪 50 年代以来，产生了许多关于广告创意的指导思想，总结起来，较实用和较流行的主要有以下几个：

1. USP 理论 (Unique Selling Proposition，独特的销售主张)

USP 理论是美国极具传奇色彩的广告大师罗素·瑞夫斯 (Rosser Reeves) 提出的具有广泛影响的广告创意策略理论。1961 年，罗素·瑞夫斯出版了他的第一本也是最重要的著作《实效的广告》(Reality in Advertising)，在书中，他开创性

---

① 余明阳，陈先红. 广告策划创意学（第 3 版）[M]. 上海：复旦大学出版社，2007.

地提出了 USP 广告理论。

罗素·瑞夫斯认为，USP 理论可以说是有关理想销售概念的一个理论，是提纲挈领浓缩的一句话，它使得广告活动发挥得更加有效。瑞夫斯将 USP 定义为三个部分：

（1）明确的销售主张。广告必须向消费者说一个主张（Proposition），即必须对受众说明，购买广告中的产品可以获得的特殊利益是什么。

（2）消费主张的独特性。强调的主张必须是竞争对手无法也不能提出的，它必须具有独特之处，是一个品牌或者诉求的独特个性，而不仅仅是在广告方面的主张。

（3）消费主张的普遍性。这项主张必须是强而有力的，足以感动和吸引消费者来购买相应的产品。罗素·瑞夫斯运用 USP 理论创作出一些非常成功的广告标语。例如，高露洁牙膏——"清洁牙齿，清新口气"；总督牌香烟——"有两万个过滤凝气瓣"等，堪称经典之作的是为玛氏糖果公司的 M&M's 奶油巧克力糖果创作的广告语。他于 1954 年为 M&M's 构想了一句家喻户晓的广告语："只溶在口，不溶在手（Melt in your mouth，not in your hands）"，这一 USP 使用了整整 60 年，而且历久弥新。

罗素·瑞夫斯提出的 USP 理论是广告发展史上最早的一个具有广泛影响力的广告创意理论，对广告界产生了巨大的影响。

2. BI 理论（Brand Image，*品牌形象*）

BI 理论是被称为"广告怪杰"的大卫·奥格威（David Ogilvy）的主要贡献之一。奥格威被列为 20 世纪 60 年代美国广告"创意革命"的三大旗手之一，是"最伟大的广告撰稿人"。1955 年 10 月，奥格威在芝加哥对美国广告同业公会发表了一篇题目为《形象和品牌——创意运作的新方法》的演说。两年后，奥格威在英国广告协会发表演说时再次阐述了品牌问题。BI 理论的主要内容如下：

（1）广告最主要的目的应当是塑造品牌形象，力求广告中的商品品牌具有较高的知名度。

（2）每一个广告都是为建立品牌而做的长期投资，决不能因短期利益而损害品牌形象。

（3）随着同类产品的同质化趋势，良好的品牌形象比产品的具体功能特征重要得多。

（4）消费者购买时所追求的不仅有物质利益的满足，还有心理需求，即"物质利益＋心理满足"，因此广告应尤其重视运用形象来满足消费者的心理需求。

BI 理论的经典广告是奥格威创作的作品——《穿哈撒韦衬衫的男人》。广告只用了 3 万美元就使一个默默无闻了近 120 年的衬衫在短期内成为一个具有全国影响力的服装品牌。

链接：戴眼罩的穿哈撒韦衬衫的男人

美国人最后终于开始认识到买一套好的西服，而被穿一件大量生产的廉价衬衫毁坏了整个形象，实在是一件愚蠢的事。因此在周围的人群中，"哈撒韦"衬衫就日渐流行了。

第一，"哈撒韦"衬衫极具耐穿性——这是多年的事。第二，因为"哈撒韦"剪裁——低斜度及"为顾客定制的"——衣领，使得你看起来更年轻、更高贵。整件衬衣不惜工本的剪裁，因而使你更为"舒适"。下摆很长，可深入你的裤腰。纽扣是使用珍珠母做成——非常大，也非常有男子气。甚至缝纫上也存在着一种南北战争前的高雅。

最重要的是"哈撒韦"使用从世界各角落进口的最有名的布匹来缝制他们的衬衫——从英国来的棉毛混纺的斜纹布，从苏格兰奥斯特拉德地方来的毛织波纹绸，从英属西印度群岛来的海岛棉，从印度来的手织绸，从英格兰曼彻斯特来的宽幅毛布，从巴黎来的亚麻细布。穿了这么完美风格的衬衫，会使你得到众多的内心满足。

"哈撒韦"衬衫是缅因州的小城渥特威的一个小公司的虔诚的手艺人所缝制的。他们老老少少在那里工作了已整整 114 年。

你如想在离你最近的店家买到"哈撒韦"衬衫，请写张明信片到"C. F.哈撒韦，缅因州，渥特威城"，即复（如图 8-1 所示）。

3. 定位理论（Positioning，定位）

定位理论又称"定位论"。1969 年，美国行销大师杰克·特劳特（Jack Trout）与其合作伙伴艾尔·里斯（Al Ries）在美国营销杂志《工业营销》（Industrial Markting）上发表了一篇题为《定位是人们在如今的仿效市场上玩的游戏》的文章，首次提出了"定位"这一全新的概念。1971 年 11 月，他们又在《工业营销》

图 8-1 "哈撒韦"衬衫广告

上发表了题为《重提"定位"话题：通用电气和 RCA 为何不听劝?》的文章，立即在营销广告界引起了强烈反响，甚至在营销广告界引起了一场思想论战。1972年，他们在专业刊物《广告时代》（Advertising Age）上发表了题为"定位时代"的系列文章，使"定位"概念得到更为广泛的传播。1981 年两人联手合作《定位：头脑争夺战》，引领了市场营销学界的定位潮流。

广告定位论的基本观点如下：

（1）广告的目标是使某一品牌、公司或产品在消费者心目占有一席之地。

（2）广告应在消费者的心智上下功夫，是要创造出一个心理的位置。

（3）应该运用广告创造出独有的位置，在消费者心中造成难以忘怀的、不易混淆的优势效果。

（4）广告创意表现出的差异性要显示和凸显出品牌之间的类的区别，以达到"先入为主"的效果。

定位理论经过 10 年的发展与实践，到 20 世纪 80 年代，最终超过"USP 理论"和"品牌形象论"，被奉为经典，连大卫·奥格威都称赞"定位"观念是"有史以来对美国营销影响最大的观念"。定位理论的经典之作是美国七喜汽水和艾维斯（Avis）出租汽车公司的广告。

1980 年，特劳特为七喜汽水提出建议，认为七喜汽水应该着重推广自己"不含咖啡因"的特点，强化品牌在人们心目中"非可乐"的定位。结果，七喜汽水一举成名，成为继可口可乐、百事可乐之后的第三大饮料品牌。

链接：艾维斯（Avis）出租汽车公司广告

艾维斯（Avis）出租汽车公司的规模仅次于出租汽车业的"老大"赫兹公司，经营连年亏损。为走出困境，1963年，公司请伯恩巴克为艾维斯公司重新设计了广告，其中最成功的部分是把艾维斯（Avis）出租汽车公司定位于第二："在出租车行业中，艾维斯不过是第二，那么为什么还租用我们的车呢？因为我们更加努力呀！"结果，由于广告定位正确，给顾客和社会留下了良好的印象，公司的经营业绩逐年上升。

When you're only No.2, you try harder. Or else.

Little fish have to keep moving all of the time. The big ones never stop picking on them.

Avis knows all about the problems of little fish.

We're only No.2 in rent a cars. We'd be swallowed up if we didn't try harder.

There's no rest for us.

We're always emptying ashtrays. Making sure gas tanks are full before we rent our cars. Seeing that the batteries are full of life. Checking our windshield wipers.

And the cars we rent out can't be anything less than lively new super-torque Fords.

And since we're not the big fish, you won't feel like a sardine when you come to our counter.

We're not jammed with customers.

图 8-2　艾维斯汽车租赁公司广告

4. CI 理论（Corporate Identity，企业识别或企业形象）

20 世纪 70 年代，CI 作为一种企业系统形象战略被广泛运用到企业的经营发展当中，并掀起了一场"形象革命"。CI 理论强调塑造企业的整体形象而不是某一品牌形象。这就要求广告活动必须与企业的营销战略保持一致。在 CI 战略的统摄下，广告只是其中一个组成部分，因此对广告"说什么"提出了新的要求和主张。CI 理论的基本观点如下：

（1）广告内容必须与企业战略所规定的整体形象保持统一性，CI 战略中的广告应注意延续和积累广告效果。

（2）CI 战略中的广告应着眼于塑造公司整体形象，而不仅仅是某一品牌的形象。这是比 BI 理论进步的地方。

IBM 公司在 20 世纪 50 年代率先导入 CI 理念，到 20 世纪 60 年代业绩迅速上升为 60 多亿美元，70 年代业绩飞跃至 200 多亿美元，80 年代经营业绩高达 600 多亿美元。随着 IBM 的巨大成功，美国企业纷纷仿效，掀起了美国在 20 世纪 60 年代后第一个 CI 理论的热潮。可口可乐公司也是 CI 理论最早的受益者之一。

5. BC 理论（Brand Character，品牌个性）

"品牌个性理论"是品牌形象理论的延伸。是美国格雷（Grey）广告公司在 BI 理论的基础上，对品牌内涵进行进一步挖掘而提出的。该理论在回答广告在"说什么"时，认为广告不应该只是说利益（产品）、说形象（定位），还要说"个性"。认为品牌只有个性鲜明，才会有魅力，才会吸引到顾客。品牌个性论的基本要点如下：

（1）在与消费者的沟通中，从标志到形象再到个性，"个性"是最高的层面。品牌个性比品牌形象更深一层，形象只是造成认同，而个性可以造成崇拜。

（2）为了更好地实现传播沟通效果，应该将品牌人格化，即思考"如果这个品牌是一个人，它应该是什么样子……"找出其价值观、外观、行为、声音等特征。

（3）塑造品牌个性应使之独具一格，令人心动，历久不衰，关键是用什么核心图案或主题文案能表现出品牌的特定个性。

（4）寻找选择能代表品牌个性的象征物往往很重要。例如，花旗参以鹰为象征物；IBM 以大象为象征物；万宝路以牛仔为象征物；骆驼牌香烟以驼脸人身为象征物等。

品牌个性论的成功之作是 1972 年的苹果牌牛仔裤广告。此广告将苹果牌牛仔裤"反叛"、"个性主义"的品牌个性显露无遗（如图 8-3 所示）。

图 8-3　苹果牌牛仔裤广告

第二节
广告创意产生的过程

关于创意的产生过程有多种说法。美国当代著名创造工程学家、创造学奠基人奥斯本（A. F. Osborn）提出创意包括三个阶段：寻找事实—寻找构思—寻找答案；英国心理学家 G.沃勒斯（G. Wallas）认为创意包括四个阶段：准备期—酝酿期—豁朗期—验证期；苏联学者加内夫提出创意的五阶段论：提出问题—努力解决—潜伏—顿悟—验证。尽管每个人的说法各不相同，但大家有一个共识，那就是认为创意是一个过程而不仅仅是瞬间灵感的闪现。

加拿大内分泌专家、应力学说的创立者 G. 塞利尔认为，创意是一个复杂的思维过程，其过程就好像人类的生殖过程一样，要经过以下七个阶段：①恋爱或情欲。指创造者对知识的强烈兴趣、热情和欲望，以及对真理的追求。②受胎。即创造者的创造潜力必须用具体事实和知识来进行"受胎"，否则其智慧依然是"无生殖力"的。③怀孕。即创造者孕育着新思想，其间经历了无意识孕育的漫长过程。④产前阵痛。当新思想完全发育成熟时，创造者感到有种"答案即将临近"的独特感受。⑤分娩。指新思想的诞生，即创意的清晰出现。⑥查看和检验。像查看初生婴儿一样，使新思想接受逻辑和实验的检验。⑦生活。新思想被确认，开始存活下来，并可能被广泛使用。

当代著名的广告大师 J. 韦伯·扬（James Webb Young）通过对自己多年工作经验的总结，指出广告创意并非一刹那的灵光乍现，而是经过了一个复杂而曲折的过程，靠人脑中的各种知识和积累而成，是通过一连串看不见、摸不着的心理过程制造出来的。韦伯·扬把广告创意的过程划分为五个阶段：①收集原始资料。②用心智去仔细检查这些资料。③深思熟虑，让许多重要的事物在有意识的心智之外去作综合。④实际产生创意。⑤发展、评估创意，使之能够实际运用。本节借鉴 J. 韦伯·扬的主要观点。我们将以上五个阶段简要概括为：收集原始资料、消化资料、酝酿、创意产生、创意验证五个阶段。

一、收集原始资料阶段

韦伯·扬把原始资料分为特定资料和一般资料两种类型。

特定资料是指那些与创意密切相关的产品、服务、消费者及竞争者等方面的资料。比如给某品牌的汽车做广告，就必须了解有关该品牌汽车的所有重要的技术信息、市场信息以及竞争对手的相关信息等。广告创意人员必须对特定资料有全面深入的了解，才能在确定广告主题、广告定位等问题上不至于太盲目。

一般资料是指一切令你感兴趣的日常琐事。比如世界杯、畅销电影、网络游戏、体育锻炼、微博、微信、动物世界、宗教礼仪、动漫……收集一般资料，用广告大师乔治·葛里宾（George Cribbin）的话说就是"广泛地分享人生"和"广泛地阅读"。很多创意的灵感就来自生活中各种日常的场景或人们的日常行为中的某些习惯。

二、消化资料阶段

这一阶段，主要是对收集到的大量资料进行分析、归纳和整理，从中归纳总结出有价值的信息。比如商品或服务的差异化优势、消费者对产品或服务的关注点、受众的媒体习惯等，以便为广告诉求点的确定、媒体策略的制定以及竞争策略的制定等提供方向。

韦伯·扬认为，"广告就是在我们生活的万花筒世界中所构成的新花样"。广告创意的第一步——收集资料的过程就是为万花筒聚起丰富多彩的玻璃片，而第二步——资料消化的过程就是旋转万花筒的过程，让多彩的玻璃片旋转出绚丽的创意火花。

韦伯·扬强调，寻求各种事物之间的关系，能在看似无关的事物之间发现其相关性，并把它们进行新的组合，就能产生出人意料的创意。

三、酝酿阶段

如果把收集资料阶段看作是寻找食物，把消化资料阶段看作是咀嚼食物，那么酝酿阶段就好比是消化食物的阶段，那就应该顺其自然，把它交给胃液。因此在这一阶段，不需要太多直接的努力，需要做的可能是放松紧绷的神经，去做一些可能激发想象力和灵感的一些轻松愉快的事情，比如上床休息、听音乐、读小说、打球，等等。

链接：产生灵感的地点

1983 年，日本一家研究所对 821 名日本发明家产生灵感的地点进行调查，结果发现产生灵感的地点往往是在气氛宽松的环境下，在工作环境中产生灵感的几率反而很低。调查显示不同环境下产生灵感的几率如下：

1. 枕上：52%　　　　　　6. 办公桌前：21%

2. 步行中：46%　　　　　7. 资料室：21%

3. 乘车中：45%　　　　　8. 浴室：18%

4. 家中桌旁：32%　　　　9. 厕所：11%

5. 茶馆：31%　　　　　　10. 会议室：7%

化学家门捷列夫在苦思冥想无解时在梦中把化学元素周期排出来了，后来经过核实，只有一个元素排错了位置；数学家高斯在求证一个数学定理时陷入困境，在即将出外旅行时灵感突然降临，豁然开朗；爱因斯坦在生病休息时有了解决相对论的灵感。由此可见，许多重要的发明和奇思妙想以及解决难题的灵感都是在身心很放松的状态下产生的。

四、创意产生阶段

韦伯·扬将创意产生的阶段称作"寒冷的清晨过后的曙光"。经过前几个阶段的艰苦努力、绞尽脑汁甚至心力交瘁，当问题进入潜意识之后，灵感会在某一很放松的时刻突然闪现，这时候创意就产生了。

当年，古希腊科学家阿基米德被要求在不能有任何损伤的条件下鉴定皇冠中的含金量。他百思不得其解，疲劳至极，便想放松一下洗个澡，他躺进浴盆中，任热水沿着盆沿溢出来，突然他灵感闪现，赤身裸体跑到大街上忘情地呼喊："尤里卡"。此后，"尤里卡效应"就标志着伟大创意的诞生。

但是，韦伯·扬说，当你把创意这个新生儿带到现实世界中的时候，你会发现并不是那样奇妙，还需要做大量工作，以保证创意能够适合实际情况。这就要求对已有的创意进行验证，并进一步完善。

五、创意验证阶段

创意必须符合具体条件和实际要求时才能发挥其作用。验证阶段就是不断完善广告创意，使其符合实际需要的阶段。创意刚刚产生时，常常是模糊、粗糙和支离破碎的，其中往往含有不尽合理的部分，因此还需要下一番功夫仔细推敲和雕琢。可以将创意与广告同行进行讨论，让它接受智者的批评，使之不断完善和成熟。

例如，大卫·奥格威非常热衷于与别人商讨他的创意。他为劳斯莱斯汽车创作广告时，写了26个不同的标题，请了6位同仁来审评，最后选出最好的一个——"这辆新型的劳斯莱斯时速60英里时，最大噪声来自电钟。"他是在写好文案后，找了三四位文案人员来评论，反复修改后才定稿的。

第三节
创意思维类型及广告创意技法

创意思维是人类思维的高级形式，它既是高于其他思维之上的综合性思维，又是打破旧思维的创新思维。也就是说，不同于其他思维的是，创意思维要求打破旧有的模式，跳出框框来思考问题。

创意技法指的是创造性思维产生的技巧与方法。广告创意技法，就是指在广告活动过程中，在广告定位、广告诉求点确定、广告文案写作、广告作品设计与制作、广告表现形式确定等所有需要有创造性思维的环节，产生创造性思维的技巧与方法。

一、创意思维类型

创意思维是综合性思维，因此它的表象形式自然也是多样的。这里我们大致从两个方面进行分类。一是从几何空间的角度分为线性思维、面型思维、体型思维；二是从思维方向的角度分为发散思维和聚合思维、顺向思维和逆向思维、竖向思维和横向思维。

1. 从几何空间分类

（1）抽象思维——线性思维。抽象思维即逻辑思维。这是思维的一种高级形式，其特点是以抽象的概念、判断和推理作为思维的基本形式，以分析、综合、比较、抽象、概括和具体化作为思维的基本过程，从而揭露事物的本质特征和规律性联系。例如：因为 A>B，B>C，所以 A>C，这种"A>C"的结论，就是运用概念来进行逻辑推理做出的判断，它不必追究具体事物的形象，A、B、C 是人还是物。这种判断是由 A—B—C 的顺序由一点到另一点进行的，因而著名科学家钱学森称抽象思维为"线性"思维。

抽象思维贯穿于广告创意的全过程，在收集资料和分析资料阶段、创意酝酿和产生阶段，都要运用抽象思维对创意进行条理化、系统化、理论化梳理，也就是说要给以正确的逻辑表述和证明，进行系统的理论挖掘。

例如，乐百氏纯净水"27 层过滤"的广告，27 层过滤—纯净—有益健康。这是典型的抽象思维方式下产生的创意灵感。

（2）形象思维——面型思维。形象思维又称直觉思维。是指以具体的形象或图像为思维内容的思维形态，是人的一种本能思维。人一出生就会无师自通地以形象思维方式考虑问题。

从信息加工角度说，可以理解为主体运用表象、直感、想象等形式，对研究对象的有关形象信息以及贮存在大脑里的形象信息进行加工（分析、比较、整合、转化等），从而从形象上认识和把握研究对象的本质和规律。例如，爱因斯坦著名的广义相对论的创立实际上就是起源于一个自由的想象。一天，爱因斯坦坐在伯尔尼专利局的椅子上，突然想到，如果一个人自由下落，他是会感觉不到他的体重的。爱因斯坦说，这个简单的理想实验"对我影响至深，竟把我引向引力理论"。

形象思维不像抽象的逻辑思维那样是直线进行的，它是一种多途径、多回路的思维，故钱学森称之为"面型"思维。

（3）灵感思维——体型思维。灵感思维即顿悟思维。灵感思维活动本质上就是一种潜意识与显意识之间相互作用、相互贯通的理性思维认识的整体性创造过程。它是一种突发式的特殊的思维形式，在创意过程中处于关键性阶段，表现于创意的高峰期，是人脑的高层次活动。

灵感思维比"面型"思维又多了一维，故钱学森把它比喻为"体型"思维。阿基米德发现浮力、高斯求解数学定理、门捷列夫找到元素周期表，这些都是顿悟而来的。

2. 从思维方向的角度分类

创造学认为，创造性思维的基本方法是发散思维和聚合思维、顺向思维和逆向思维、竖向思维和横向思维的有机结合。

（1）发散思维与聚合思维。发散思维又叫扩散思维、辐射思维、开放思维、立体思维。这是一种可以海阔天空地任意抒发、异想天开的思维形式。它是由一点向四面八方想开去，充分运用丰富的想象力，调动积淀在大脑中的知识、信息和观念，重新排列组合，从而产生更多、更新的设想和方案。

发散性思维是创造性思维的基础和核心。一个人发散思维的水平直接决定其创意水平的高低。发散思维可以产生很丰富的想象力，比如尽可能说出有哪些东西是圆形结构的，或者说出一个废弃的矿泉水瓶子的各种用途，这些问题都需要用发散思维来解决。

聚合思维又称辐合思维、收敛思维和集中思维。如果说发散思维是放飞想象的话，聚合思维则是回收想象。它是以某个问题为中心，运用多种方法、知识或手段，从不同的方向和不同的角度，将思维指向这个中心点，以达到解决问题的目的。

从思维方向上看，聚合思维和扩散思维恰好相反。只扩散不集中，势必造成偏离目标或一盘散沙，因此扩散后必须进行筛选和集中，通过分析比较，选择出最有价值的设想和方案。在开发创意阶段，发散思维占主导地位，而在选择创意阶段，聚合思维则占主导地位。创意就是在发散—聚合—再发散—再聚合的过程中逐渐形成的。

（2）顺向思维和逆向思维。顺向思维是指人们按照传统的程序从上到下、从小到大、从左到右、从前到后、从低到高等常规的序列方向进行思考的方法。这种方法在处理常规性事物时最常用也具有一定的积极意义。例如，长筒袜广告中的模特儿一般要选择腿型非常好看的年轻女性，而剃须刀广告要选很具男人味的男性模特儿。但是顺向思维的常规性容易形成习惯性思维，即思维定式，从而影响创造性思维的开发。

逆向思维是一种反常规、反传统、反顺向的思考方法。广告大师艾尔·里斯（Al Ries）在《广告攻心战略——品牌定位》一书中说："寻求空隙，你一定要有反其道而想的能力。如果每个人都往东走，想一下，你往西走能不能找到你所要的空隙。"

美国的美特牌丝袜曾用著名男棒球运动员乔·纳米斯做女丝袜广告。画面先是一双形象优美穿着长筒丝袜的腿，镜头上移，却是穿绿灰色短裤、棒球队员汗衫的大男人——乔·纳米斯。乔笑眯眯地对着大吃一惊的观众说："我当然不穿长筒女丝袜了，但如果美特女丝袜能使我的腿变得如此美妙，我想它一定能使你的腿也变得更加漂亮。"这则广告令人印象深刻。这是采用逆向思维成功创意的典型案例。

（3）竖向思维和横向思维。竖向思维即垂直思维，是指"|"形的思维方法。一般是根据事物本身的发展过程来进行深入的分析和研究。也就是说，这种方法是按照一定的思考路线，在一定范围内，向上或向下进行垂直思考。竖向思维是一种探索前因后果，把握来龙去脉的思维方式。竖向思维的前后、上下是连接在一起的。如果中间一个环节的问题没解决，思维就会中断。如果其中任何一个环节发生变动，就会"牵一发而动全身"。所以竖向思维有利于思考的深刻性和系统性，但这是一种循规蹈矩的思维方式，所以难以产生杰出的创意。

横向思维即水平思维，是指"—"形的思维方法。一般是从与某一事物相互关联的其他事物中分析比较，寻找突破口，也就是说，这种方法可以突破本身的局限，从另一个新的角度来对某一事物进行重新思考。

横向思维往往可以冲破传统观念和常规的束缚，看到竖向思维所看不到、想不到的东西，从而产生意想不到的或突破性的成就。在产生创意的过程中，运用横向思维则可以引发灵感，产生新的构想，运用竖向思维则可以使新构想更加深入、具体和完整，两者必须结合使用才能相得益彰。

二、常用的广告创意技法

从"头脑风暴法"被发明以来，人们已经发明出了数百种创造性思维产生的方法。但是，经得起实践检验的有效的创意技法才会被广泛用于创意的实践活动中。目前，在广告创意领域，较实用的创意技法主要有：头脑风暴法、默写式头脑风暴法、奥斯本检核表法、列举法、联想法等。

1. 头脑风暴法

头脑风暴法又称脑力激荡法、智力激励法，由美国创造学的创始人阿历克斯·奥斯本（Alex Faickney Osbom）于1938年首次提出，其英文名称为"Brain Storming"。原指精神病患者头脑中短暂出现思维紊乱现象时，病人会产生大量的胡思乱想。奥斯本借用这个概念来比喻思维高度活跃，打破常规思维而产生大量创造性设想的状况。这种方法的目的是通过找到新的和异想天开的方法来解决问题。

头脑风暴法的原则：

（1）各自发表自己的意见，对别人的建议不作评论。

（2）建议不必深思熟虑，想法越多越好。

（3）鼓励独立思考、奇思妙想。

（4）可以补充完善已有的建议。

链接：直升机扫雪

有一年，美国北方格外寒冷，大雪纷飞，电线上积满冰雪，大跨度的电线常被积雪压断，严重影响通信。电信公司应用风暴法尝试解决这一难题。有人提出设计一种专用的电线清雪机；有人想到用电热来化解冰雪；也有人建议用振荡技术来清除积雪；还有人提出能否带上几把大扫帚，乘坐直升机去扫电线上的积雪。有一名工程师听到用飞机扫雪的想法后，大脑突然受到冲击，一种简单可行且高效率的清雪方法冒了出来。他的想法是，每当大雪过后，出动直升机沿积雪严重的电线飞行，依靠高速旋转的螺旋桨将电线上的积雪迅速扇落。经过现场试验，发现用直升机扇雪真能奏效，一个久悬未决的难题，终于在头脑风暴会中被巧妙地解决了。

2. 默写式头脑风暴法

默写式头脑风暴法是由联邦德国创造学家霍利格根据德意志民族善于沉思、不喜欢高谈阔论的性格特点，对头脑风暴法提出的一种改进方法。其特点是用书面畅述来激励智力。

具体做法是：每次会议由 6 人参加，每人用书面提出 3 个设想，要在 5 分钟内完成，所以又称"635 法"。开会时，会议主持人宣布议题，并对与会者提出的疑问进行解释，接着每人发 3 张卡片。第一个 5 分钟内，每人针对议题在卡片上填写 3 个设想，然后将卡片传给右邻的到会者。第二个 5 分钟内，每人从别人的 3 个设想中得到新的启发，再在卡片上填写 3 个新的设想，然后将设想的卡片再传给右邻的到会者。这样，半小时内可传递 6 次，一共可产生 108 个设想。

"635 法"可避免因许多人争相发言而使好的设想遗漏的弊病。其不足是相互激发灵感的气氛没有公开发言方式强。

3. 奥斯本检核表法

在众多的创造技法中，奥斯本检核表法是一种效果比较理想的技法。由于它突出的效果，被誉为创造之母。人们运用这种方法，产生了很多杰出的创意以及大量的发明创造。

所谓的检核表法，是根据需要研究的对象的特点列出有关问题，形成检核表。然后一个一个地来核对讨论，从而发掘出解决问题的大量设想。检核表法是引导人们在创造过程中对照 9 个方面的问题进行思考，以便启迪思路，开拓思维想象的空间，促进人们产生新设想、新方案的方法。这 9 个问题是：

（1）有无其他用途。现有的东西（如发明、材料、方法等）有无其他用途？保持原状不变能否扩大用途？稍加改变，有无别的用途？

有家公司用这种方法提出了橡胶成千上万种用途。如用它制成床毯、浴盆、人行道边饰、衣夹、鸟笼、门扶手、棺材、墓碑，等等。

（2）能否借用。能否从别处得到启发？能否借用别处的经验或发明？外界有无相似的想法，能否借鉴？过去有无类似的东西，有什么东西可供模仿？谁的东西可供模仿？现有的发明能否引入其他的创造性设想之中？

当伦琴发现"X 射线"时，并没有预见到这种射线的任何用途。通过联想借鉴，现在人们不仅用"X 射线"来治疗疾病，外科医生还用它来观察人体的内部情况。同样，电灯在开始时只用来照明，后来，改进了光线的波长，发明了紫外线灯、红外线加热灯、灭菌灯，等等。

（3）能否改变。现有的东西是否可以作某些改变？能否改变一下形状、颜色、音响、味道？能否可改变一下意义、型号、模具、运动形式……改变之后，效果又将如何？

如服装，在颜色、款式、面料、长短、风格、规格等方面稍作改变，就会产生意想不到的时尚效果。

（4）能否扩大。现有的东西能否扩大使用范围？能不能增加一些东西？能否添加部件、拉长时间、增加长度、提高强度、延长使用寿命、提高价值、加快转速？

某橡胶工厂大量使用的黏合剂通常装在一加仑的马口铁桶中出售，使用后便扔掉。有位工人建议黏合剂装在五十加仑的容器内，容器可反覆使用，节省了大量马口铁；织袜厂通过加固袜头和袜跟，使袜的销售量大增；牙膏中加入某种配料，成了具有某种附加功能的牙膏。

（5）能否缩小。缩小一些怎么样？现在的东西能否缩小体积，减轻重量，降低高度，压缩、变薄……能否省略，能否进一步细分？

手机、笔记本电脑、折叠伞等就是缩小的产物；没有内胎的轮胎，尽可能删去细节的漫画，也是省略的结果。

（6）能否代用。能否由别的东西代替，由别人代替？能否用别的材料、零件代替，用别的方法、工艺代替，用别的能源代替？能否选取其他地点？

如用充氩的办法来代替电灯泡中的真空，使钨丝灯泡提高了亮度。

（7）能否重新调整。能否更换一下先后顺序？能否调换元件、部件？能否改成另一种安排方式？原因与结果能否对换位置？能否变换一下日程……更换一下，会怎么样？

重新安排通常会带来很多的创造性设想。飞机诞生的初期，螺旋桨安排在头部，后来将它装到了顶部，成了直升机，把它安放在尾部成了喷气式飞机。

（8）能否颠倒。上下是否可以倒过来？左右、前后是否可以对换位置？里外能否倒换？正反是否可以倒换？

这是一种反向思维的方法，它在创造活动中是一种颇为常见和有用的思维方法。英国科学家们在探空火箭的基础上，成功发明了探月钻地火箭。钻地火箭将深入月表 3 米深，搭载的仪器可以发回地震活动、矿物组成、地下温度等大量数据。

（9）能否组合。能否把各种不同的部件进行组合？能否把各种不同的产品进行组合？

例如把铅笔和橡皮组合在一起成为带橡皮的铅笔；把音乐播放器、照相机与手机组合在一起，使手机成为具有多种功能的产品。

4. 列举法

列举法是具体运用发散思维来克服思维定式的一种创意技法。在开发产品、改进产品方面对开拓思维很有帮助。

（1）属性列举法。属性列举法主要强调创造过程中观察和分析事物的属性，然后针对每一项属性提出可能改进的方法。

步骤：逐一列出事物的主要属性（以汽车为例，列举出速度、油耗、耐用性、安全性、外形、价格等属性）—针对每一个属性提出改进或变革的方法。

（2）希望点列举法。希望点列举法是偏向理想型设定的思考，是通过不断地提出"希望可以"、"怎样才能更好"的理想和愿望，使原本的问题能聚合成焦点，再针对这些理想和愿望提出达成的方法。

步骤：确定主题—列举主题的希望点—根据选出的希望点来考虑实现方法。

（3）优点列举法。这是一种逐一列出事物优点的方法，进而探求解决问题的思路和改善对策。

步骤：确定主题—列举主题的优点—选出所列举的优点—根据选出的优点来考虑如何让优点扩大。

（4）缺点列举法。缺点列举法是偏向改善现状型的思考，通过不断检讨事物的各种缺点及缺漏，再针对这些缺点一一提出解决问题和改善对策的方法。

步骤：确定主题—列举主题的缺点—根据选出的缺点来考虑改善方法。

5. 联想法

联想是一种由此及彼的思维方法。创意思维正是基于联想的、由一个创意起始点（原点）出发展开想象的思维过程。创意思维能力很大一部分来源于联想能力。联想能力可以通过生活观察、经验和知识的积累获得，也可以通过专门的训练获得。

事物之间一般具有相容性、相关性、相似性、相对性（或相反性）、无关性等几种关系，广告创意也常常利用事物之间的这几种关系进行联想。以"高速汽车"（A 代表"高速汽车"）为例：

（1）相容关系（A 包含 B）。包含在 A 中的 B 事物有：轮胎、发动机、车窗、雨刷器、离合器、后视镜、刹车、座椅、仪表盘、方向盘、车灯、车牌……

创意举例：

标题：警察的烦恼——车牌号是多少呢？

画面：有一个交警眼睁睁地看着严重超速的"高速汽车"飞驰而过，他手里拿着超速罚单，可是因为车速过快，看不清车牌号，警察脸上满是无奈的表情。

（2）相关关系（A 与 B 直接或间接相关）。与 A 直接或间接相关的 B 事物有：交通标志、加油站、红绿灯、斑马线、交警、道路、桥梁、洗车行、交通事故……

创意举例：

标题：只有在斑马线前，它们才能与我并驾齐驱。

画面：一辆"高速汽车"与其他几辆车停在斑马线前。

（3）相似关系（A 与 B 在某一方面相似）。与 A 在速度方面相似的事物 B 有：飞机、火车、快艇、摩托车、飞奔的猎豹、足球射门、火箭、风……

创意举例：

标题：预备——跑！

画面：一辆"高速汽车"与一架飞机在飞机跑道起点处准备竞赛。

（4）相对联系（A 与 B 在某一方面相对或相反）。与"高速汽车"A 相反的事物 B 有：乌龟、蜗牛、牛车、步履蹒跚的老人……

创意举例：

标题：兔子，这次你又输定了！

画面：一只驾驶着"高速汽车"的乌龟向落在后面的兔子得意地挥手。

（5）无关关系（A 与 B 无任何关系）。在广告创意中，也可以将与 A 毫无关系的事物与 A 联系起来。

创意举例：

标题：Let's motor

画面：广告牌上一辆"高速汽车"飞驰，广告牌旁边生长着一棵被大风吹得向"高速汽车"飞驰的方向弯下了腰的树。

第九章

广告文案创意及方法

关于广告文案，一直以来有广义和狭义两种理解。广义的广告文案是指广告作品的全部。它不仅包括语言文字部分，还包括图画等内容；狭义的广告文案仅指广告作品的语言文字部分。本章所说的广告文案是指后者。

大卫·奥格威说过：广告是词语的生涯。写好广告文案，是广告创作人员的一项重要任务。

第一节
什么是广告文案

如上所述，人们对"广告文案"的理解一直以来都有分歧，在不同的场合，"广告文案"所表达的意思不尽相同。在这里，我们首先要对"广告文案"的含义有一个明确的表述和界定，这是具体的广告文案创意工作实施的基础。

一、广告文案的含义

广告是一种信息传播活动，依靠广告信息传递者与广告受众共同理解的语言符号和非语言符号完成，广告作品就是这些符号的载体。

广告文案就是广告作品中的语言或文字部分。一般地，广告作品的广告效果有 50%~75% 来自语言文字部分。广告作品中一切无法用可视形象表现的信息，都可用抽象的语言或文字表达。对于主要用非语言的形式表现的广告作品，语言文字部分往往能够对其表现力起到画龙点睛的作用。例如某护手霜广告（见图9-1）。[①]

产品：手霜
标题：手
正文：不想让自己的手变得和这老树一样吧？
图 9-1　某护手霜广告

　　理解广告文案的概念时需要注意以下几点：①广告文案是已经定稿的与受众最终见面的广告作品中的一部分。②广告文案包括广告作品中的语言和文字两部分。其中语言指有声语言或口头语言，而文字指书面语言。③广告文案仅指广告作品中的语言和文字部分，不包括图片、视像等其他的要素，这也是区别广义广告文案和狭义广告文案概念的关键。④广告文案是广告作品中全部的创意性语言文字部分。广告场景中出现的非创意性文字（如店铺名称、公共指示用语等）除外。⑤广告文案仅指出现在广告作品中的语言文字，其他在广告运作流程中的市场调研报告、广告策划书等方面的文本都不属于广告文案。

① 10个意想不到的创意广告［EB/OL］. 格上理财，http：//www.licai.com，2014-02-21.

二、广告文案的特性

与文学作品、新闻报道等不同，广告文案承担着传播产品和品牌信息或企业形象信息的任务。所以评价一则广告的文案是否成功，并不在文字本身有多么优美，是否工整押韵，而是要看它能否促进产品销售、品牌资产升值和企业形象打造以及能否有效地与受众沟通，并获得他们的信赖。广告文案就是能够发挥这些作用的"有魔力的词语"，这些词语可以激发消费者的购买情绪或者缓和他们的抵触情绪。因此，广告文案的本质是商业信息的传递，它具备以下几个特性：

1. 促销是最终目的

广告作为营销的重要手段，其创作的目的是为广告主宣传产品、服务或观念，从而刺激、影响消费者产生购买行为。所以，商业性是广告文案与生俱来的特性，促销是广告文案的最终目的。

2. 创意是成败的关键

在传媒多样化的今天，各种信息泛滥成灾，广告传播环境嘈杂。如何吸引受众的注意力成为一则广告能否成功的关键，而富有创意的广告文案通常以"意料之外，情理之中"的语言文字吸引受众眼球，并达成最佳沟通效果。

3. 准确有效是基本要求

成功的广告作品应该能够有效地传达产品特性、品牌形象或企业形象，这就要求广告作品中的文案必须准确、有效地传达产品或企业的独特个性特征，并使得其传达的个性形象深入人心。

4. 文化是沟通的桥梁

具有共同宗教信仰、生活方式、教育背景、身份地位以及人生态度等文化特征的人群往往更加容易沟通。广告文案必须关注受众的文化特征，尽可能使受众对广告文案的文化内涵产生认同，从而使消费者对广告文案所传达的产品或服务信息产生认同。

三、广告文案的基本形式

报刊、广播、电视等不同媒体的广告，其内容表现的方式和侧重点不同。比如电视以画面为主，而广播以语言为主。因此，在广告文案创意过程中，需要考虑不同媒体对语言文字的表现力。但不论是哪种媒体，对广告文案都没有限定的格式和形式，它可以很自由。总结起来，主要有两种基本形式，即规范式和灵活式。

1. 规范式

规范式是指具有完整结构的广告文案，一般由标题、广告口号、正文三要素构成，有的广告文案在正文后面还有附文。平面媒体常常采用规范式文案。当然，不是所有规范式文案都会包含完整的标题、正文、口号、附文等要素，但至少会包含标题和正文两个要素。

20 世纪 60 年代的美国汽车市场是大型车的天下，大众的甲壳虫刚进入美国时根本就没有市场，威廉·伯恩巴克（Wiuiam Bernbach）提出"Think small"的主张，拯救了甲壳虫。经他妙手回春之笔，甲壳虫老树发新枝，迅速登上美国市场进口汽车第一的宝座，并且因此长盛不衰。奥格威不无羡慕地说："就算我活到 100 岁，我也写不出像甲壳虫那样的策划文案。我非常羡慕它，我认为它给广告开辟了新的途径。"威廉·伯恩巴克的甲壳虫广告虽然没有口号和附文，但也属于规范式广告文案：

链接：想想"小"的好处（Think small）

我们的小车并不标新立异。许多从学院出来的家伙并不屑屈身于它；加油站的小伙子也不会问它的油箱在哪里；没有人注意它，甚至没人看它一眼。其实，驾驶过它的人并不这样认为。因为它耗油低，不需防冻剂，能够用一套轮胎跑完 40000 英里的路。这就是你一旦用上我们的产品就对它爱不释手的原因。当你挤进一个狭小的停车场时，当你更换你那笔少量的保险金时，当你支付那一小笔修理账单时，或者当你用你的旧大众换得一辆新大众时，请想想"小"的好处（作品见图 9-2）。

图9-2 "甲壳虫"汽车广告

2. 灵活式

灵活式是指结构方式较为自由、灵活的广告文案。它可以是一段优美的散文，也可以是一首诗歌，可以是一句话甚至就一个字。比如，中国重型汽车进出口公司的广告仅一个字"重"，就准确地传达了重型汽车的特征，收到了很好的广告效果，而"双汇——开创中国肉类品牌"、"SONY——世界级品牌"等，仅一句话，既突出了品牌名称，又突出了品牌的市场定位，简洁、易读、易记。

虽然广告文案可以有多种灵活的形式，但本章将按照规范式文案所涉及的标题、正文、标语、附文等内容，依次介绍各部分的创意方法及创意技巧。

第二节
广告文案标题创意

广告标题为整个广告文案作品提纲挈领，将广告中最重要的、最吸引人的信息进行富于创意性的表现，以吸引受众对广告作品的注意力，它突出广告中信息的最佳利益点，吸引人们继续关注正文。正如郑板桥说的：作诗非难，命题为难；题高则诗高，题矮则诗矮。

一、广告文案标题应发挥的作用

人们在进行无目的的阅读和收看时，对标题的关注率相当高，特别是报纸、杂志等选择性、主动性强的媒介。大卫·奥格威说："平均来说，读标题的人数是读正文人数的 5 倍。因此，可以说标题一经写成，就等于花去 1 美元广告费中的 80 美分。如果你的标题起不到推销的作用，那就等于浪费了 80% 的广告费。"因此，广告文案标题至少应当发挥以下作用：

1. 吸引受众注意

在媒体多样化的当下，各种信息呈爆炸式增长，导致现在的大多数读者成为标题读者，他们主要看大字标题，只有标题能吸引他们的注意力时，他们才有可能继续阅读正文。据美国哈佛大学商学院的调查，在人们接触的所有广告中，大约有 85% 左右不能引起人们的注意，其中一个重要原因就是广告标题不够吸引人。因此，好的标题首先是要能够吸引读者的注意力。真正能吸引读者注意力的广告文案标题往往能够用简短的语言准确传递商品或服务的特性，并能够让消费者感受到能够获得的利益等信息。比如，碧桂园房地产广告都有一个引人注意的标题："碧桂园，给你一个五星级的家。"

2. 诱导受众阅读正文

好的标题不仅能引起读者注意，还能够激起他们的兴趣，能够诱导和鼓励他们继续阅读正文。比如，美国当代广告大师威廉·伯恩巴克为奥尔巴克百货公司所做的广告，看到题目的人就会忍不住想去阅读正文。

链接：奥尔巴克百货公司广告

标题：慷慨的以旧换新

副标题：带来你的太太，只要几块钱，我们将给你一位全新的女人

正文：为什么你硬是欺骗自己，认为你买不起新的与最好的东西？在奥尔巴克百货公司，你不必为买美丽的东西而付高价，有无数种衣物供你选择——只花几块钱而已。这将是你有生以来最轻松愉快的付款。

标语：做千百万的生意，赚几分钱的利润。

3. 传递主要的商业信息

在不通过正文对广告信息作详细解说的广告文案中，标题能否以有吸引力的形式传递重要的商品或服务信息，对于广告诉求效果起着决定性的作用。比如，雷达蚊香广告标题："晕了吗？蚊子也会有相同感觉。"这是雷达蚊香一则获奖平面广告作品的标题。画面中是一圈一圈的螺状蚊香，由产品的形状特性创意出一个"晕"的概念，画面与标题相配合，将商品的主要信息表达得准确、到位。

二、广告文案标题的类型

广告文案标题可以根据内容和结构形式进行分类。对其进行分类介绍，主要是可以帮助文案创意人员找到一种最好的标题表达方式。不论是哪种类型的标题，只要创意好，都可以起到标题应有的作用。

1. 根据内容分类

广告文案标题的内容，有些意思表达直接、明了，有些含蓄、隐晦。直接、明了的标题属于直接标题，而含蓄、隐晦的标题则属于间接标题。

（1）直接标题。直接标题是以简明的语言直接表明广告内容，使人们一看便知要推销什么，会给消费者带来什么利益。如日本索尼公司 8 毫米录像机的报刊广告标题是："SONY，世界上体积最小、重量最轻、操作最简便的录像机"。

（2）间接标题。间接标题不直接揭示广告主题，也不直接告诉受众商品信息，而是利用一定的语言艺术，暗示或诱导消费者，激起消费者的兴趣与好奇心理，从而进一步注意广告正文。如某电冰箱广告的标题："寒冷与宁静的联想"；杜蕾斯安全套的广告标题："出入安全"；某丰胸产品的广告标题："没什么大不了的"；英国某旅游广告标题："轻轻地度过历代君王们漫长的沉睡"。间接标题要求含蓄，富有文采和艺术性，容易引起读者的兴趣。

2. 根据结构形式分类

根据结构形式，可以将标题分为单一型标题、复合型标题、大小标题结合型标题三种形式：

（1）单一型标题。单一型标题的广告文案只写一个标题。可以是一个字、一个词组或多个词组，可以是一个独立的短句，也可以是一个长句。如奥迪汽车一套系列平面广告，标题分别以一个词组突出广告的诉求重点："值回票价"、"有人照顾"、"有前有后"、"十全十美"、"能屈能伸"。VOLVO 汽车一则平面广告标题："就像你恨它一样驾驶它"。广告文案作品的标题绝大多数采用单一标题。

（2）复合型标题。如果希望在标题中传达较多的信息，而单一标题又不能完全容纳，则可以使用复合型标题。

复合型标题是由引题、正题、副题三种标题所组成的标题群。

引题——又叫眉题或肩题，是为说明信息意义或交代背景时用的。

正题——又叫主题或主标题，一般用来点明广告主要事实，点明核心信息。

副题——又叫副标题，一般作正题内容的补充说明。

复合型标题组合主要有三种：

第一种：引题＋正题。如：

是什么让过年的气氛高八度？（引题）

你我的开心果，美国加州开心果。（正题）

第二种：正题＋副题。如：

999 感冒灵胶囊颗粒。（正题）

中西结合，全面治感，疗效不打折。（副题）

第三种：引题＋正题＋副题。如万科城市花园广告文案：

万科城市花园告诉您（引题）

不要把所有的鸡蛋都放在一个篮子里（正题）

购买富有增值潜力的物业，您明智而深远的选择（副题）

复合型标题可以传达更多信息，但也容易因缺乏中心而不够有吸引力。另外，需要注意的是，复合标题只能在平面广告中使用，而且要注意巧妙编排版面，以引导读者视线。

（3）大小标题结合型。广告文案标题有时候不一定只在正文前出现。如果正文传达的信息量大，篇幅较长，可以在正文中加入小标题，以突出重点，吸引读者阅读。

大卫·奥格威为波多黎各经济开发署撰写的著名长文案就使用了这种方法。文案的大标题是："现在波多黎各对新工业提供百分之百的免税"，正文则以"关于劳工怎样？"、"接近乐园"、"波多黎各的最好时刻"、"运输情况"、"你是否合格？"等小标题分别引领不同的内容。

三、广告文案标题的表现形式

广告文案标题的表现形式非常丰富，可以用各种自由、灵活的形式表现，归结起来不下几十种。这里介绍常见的 10 种表现形式：

1. 新闻式

新闻式广告标题采用新闻标题的写法，目的是增强广告的新奇性和可信性。采用新闻式标题的先决条件是，广告信息本身必须具有新闻价值。新闻式标题适合传播新产品上市、新企业建成、商品采用新技术等信息。如新飞冰箱杂志广告：

新飞绿色通道服务活动，新鲜出动。

2. 问答式

问答式标题是一种通过提问和回答的方式来吸引受众注意力的表现形式。具体表现有两类：设问式和反问式。设问式一般又呈现两种情形：在标题中设问，在正文中回答；在标题中自问自答。如 IBM 公司 E-business Starter 杂志广告：

谁能帮您轻松建立动态网站，从此一劳永逸？

新一代动态网站设计师 E-business Starter Kit，在此听命！

3. 承诺式

承诺式标题也称许诺式、利益式标题。其主要特点是在标题中就向受众承诺某种利益和好处。如 KMB 通天巴士杂志广告：

KMB 通天巴士载你到世界每个角落

A31，A41，A41P，A43 每日多班直达机场

4. 悬念式

悬念式标题即在标题中设立一个悬念，迎合受众追根究底的心理特征，以吸引受众的特别注意。它经常和问答式标题配合运用，用问题的提出来制造悬念。当然，悬念和设问有所不同。设问的结果一般是受众可以预料的，而悬念一般是受众不能预料的，甚至是完全与受众的认知倾向和心理期待相反的事实。

如以色列航空公司曾经做过的一则广告。为显示该公司的飞机速度快，能够节省时间，使大西洋的距离也变短了。广告用大西洋地图做图片，一边被撕下 20%。标题是：

从 12 月 23 日起，大西洋将缩短 20%。

5. 故事式

故事式标题也叫叙事式或情节式标题，类似于一则故事的题目，在标题中提示或暗示故事的发生和情节的展开。主要特点是能吸引受众阅读正文。

ERICSSON 手机杂志广告，画面是一位年轻男士用手捂着胸口，忐忑地看着桌上的手机，标题是：

谁来电，让我心头一震！

6. 对话式

对话式标题通常是通过两个或几个人的对话表达出来。对话式标题生动活泼、朴实自然。采用对话的形式来表现广告信息，其最大特点是具有场景感、现实感和生活感。

7. 假设式

假设式标题是在广告标题中提出某种假设，同时据此指出某种结果。其主要特点是运用假设引起受众的注意，并督促他们产生相关的思考和行为。中国台湾松下电器国际牌"省思篇"系列，就是运用了假设式的标题写作形式，以环保作为广告表现主题来表现国际牌随身听、国际牌画王电视机、国际牌水果榨汁机的产品优势，获得了 1994 年第 21 届日本海外广告奖报纸广告奖金奖（作品见图 9-3）。

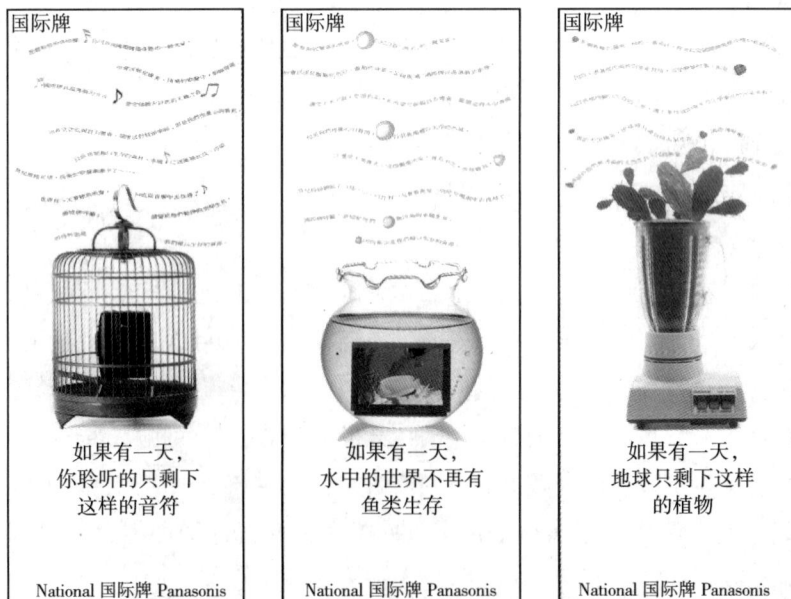

图 9-3 中国台湾松下电器国际牌"省思篇"系列广告

随身听——如果有一天，你聆听的只剩下这样的音符。

电视机——如果有一天，水中的世界不再有鱼类生存。

水果榨汁机——如果有一天，地球只剩下这样的植物。

8. 祈使式

祈使式标题也叫进言式或建议式标题，就是用建议的或劝导的语言和口吻，向受众提出某种消费建议。主要特点是可以运用情感因素，使广告和消费者之间的距离缩短，又因为告知了原因和理由，就使得标题很有说服力和吸引力。如：

洗衣机——请使用白兰牌洗衣机来简化您的家务劳动！

快译通——看我小，别小看我！

9. 否定式

在汉语语言环境中，否定词和否定句式的运用，可在一般陈述的前提下进一步加强语气，使语言获得一种张力，体现出传播者的坚定和自信。如白兰氏鸡精杂志广告，画面中是几只颜色和形态各不相同的鸡和一瓶鸡精，广告标题是：

虽然我们肤色有别，但绝对不含人造色素！

10. 比较式

主要通过与同类商品相比较，突出本商品的独特之处。比如：

艾维斯出租车公司——我们是第二，我们更加努力。

吉列刮胡刀——以前每片刮 10 人，此后每片刮 13 人，现在每片刮 200 人。

某轮胎——与其他轮胎最小的区别是价格。

四、广告文案标题的创意要点

广告文案标题的创意要点与其他文学作品、新闻稿等文字形式的创意要点没太大的区别，不同的是，读者对文学作品和新闻往往是主动关注的，而对广告文案却更多地表现出抗拒和被动接受。因此，广告文案标题更加强调其突出主题、富有新意、简洁明了、语言准确等要求。

1. 突出主题

主题是广告文案的核心，是灵魂，能起到强调重点、统率全文的作用。标题如果能表达其鲜明的主题，广告文案就成功了一半。虽然广告产品或服务可能有多方面的优势，但文案标题一定要重点突出，主题单一，切忌四面出击。比如，德国的 POLO 车广告——可以防弹；农夫山泉——有点甜；雕牌洗衣粉——只买对的，不选贵的。

2. 富有新意

好的标题应当有自己独特的表达，避免与其他广告雷同。比如，宝洁公司生产的护舒宝卫生巾，用"女人越当越快乐"的谐音"女人月当月快乐"作广告词，暗含了使用护舒宝卫生巾，可以让女人们免去经期的不适的意思表达；庐山名人别墅的广告词："蒋介石失去的，毛泽东得到的，全部卖给你。"既富有新意，又具有很强的鼓动性，让人过目不忘。

3. 简洁明了

常言道：看书先看皮，看报先看题。现代人生活节奏快，可接触到的信息量大而庞杂，因此，广告文案标题要尽量锤炼文字，压缩与概括标题中可有可无的内容，删去标题中可有可无的词和字，尽量言简意赅，让人一目了然，使受众在"瞟一眼"的同时，就能抓住广告产品或服务所要传递的主要信息。

4. 语言准确

为了能准确表达广告主题，突出广告定位，广告文案人员常常是"吟安一个字，捻断十根须"，他们抱着语不惊人死不休的精神，创作出了很多经典的广告标题。比如，只溶在口，不溶在手（M&M's巧克力）；大石化小，小石化了（胆舒胶囊）；柯达——串起生活每一刻（柯达胶卷）。

链接：大卫·奥格威对广告标题创意的10点建议

● 平均而论，标题比正文多5倍的阅读力。如果未能在标题里畅所欲言，就等于浪费了80%的广告费。

● 标题应向消费者承诺其所获利益，这个利益就是商品所具备的基本效用。

● 要把最重要信息纳于标题中，始终注意在标题中注入新的吸引人的信息。

● 标题里最好包括商品名称，不要遗漏品牌名称。

● 标题要富有魅力，应写点诱人继续往下读的东西，这样才能引导读者阅读副标题及正文。

● 从推销而言，较长的标题比词不达意的短标题更有说服力。

● 使消费者看了标题就能知道广告内容，而不是强迫他们研读正文后，才能理解整个广告内容。

● 避免写一些故意卖弄的标题，像双关语、引经据典、晦涩的词句应尽量少用，不要写迷阵式的标题。

● 使用迎合于商品诉求对象的语调。

● 使用在情绪上、气氛上具有诱惑力和冲击力的语调和词汇。

第三节
广告文案正文创意

广告正文是指广告文案中处于主体地位的语言文字部分，其主要功能是解释或说明广告主题，对广告标题中引出的广告信息进行较详细的介绍，并对受众展开详细诉求。成功的广告正文可以使受众了解到各种希望了解的信息，使受众在广告正文的阅读中建立对产品的了解和兴趣、信任，并产生购买欲望，促进购买行为的产生。

一、广告文案正文的结构

较完整的广告正文一般包括开头、主体、结尾三个层次。

开头。也叫开端，是广告正文与广告标题的衔接部分，在正文和标题之间起着承上启下的作用，既能衔接标题，又能引出后面的主体部分的文字。因此，必须以精炼的笔触，迅速生动地点明标题，并引出下文，以吸引读者继续阅读。

主体。也叫中心段，主体是广告文案的中心部分，是阐述主题和论据的主要部分。具体内容根据广告目标的不同而不同。一般而言，文案的主体部分会用有说服力的事实或论据，说明商品质量、性能、特点、制作工艺、制作流程、品牌地位等，使受众了解购买商品可获得的利益，从而引发其购买欲望。

结尾。是广告文案正文的结束部分，主要目的在于用恰当的语言，敦促目标消费者及时采取行动。结尾一般较简短，具有肯定语气和煽动性的结尾与标题相呼应，可以进一步提升广告效果。

链接：汇丰银行的广告

标题：

洞悉国际商情，决策快捷可靠

开头：

商贸良机一瞬即逝，必须及时把握。因此，您需要一家洞悉国际商情，对市场了如指掌的国际银行，在关键时刻，助您及时作出英明决策。

主体：

汇丰银行植根亚洲，放眼世界，累积逾128年的丰富经验，与世界各地商贸市场一直保持紧密联系，助您迅速掌握全球最新金融资讯，洞悉瞬息万变的市场动向，汇丰集团遍布全球的3000余家办事处，均配备先进电讯系统，组成快捷可靠的服务网络随时为您提供周全服务及精辟独到的专业意见，助您拓展业务。

目前，我们全力为国内客户提供优质贸易服务，包括贸易咨询、出口信用证通知、进出口结算及押汇、外币票据贴现、贸易融资及项目贷款等。

结尾：

作为全球规模最大的银行集团之一，汇丰银行拥有雄厚的资源和丰富的经验，助您尽得先机，作出快捷过人的精明决策。

附文：

查询详情，请与就近汇丰银行分行或办事处联系。

咨询电话：×××

二、广告正文的体裁类型

广告正文的体裁类型很丰富，一般会根据媒体、产品以及受众等的不同而选择不同的体裁，常见的广告正文的体裁主要有直销体、故事体、幽默体、情感体、文艺体等类型。

1. 直销体

这种类型又叫解释性正文，是由克劳德·霍普金斯（Claude C. Hopkins）在20世纪初首创并推广的。大卫·奥格威在他的广告生涯中始终忠实地采用直销型，在广告正文中最大程度地告知受众广告主题和广告商品信息，因此，他创作的几个经典广告文案篇幅都比较大。如他为劳斯莱斯汽车所写的长度近900字的文案即为典型的直销式广告正文。作品如图9-4所示。

链接：由大卫·奥格威创意的劳斯莱斯车广告文案

标题——"这辆新型的劳斯莱斯时速60英里时，最大噪音来自电钟"

引题——"什么原因使得劳斯莱斯成为世界上最好的车子？"

副题——"其实真的没有什么秘密—就是对细节不厌烦的关注。"劳斯莱斯一位著名工程师介绍道。

正文：

（1）"60英里的时速下，这辆最新的劳斯莱斯车内最大的噪音来自电子钟。"《机动车》杂志的技术编辑如是报道。声频由3个消声器调节——消除噪音。

（2）劳斯莱斯每一部引擎在安装前都经过7小时的全油门运转，每一辆车都在不同路面上经过几百英里的试驾。

（3）劳斯莱斯为车主而设计，比最大的家用轿车短18英寸。

（4）机动方向盘，机动刹车，自动排档，驾驶和停靠都十分便捷，不需要专业的司机。

（5）组装完毕的每一辆车送往终极检查站，接受为时一周98个项目的细微检测，包括工程师使用听诊器听轮轴声响。

（6）劳斯莱斯承诺3年保修，随着全国经销商和零配件站网络的完善，服务会越来越好。

（7）劳斯莱斯散热器从未改变，唯一一次例外是1933年，亨利·莱斯先生去世，上面的字母标志R由红色刷成黑色。

（8）车身涂刷5层底漆，每一层都经过手工打磨，再以同样方式刷9层面漆。

（9）方向盘上有一个减震器调节按钮，以应付不同路况。

（10）仪表盘下方可拉出法国胡桃木野餐桌面，正驾和副驾背后也各有一张。

（11）可选择添加下列设备：咖啡机、听写器、床铺、冷热水龙头、电动

剃须刀及电话。

（12）3 个独立机动刹车系统：2 个液压，1 个机械，3 个系统互不影响，不但安全，而且灵活——轻松运行时最高时速 85 英里，极限时速 100 英里。

（13）宾利也是劳斯莱斯出品，除了散热器，和本车是一样的机动车，由同一批工程师按照同一工艺制造，宾利的散热器制作比本车略微简略，所以便宜 300 美元。若对开本车没有把握，可选择宾利。

价格，本广告中车型——含大港离岸运费——售价 13995 美元。

附文：

如果想体验劳斯莱斯或宾利试驾，欢迎致电或致函背面所列经销商。

劳斯莱斯有限公司：纽约 20 号，洛克菲勒大厦第 10 层，邮编 5-1144。

图 9-4　劳斯莱斯车的广告

2. 故事体

通过讲述一个与广告信息内容息息相关的故事来表现广告信息的正文形式。通常采用第三人称的写法，用叙述的方式将人物经历、故事情节运用语言文字表现出来，传达给受众。特点是以故事的发生、发展过程引人入胜，吸引受众的阅读和收听兴趣，又以故事中事件的处理和产品介入所获得的结果来说服受众。有的采用对话的形式讲述一个故事，有的采用连环画的形式描述一个故事。以故事来完成广告正文，能够以故事情节来揭示广告主题，传播广告产品的属性、功能和价值等，能够创造出一种轻松的信息传播与接受氛围。此类广告正文的吸引力和记忆度较强。

3. 幽默体

在广告正文中，借用幽默的笔法和俏皮的语言完整地表达广告主题，使受众在轻松活泼中接受了广告信息，如马来西亚柔佛州的交通要道上有一则广告文案如下：

阁下驾驶汽车时速不超过 30 英里，您可饱览本地的美丽景色；

超过 80 英里，欢迎光顾本地设备最新的急救医院；

上了 100 英里，那么请放心，柔佛州公墓已为你预备了一块挺好的墓地。

此广告幽默的警告，别出心裁，匠心独具。其中并无星点警告性词语，也没有片言惩罚的字样，但凡是读过此广告的人都会禁不住拍案叫绝。相信这则交通广告要比我们常见到的"超速行驶，罚款××元"的广告更具感召力。

4. 情感体

情感型广告文案是以感性诉求方式，即通过情绪的撩拨或感情的渲染，让受众产生情绪反应以引起共鸣，激发他们的购买欲望和行动。这类文案追求情调的渲染和氛围的烘托，富有人情味，更容易打动消费者的心。

链接：夏士莲洗发精广告——还是喜欢长发的你

穿什么样的衣服，化什么样的妆，由我来定。我想怎样就怎样！他，一点都没问题！可是我每次逗他想剪掉自己的长发时，他都坚定地对我说：不！满足长发所需营养，幸好有夏士莲人参长发洗发露。它蕴含丰富人参精华，能从发根至发梢充分滋润营养秀发。令我的秀发长得再长也能持久健康亮泽。让我想留多长就留多长。其实喜欢长发的除了他，还有我自己！

5. 文艺体

文艺体广告主要是借助于文学体裁，集诗歌、散文、小说、童话、戏剧、歌曲等各种文艺形式，对商品或劳务进行形象化的宣传，以引起消费者的浓厚兴趣。这类广告文稿语言要生动、新鲜、形象、贴切、精炼，同时还要适当注意结构安排。虽然不能要求像文学作品那样跌宕起伏，但应尽量设计布局，使广告文稿引人入胜。

链接：某保险公司广告

当我 28 岁时，我认为今生今世很可能不会结婚了。我的个子太高，双手和双脚又不协调，常常碍事。衣服穿在我的身上，总不及穿在别人身上那么好看。似乎绝不可能有一位护花使者会骑着白马把我带走。

可是，终于有一个男人来陪伴我了，爱维莱特看上了我自己都不知道的我的优点。至此我方感不虚此生。此后我们就结婚了。那是 4 月中的一天，苹果树上的花盛开着，大地一片芬芳，那是近 30 年前的事了，自从那一天之后，几乎每天都如此不变。

哎，爱维在两年前的 4 月故去，安静地含着微笑就和他生前一样。苹果树的花仍然在盛开，大地仍然充满了甜蜜的气息，而我怅然若失，欲哭无泪。当我弟弟来帮我料理爱维的后事时，我发现爱维是那么体贴关心我，就和他往常的所作所为一样。他在银行中并没有给我留下很多钱，但有一张照顾我余生的生活费用的保险单。

就一个女人所诚心相爱的男人过世之后而论，我实在是和别的女人一样的心满意足了。

三、广告文案正文的创意要点

虽然广告正文的写作可以在形式上有多种自由的选择，但是在具体创作时，为达到较好的广告效果，应当注意以下要点：

1. 主题突出

主题是广告的灵魂。广告文案与文学作品一样，必须有一个中心思想，古人称之为立意、主旨或题旨。没有主旨或题旨的作品是没有生命力的作品。虽然有主题的广告不一定是诉求力强的广告，但是没有主题的广告必然是失败的广告。

一般地，广告文案标题就应当点明主题，而正文部分的作用，就是围绕主题展开说明或解释，将在广告标题中引出的信息进行详细介绍，使受众在阅读文案正文过程中理解并认可广告文案作品所要传达的主题。

2. 语言通俗

晦涩、含蓄的语言往往会制造阅读的障碍，而通俗的语言可以让人在很短的时间内快速浏览到主要信息，所以语言通俗易懂的广告文案，往往更有可能让受众有兴趣和时间去阅读。

3. 用词准确

文案正文所表达的广告信息，一般会涉及产品或服务的市场地位、品牌形象、质量、特色等详细的资料。因此，精确的语言表达显得尤为重要。准确的表述一方面可以让受众抓住主要信息，另一方面也能更好地起到说服受众的作用。

4. 号召力强

广告文案作品的主要目的就是说服并打动消费者，激发消费者对产品或服务的兴趣，鼓动其购买广告的产品或服务。因此，广告文案的标题、正文及标语都必须具有号召力和鼓动性。

第四节
广告文案标语和附文创意

广告标语又叫广告口号，一般是一句能够渲染主题的简单明了的语言文字。通常以表现企业、商品或服务的特性、理念等为内容。广告标语往往会被广告主反复使用，使受众铭记于心。广告标语可以成为最快捷地沟通企业商品或服务与受众之间的桥梁。比如，"雀巢咖啡，味道好极了！""车到山前必有路，有路必有丰田车。"

广告文案附文是广告正文之后向消费者传达购买商品或接受服务方式的语言文字部分。因为是附加性文字，它在广告作品中的位置一般总是居于正文之后，因此也称随文、尾文。

一、广告文案标语创意

广告文案标语通常不受媒体和场合的限制，而且可以长期使用。比如 M&M's 巧克力的广告标语"只溶在口，不溶在手"历经 60 年而不衰。广告标语创意必须做好两件事：一是主题的确定，二是语言的运用。

1. 标语主题的确定

广告标语是对广告标题及正文的主要诉求点的强调，或者是商品的功能，或者是质量，或者是品牌名称等，总体而言，广告标语主题的选择主要可以从以下几方面入手：

（1）突出商品特征。通过强调商品某一方面的属性来突出主题，例如：

德国 POLO 车——可以防弹。

M&M's 巧克力——只溶在口，不溶在手。

德芙巧克力——牛奶香浓，丝般感受。

农夫山泉——有点甜。

嘉士伯——可能是世界上最好的啤酒。

（2）突出品牌名称。广告标语没有实质性内容，主要以突出品牌名称为主。例如：

万家乐，乐万家。

维维豆奶，欢乐开怀。

新飞广告做的好，不如新飞冰箱好。

果冻我要喜之郎。

（3）突出企业价值观念、实力、责任感和使命感。通过强调企业价值观念、实力、责任感和使命感的方式等突出主题，例如：

耐克——Just do it。

海尔——真诚到永远。

诺基亚——科技以人为本。

飞利浦——让我们做得更好。

汇丰银行——环球金融，地方智慧。

格兰仕——全球制造，专业品质。

联邦快递——使命必达。

麦当劳——Q（品质）+S（服务）+C（清洁）+V（价值）。

（4）突出产品定位。通过强调产品的某一个性特征来突出主题，例如：

七喜饮料——非可乐。

金利来——男人的世界。

瑞士雷达表——雍容华贵、美丽大方。

斯沃琪手表——腕上风景线。

UPS 快递——珍惜所托，一如亲递。

李维牛仔——不同的酷，相同的裤。

（5）突出消费者利益。通过强调消费者可获得的利益来突出主题，例如：

戴比尔斯（De Beers）钻石——钻石恒久远，一颗永留传。

钻石牌手表——"出手不凡——钻石表。"

柯达——串起生活每一刻。

雕牌洗衣粉——只买对的，不选贵的。

海飞丝——头屑去无踪，秀发更出众。

2. 广告标语语言创意要点

广告标语能否被受众铭记于心并广为流传，一方面与广告主是否大量重复宣传有关，更重要的是与广告标语语言表述技巧有关。成功的广告标语往往抓住了以下创意要点：

（1）精炼、准确。高尔基说："语言真正的美产生于言辞的准确、明晰和悦耳。"这句话同样适用于广告标语。广告标语是广告作品的点睛之笔，对其语言表达的准确性要求较高。所谓准确，就是要找出广告诉求重点，即产品的独特卖点和消费者对产品的独特需求。

M&M's 巧克力豆的广告标语"只溶在口，不溶在手"（Melt in your mouth, not in your hand）是广告大师罗素·瑞夫斯 1954 年的灵感之作。堪称经典，流传至今，而且历久弥新。M&M's 巧克力是一种用糖衣裹着的巧克力豆，这句广告标语就是从产品特征中提炼出的，既强调了和同类产品的差异，又关注到了消费者的利益——不粘手，表达准确、精炼。

"27 层净化"是乐百事纯净水的广告标语，极为简练，但表达精确、到位，其极富责任感和严谨、科学的态度，给受众留下了深刻的印象。

（2）新颖、独特。要想在广告信息的海洋中引人注目，脱颖而出，一定要有鲜明的个性。因为人们对习以为常的事物往往反应迟钝，熟视无睹、麻木不仁，而对与众不同的事物则感受灵敏，反应强烈。

20世纪90年代初，英特尔奔腾处理器的广告口号"Intel奔腾处理器，给电脑一颗奔腾的'芯'"巧妙地动用谐音，突出产品特性，给消费者耳目一新的感觉，有力地促进了产品销售。

（3）生动、优美。广告标语除了精炼、准确、个性鲜明外，还要生动、优美，带给消费者美的享受，才有可能打动消费者的心。美国营销大师爱玛·赫伊拉曾说："不要卖牛排，要卖滋滋声。""滋滋声"正是牛排的卖点。滋滋声是牛排之所以能引起食客们趋之若鹜的玄妙之处。妙不可言的并不是牛排的美味，而是当火辣辣的牛排一上桌，那嘶嘶作响的油爆声。广告标语也是一样，有时候一句广告标语可能并没有实质性的内容，但是它的语言文字给人美的享受和美好的联想往往会打动受众。

比如，1951年智威汤逊芝加哥公司为世界最大的钻石商戴比尔斯创作的广告语"钻石恒久远，一颗永流传"依然震撼着人们的心灵。这句广告语不仅道出了钻石的真正价值，而且使人们把钻石与爱情联系起来，给天下有情人一种长相厮守、弥足珍贵的美妙感觉，使人浮想联翩。再比如，德芙巧克力广告标语"牛奶香浓，丝般感受"，用丝绸来形容巧克力细腻滑润的感觉，给人美的享受。

（4）通俗、上口。在纷繁的广告信息当中，消费者唯一能记住的往往就是广告标语。而通俗、朗朗上口的语言更容易让人记住。1907年美国总统西奥多·罗斯福访问麦斯威尔工厂时，经理请他品尝一杯咖啡。他一口气把咖啡喝完，满意地赞美说："喝到最后一滴都是香的！"还把杯子倒过来给经理看。总统的言行立刻使经理产生灵感，于是"滴滴香浓，意犹未尽"这一经典广告标语问世。100多年过去了，此广告标语仍然不失其光彩，也得益于它的通俗易懂、朗朗上口。

二、广告文案附文创意

尽管不是所有广告文案都会有附文，但附文往往在广告受众阅读正文后有所触动时，能进一步激发他们的购买动机和购买行为。

1. 附文的作用

附文的作用有以下几点：

（1）是对广告正文的补充和辅助。

（2）强化企业或商品特征。

（3）促进销售行为的实施。

2. 附文的内容

附文的内容如下：

（1）企业标志内容。企业标志内容包括企业名称、企业专用字体、专用颜色、企业标识等。

（2）商品或服务标识内容。商品或服务标识内容包括商品或服务的商标、商品名称等。

（3）联系方式。联系方式包括广告主地址、电话、传真、网址、邮编、具体联系方式等。

（4）获奖或权威认证。获奖应该是被政府认可的，认证是权威机构颁发的专利证书、产品质量认证等。

（5）其他。包括产品价格、优惠办法、获得服务的方式、赠品、获奖方式等。

3. 附文的常见类型

（1）常规式。常规式附文的内容往往是企业名称、商品标识、企业地址、联系人、联系方式等。

（2）附言式。附言式附文常用一些"特别提醒"、"惊喜"、"好消息"等词语领起，用个性化的语句，突出广告的人情味，以促使消费者采取行动。比如，"好消息！如果您在11月11日购买我们的产品，将有好礼相送。"

（3）条签式。条签式附文是在广告文案中设计一张简短的条签，它可以是一张回邮单，也可以是抽奖方式或其他内容。一般用虚线或方格形式置于广告文案之后或某个边角比较醒目的位置。主要是鼓励受众对广告信息作出反应。

链接：广告文案创作的实用技巧

（1）简洁。就是尽量使用短的、受众熟悉的词语、句子和段落。

（2）明确。信息越明确，越容易抓住注意力越好。

（3）主题单一。只表达一个主旨，避免四面出击。

（4）原创。避免模仿，避免堆砌广告短语，避免用夸张性语言及陈词滥调。

（5）新颖。就是别出心裁，不落俗套，以新取胜（如图9-5所示）。

（6）趣味。就是要幽默、有情趣。

（7）准确。就是要准确地反映商品或企业的主要特点。

（8）奇特。就是奇特、独到。

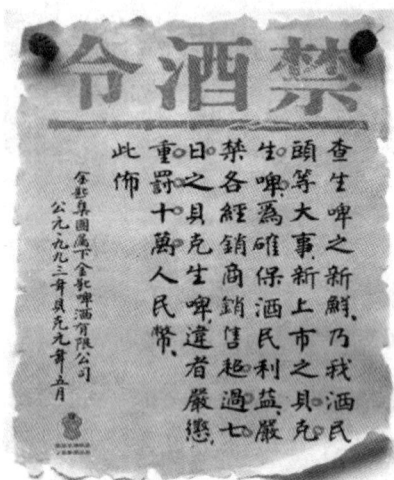

客户：贝克啤酒
广告公司：上海奥美广告有限公司
创意总监：范可钦
美术：黎音
文案：杨舸

图9-5 广告文案新颖案例

第十章

我国广告监督管理环境

作为商品经济发展的产物，广告业已随着商品经济的发展而日渐成熟。但是，广告从其产生之日起，就被作为一种营销手段和市场竞争手段，其最主要的功能就是促进商品或服务的销售。有时，广告不可避免地被不法商人作为商业投机甚至商业欺诈的手段。或者，广告宣传中含有迷信、淫秽、暴力等不健康的内容，等等。这些不法行为不仅会对社会经济秩序造成干扰，侵害消费者的合法权益，也会对人们的身心健康造成负面影响。为了维护经济秩序，保护正当竞争，保证广告业健康发展，国家职能管理机关以立法的形式，依法对广告活动加以监督管理是十分必要的。

熟悉广告监督管理环境，对消费者、广告主、广告经营者及广告管理者而言都有十分重要的意义。对消费者而言，熟悉广告管理环境，可以更好地辨识广告的真伪、优劣，以保护自身的合法权益；对广告主及广告经营者而言，更多的是确保自身的行为符合法律规范；对广告管理者而言，熟悉广告管理法规，则可以确保自己更好地履行广告监督管理的职责，促进广告行业的健康发展。

第一节
我国广告监督管理体系

我国的广告管理体系是由国家行为的政府管理、广告行业的自我管理和消费者的社会监督三部分构成的。国家行为的政府管理主要依据的是法律、法规及各种规章制度；广告行业的自我管理主要凭借的是道德；而消费者的社会监督所执的则是法律和道德的双鞭。

所有从事广告活动的自然人、法人和其他组织（主要是指各类广告主、广告经营者、广告发布者及广告荐证者），只要在中华人民共和国境内从事的一切广告活动（包括设计、制作、发布、代理等）都要接受政府的管理和社会的监督，还应当严格自律。

一、国家行为的政府管理

如前所述，国家行为的政府管理主要依靠相关行政管理机构，依据法律、法规进行管理。

1. 广告监督管理的行政职能部门

在我国，"国务院工商行政管理部门主管全国的广告监督管理工作，国务院有关部门在各自的职责范围内负责广告管理相关工作。县级以上地方工商行政管理部门主管本行政区域的广告监督管理工作，县级以上地方人民政府有关部门在各自的职责范围内负责广告管理相关工作。"2014 年 8 月 25 日，第十二届全国人大常委会第十次会议初次审议了《中华人民共和国广告法（修订草案）》[以下简称《广告法》（修订草案）]，《广告法》（修订草案）第 7 条对广告监督管理的行政职能部门做出了上述规定。

国家工商行政管理局下设广告监督管理司，其主要职责有：负责拟订广告业发展规划、政策措施并组织实施；拟订广告监督管理的具体措施、办法；组织、指导监督管理广告活动；组织监测各类媒介广告发布情况；查处虚假广告等违法行为；指导广告审查机构和广告行业组织的工作。各省、市、自治区、直辖市、地、县、市工商管理局下设广告监管处、科、股，具体负责和实施对广告的管理。

链接：其他国家主要的广告管理机构

在美国，商业广告的主要管理机构是成立于 1914 年的联邦贸易委员会（Federal Trade Commission，FTC）。其主要职责是制定广告管理规章并负责监督实施，调查处理消费者对广告的控告，召开听证会，处理虚假不实、不公平的广告等。

在英国，负责管理广告的政府机构主要是英国广告标准管理局和独立广播局。广告标准管理局全权负责英国户外、印刷和剧院等广告媒体的标准制定以及刊播范围，同时对消费者投诉的广告进行审理、裁定。独立广播局是专门针对广播、电视等电子媒体广告进行管理的机构。

在法国，有一个叫做"正确的广告办事处（BVP）"机构，是政府对广告实施管理的主要机构。它具体监督广告活动，监视违反各种规章和标准的行为，其目的是维护一般大众的利益，促进广告的合法、真实。法国的广告业实行事前审查制度，未经审查机构批准的广告，不得在任何媒介上刊登。BVP是消费者协会和主要广告经营者组成的民间广告审查组织，它站在消费者立场上，对全国各类广告进行审核。法国的另一个广告审查机构是电子媒介广告的审查机构RFP。RFP创立于1968年，由法国政府和3家国家电视台以及法国消费者协会等单位组成，是一个半官方性质的组织。

在日本，广告监督管理的政府机构，主要是成立于1974年的日本广告审查机构，它主要对广告客户进行管理。该机构的主要任务是对广告的内容进行审查，并受理消费者对广告的投诉，协调消费者团体与政府机构之间的关系，促进广告主、媒介、广告业务自律团体之间的联系合作等，以维护消费者利益。

2. 广告管理法律体系

广告管理法律体系是调整广告主、广告经营者、广告发布者共同参与的广告活动的有关法律、法规、规章的总称。

（1）法律。法律是指由全国人民代表大会及其常务委员会依照立法程序制定的规范性文件，具有普遍的约束力和强制力。如1995年2月1日正式实施的《中华人民共和国广告法》（以下简称《广告法》），它是我国广告管理法律体系中的"母法"。只要是在中华人民共和国境内从事广告活动的任何单位或个人，都必须严格遵守《广告法》的有关规定。

《广告法》自1995年2月1日施行以来，在规范广告活动、促进广告业健康发展和保护消费者权益方面发挥了重要作用。近年来，随着我国广告业的迅速发展和互联网的广泛应用，广告发布的媒介和形式发生了较大变化。现行《广告法》的有关规定过于原则，约束力不强，对一些新问题、新情况缺乏规范，已不能完全适应广告业发展的客观需要。2014年6月4日国务院召开常务会议，讨论通过了《广告法》(修订草案)，2014年8月25日，《广告法》(修订草案)提交全国人大常委会审议。

《广告法》(修订草案)在原有《广告法》基础上进一步加强了对商业广告的管理力度，将原有的《广告法》从49条增加至75条。据公开发布的信息，《广告法》(修订草案)针对广告领域出现的新情况、新问题制定出了有针对性的禁止性规定和处罚措施。特别加大了对广大人民群众关注的虚假违法广告的处罚力度，并从扩大法律调整范围，补充、完善广告准则和广告活动规范，严格媒体责任，提高行政处罚的可操作性和震慑力等方面对现行《广告法》进行了修订。其中包括：

1) 完善广告定义，扩大调整范围，明确界定虚假广告的概念和表现形式。

2) 补充完善了广告准则和活动规范。对广告的一般性要求和禁止性规定作了补充、完善，新增了关于国务院有关部门有权制定广告准则的规定，充实和细化重点商品、服务广告内容准则和广告活动规范，修订或新增食品、药品、医疗、教育培训、招商投资等类型广告的准则，完善广告经营者、广告发布者经营行为规范，增加专条规定广告活动中的未成年人保护问题。

3) 引入了"广告荐证者"的法律概念，并对其行为规范和法律责任做出了明确规定。

4) 加大了对虚假违法广告的惩治力度。对发布虚假广告、含有禁止情形的广告、依法应在发布前审查而未审查的广告等违法行为，加大了对其广告主、广告经营者和广告发布者的惩处力度，提高了罚款额度，完善了虚假违法广告行政罚款的确定方式。

5) 强化了工商行政管理机关及有关部门对广告市场监管的职责职权，明确了以工商行政管理机关为主、各部门分工配合的管理体制。

6) 在涉及广告监管的有关行政许可方面，将原来的许可名称由"广告经营登记"改为"广告发布登记"，同时将从事广告发布业务的互联网站也纳入需取得广告发布登记的范围。

7) 规定工商行政管理部门应当建立广告监督管理信息系统，将广告主、广告经营者、广告发布者和广告荐证者的违法广告行为记入信用档案。

除《广告法》之外，其他的相关法律中也都有专门针对广告的相关规定。如《消费者权益保护法》、《反不正当竞争法》、《食品安全法》、《合同法》、《民法通则》、

《商标法》等。

（2）法规。法规即行政法规，是指国务院依据宪法、法律、法令制定的规范性文件的总称。如 1987 年 12 月 26 日国务院颁布的《广告管理条例》（以下简称《条例》）；1988 年国家工商局发布了《广告管理条例施行细则》（以下简称《细则》），2004 年 11 月 30 日修订的《细则》于 2005 年 1 月 1 日起实施。《条例》及其《细则》是广告管理的主要法规，它对《广告法》起到拾遗补阙的作用，与《广告法》并行，共同对广告业的广告活动及各方关系进行管理。

（3）规章。规章是国务院各部门依据法律、法规制定的有关行政管理、行业管理等方面的各种规则、章程、制度的总称，如国家工商行政管理局、卫生部 1992 年 6 月 1 日联合制定的《药品广告管理办法》。此外，我国有关广告管理的规章还有《医疗器械广告管理办法》、《户外广告管理办法》、《烟草广告管理办法》、《印刷品广告管理办法》等。

二、广告行业的自我管理

1. 世界广告业自律的历史沿革

总体而言，政府行政管理机构对广告活动进行的管理，是一种宏观管理，是依据法律对广告不法行为采取的强制管理。在市场竞争活动中，参与广告活动的广告主、广告经营者、广告媒体单位越来越意识到，讲诚信、不损害消费者利益、不违反政府相关规定会更加有利于自身的长远发展。因此，他们更多地会主动配合政府和消费者，进行广告行为的自我约束。

自 1911 年美国倡导"广告真实运动"以来，广告行业自律随着广告业自身的发展以及保护消费者权益运动的日益高涨而进入萌芽期。20 世纪 30 年代，面对不良的广告行为和越来越多的消费者的批评、抗议，世界各国广告界人士迫切要求联合进行行业内部自我约束。1937 年，国际商会为了迎合这一愿望，颁布了第一个正式的行业广告法规《广告实践国际法规》，法规颁布不久，就在欧美得到了广泛的认可，以后又根据社会经济的发展作了一些修改。一些国家如丹麦、法国、德国、比利时和挪威等，还将此法规作为法庭判决的依据。

从 20 世纪 40 年代末到 50 年代初，亚欧、北美各国纷纷建立了广告自律机制。全美广告公司协会制定的一套"创意规则"约束它的成员达 60 年之久。20

世纪 70 年代初，几乎所有的发达国家都具有自律机构。1981 年国际商会在《保护消费者事业的成本效益分析》报告中指出，广告业自律"一般能建立起一个较快、较灵活、较有效的保护消费者权益的方式"。①

目前，世界各国广告界都普遍实行行业自律。美国、日本等国的自律法规和机制已经很完善，其作用有时甚至超过了政府制定的许多广告法规。

2. 我国的广告业自律

（1）我国最早的广告自律规范。在我国，广告自律也是由来已久。1919 年 4 月 15 日，全国报界联合会于上海成立。1920 年 5 月 5 日，全国报界联合会在广州召开的第二届常务会议上，来自全国各地报馆的 120 家通讯社到会，代表共计 196 人。他们共同签署了《劝告禁载有恶影响于社会之广告案》。《劝告禁载有恶影响于社会之广告案》是我国最早的广告自律文件，抵制恶俗广告的主张，得到了当时主流媒体的充分响应，产生了广泛的社会影响。

链接:《劝告禁载有恶影响于社会之广告案》

广告固为报社营业收入之一种，然报纸之天职在改良社会，如广告有恶影响于社会者，则与创办报社之本旨已背道而驰，如奖券为变相之彩票。究其弊可以凋敝民力而促其生计，且引起社会投机之危险思想。又如春药及诲淫之书，皆足以伤风败俗，惑乱青年。此种广告，皆与社会发生极大之恶影响，而报纸登载，恬不为怪。虽曰营业，毋乃玷污主持舆论之价值乎？且贪有限之广告，而种社会无量之毒，抑亦可以休矣。报界联合会为全国报界之中枢，有纠正改良之责，宜令在会各报一律禁载上述之广告。其类此者，亦宜付诸公决，禁止登载。牺牲广告费之事小，而影响于社会大也。

（2）我国广告界最早的行业自律组织。1919 年，"中国广告公会"在上海成立。这是我国最早的广告行业自律组织。该协会会员主要有申报馆、商务印书馆、美孚洋行、南洋公学、英美烟公司、密勒氏评论报、海宁洋行、慎昌洋行、万国函授学校以及美国驻上海领事馆等中外企事业单位及机构。万国学校的海格（Hager）为首任会长，不久由商务印书馆的编辑部主任邝富灼博士担任会长。该

---

① 朱李明. 广告监督管理 [M]. 南京：河海大学出版社，1997.

公会自成立以后，曾多次开会交流行业经验，探讨广告学术问题，并曾就参与世界广告组织的事宜进行商讨。

（3）旧中国规模最大的广告行业组织。1927年，"中华广告公会"成立，该公会的宗旨是调解同业间纠纷和争取同业的利益。中华广告公会由上海维罗广告公司、耀南广告社等六家广告公司发起成立，其负责人是维罗广告公司的王梓濂和耀南广告社的郑耀南。1930年，中华广告公会更名为上海市广告业同业公会。1932年，上海市广告业同业公会改组后又更名为上海特别市广告业同业公会。1946年，上海特别市广告业同业公会已发展壮大，并更名为上海市广告商同业公会。1947年8月，会员总数为65家，大致分为报业、路牌、其他三大类。三类中报纸组实力最强，为公会之中坚力量。上海市广告商同业公会是旧中国规模最大的广告行业组织，它的成立对于缓解同行之间的矛盾、维护广告业良好的社会形象和促进广告业的健康发展起到了积极的作用，使上海地区成为民国时期广告业最为繁盛的地区。①

（4）改革开放后我国广告业自律组织。1949年新中国成立至1979年的30年间，由于新中国成立初期对工商业的"社会主义改造"和"公私合营"，以及1957年"以阶级斗争为纲"的指导思想的泛滥，加之1966年5月开始的长达10年的"文化大革命"中"破四旧、立四新"运动等，使我国的商业广告遭受了严重的摧残和破坏。

改革开放以后，我国的广告业才开始重新起步，逐渐走向复兴。1979年被广告学者称为中国现代广告业复兴的元年。1979年1月28日，也就是农历新年正月初一，上海电视台播放了长达10秒的"上海电视台即日起受理广告业务"的幻灯片广告，继而播出一条长达1分30秒的参桂补酒广告。当时还因电视台作为党和政府的喉舌和舆论宣传机构该不该做广告的问题引起了一场激烈的争论。1979年3月15日，中央电视台首次播出外商广告，即"西铁城——星辰表誉满全城"手表广告。

1981年，为适应国际广告活动的需要，在原对外经济贸易部的领导下，创立了中国对外经济贸易广告协会（2005年后经商务部和民政部批准更名为中国商务广告协会，并由商务部领导）；1983年12月27日，经国务院批准，中国广

---

① 杨海军.中外广告史新编［M］.上海：复旦大学出版社，2009.

告协会在北京召开了第一次代表大会，大会宣布中国广告协会正式成立；1987年5月，中国广告协会和中国对外经济贸易广告协会共同组成国际广告协会中国分会；1990年，中国广告协会制定了《广告行业自律规则》，目的在于树立良好的行业风气，维护公平竞争，抵制不正当竞争，以建立良好的广告经营秩序，提高广告业道德水准和主题服务水平。同时，中国广告协会还制定了《广告行业岗位职务规范（试行）》，旨在提高广告从业人员的素质，逐步实现广告的专业化、社会化，提高广告业的服务水平。

《广告法》（修订草案）第8条新增一项规定：广告行业组织应当加强行业自律，引导广告主、广告经营者、广告发布者、广告荐证者依法从事广告活动，推动广告行业诚信建设。

3. 广告行业自律的特点

因为广告行业组织是民间自发形成的，因此它具有以下特点：

（1）自愿性。广告行业自律是广告业者自愿的行为。广告行业组织是广告业者自愿组建的，它们制定了共同的行为准则，通过维护行业整体利益来达到维护各自利益的目的。对此，任何组织和个人都无权干涉，无权强制广告业者参加行业组织。但是，一旦加入了广告行业自律组织，对组织的规章制度都必须无条件遵守，否则，自律组织有权取消其会员资格。

（2）广泛性。广告行业自律主要依靠伦理道德准则来实施自我管理，即便是没有相应的法律规范的强制约束，也都能发挥其自我约束的作用。从这个意义上讲，广告业自律的范围更加广泛。

（3）灵活性。广告行业的自律规则是广告业者在法律、法规的框架下制定的，它不能超越法律，但是它可以补充法律的不足。而且，相比较于法律、法规而言，广告自律规则的实施过程中，一旦发现有不完善或需要修订的地方，其制定、修订、废止等程序要简单灵活得多。

三、消费者的社会监督

广告社会监督的主体是广大消费者和消费者组织。社会监督主要是根据政府颁布的法律、法规，对广告业者的广告行为进行监督，对广大消费者最为关注的虚假广告以及其他各类违法广告向有关部门进行举报或投诉，或者通过自媒体向社会进行公布。

在我国，履行广告社会监督的主要组织是消费者协会。1983 年 8 月，在北京成立了"全国用户委员会"，从功能上履行了消费者协会的职能；1983 年 9 月，广州成立了消费者委员会，这是中国第一个城市消费者组织；1984 年 12 月 26 日，由工商行政管理、技术监督、进出口检验、物价、卫生等部门及工会、妇联、共青团中央等组织发起，经国务院批准，中国消费者协会在北京成立。随后，各省、各地区纷纷建立了自己的消费者协会。

《广告法》（修订草案）第 53 条新增规定：任何单位或者个人有权向工商行政管理部门和有关部门投诉、举报违反本法的行为。工商行政管理部门应当向社会公开受理投诉、举报的电话、信箱或者电子邮件地址，接到投诉、举报应当依法做出处理，并将处理结果及时告知投诉、举报人。

第一节
我国广告准则

广告准则又称广告标准，是广告法律、法规对广告内容及形式的要求，主要表现为对广告内容和形式的某些特定要求和某些限制性规定及禁止性要求。广告准则是广告活动主体必须遵守的基本行为规范，也是工商行政管理机关依法进行广告监督管理的基本依据。由于各类商品对人们的影响不同，商品广告带来的后果也不尽相同，特别是药品、食品等特殊商品关乎人们的身体健康及生命安全。因此，广告准则既要对所有商品广告内容和形式做出一般性规定，也要对特殊商品做出特别规定。

根据广告准则的作用和范围以及重要程度的不同，广告准则分为一般广告准则和特殊广告准则两大类。

一、一般广告准则

一般广告准则是所有广告的内容和形式必须遵守的最根本的准则，适用于所有广告。主要表现为广告的法律、法规对一切广告内容和形式的要求，以及对广告内容和形式的限制及禁止性规定。一般广告准则主要包括：

1. 广告要真实、合法

广告应当真实、合法，符合社会主义精神文明建设和弘扬中华民族优秀传统文化的要求 [《广告法》（修订草案）第 4 条]。

2. 广告内容要真实

广告不得含有虚假的内容，不得欺骗和误导消费者 [《广告法》（修订草案）第 5 条]。

3. 要遵守法律、法规

广告主、广告经营者、广告发布者、广告荐证者从事广告活动，应当遵守法律、行政法规，遵循公平、诚实信用的原则 [《广告法》（修订草案）第 6 条]。

4. 广告内容要清楚

广告中对商品的性能、功能、产地、用途、质量、成分、价格、生产者、有效期限、允诺等或者对服务的内容、提供者、形式、质量、价格、允诺等有表示的，应当清楚、明白 [《广告法》（修订草案）第 9 条第 1 款]。

5. 广告的禁止内容

广告不得有下列情形 [《广告法》（修订草案）第 10 条]：

（1）使用或者变相使用中华人民共和国国旗、国徽、国歌。

（2）使用或者变相使用国家机关或者国家机关工作人员的名义或者形象。

（3）使用"国家级"、"最高级"、"最佳"等用语，但是依法取得的除外。

（4）损害国家的尊严或者利益，泄露国家秘密。

（5）妨碍社会安定，损害社会公共利益。

（6）危害人身、财产安全，泄露个人隐私。

（7）妨碍社会公共秩序或者违背社会良好风尚。

（8）含有淫秽、色情、赌博、迷信、恐怖、暴力的内容。

（9）含有民族、种族、宗教、性别歧视的内容。

（10）妨碍环境、自然资源或者文化遗产保护。

6. 广告内容要保护未成年人和残疾人

广告不得损害未成年人和残疾人的身心健康 [《广告法》（修订草案）第 11 条]。

7. 内容与许可一致

广告内容涉及的事项需要取得行政许可的，应当与许可的内容相符合［《广告法》（修订草案）第 12 条］。

8. 引证内容要准确

广告使用数据、统计资料、调查结果、文摘、引用语等引证内容的，应当真实、准确，并表明出处。引证内容有适用范围和有效期限的，应当明确表示［《广告法》（修订草案）第 12 条］。

9. 对专利产品的规定

广告中涉及专利产品或者专利方法的，应当标明专利号和专利种类；未取得专利权的，不得在广告中谎称取得专利权；禁止使用未授予专利权的专利申请和已经终止、撤销、无效的专利作广告［《广告法》（修订草案）第 13 条］。

10. 广告不得贬低其他竞争对手

广告不得贬低其他生产经营者及其商品或者服务［《广告法》（修订草案）第 14 条］。

11. 广告不得以新闻形式刊发

广告应当具有可识别性，能够使消费者辨明其为广告；大众传播媒介不得以新闻报道形式发布广告。通过大众传播媒介发布的广告应当有广告标记，与其他非广告信息相区别，不得使消费者产生误解［《广告法》（修订草案）第 15 条］。

二、特殊广告准则

特殊广告准则是针对药品、医疗器械、烟草制品等与人们的身体健康和生命安全密切相关的产品以及教育、投资等与人们的财产安全密切相关产品的一些限制性要求和禁止性的规定。主要包括：

1. 药品、医疗器械、医疗及保健品广告

根据《中华人民共和国药品管理法》第 102 条关于药品的定义：药品是指用于预防、治疗、诊断人的疾病，有目的地调节人的生理机能并规定有适应症或者功能主治、用法和用量的物质，包括中药材、中药饮片、中成药、化学原料药及其制剂、抗生素、生化药品、放射性药品、血清、疫苗、血液制品和诊断药品等。

《医疗器械广告管理办法》第 2 条规定："凡利用各种媒介或形式发布有关用

于人体疾病诊断、治疗、预防，调节人体生理功能或替代人体器官的仪器、设备、装置、器具、植入物、材料及其相关物品的广告，均属本办法管理范围。"

对药品、医疗器械、医疗及保健品广告主要有以下规定：

（1）禁止在依照药品管理法律、行政法规确定的药学、医学专业刊物以外的媒介发布处方药广告。处方药广告应当在显著位置标明"本广告仅供医学药学专业人士阅读"字样，非处方药广告应当在显著位置标明"请按药品说明书或者在药师指导下购买和使用"字样。

推荐给个人自用的医疗器械的广告，应当标明"请仔细阅读产品说明书或者在医务人员的指导下购买和使用"字样。医疗器械产品注册证明文件中有禁忌内容、注意事项的，广告中应当标明"禁忌内容或者注意事项详见说明书"字样〔《广告法》（修订草案）第16条〕。

（2）医疗器械广告应当真实、合法，不得含有虚假、夸大、误导性的内容。医疗器械广告应当经医疗器械生产企业或者进口医疗器械代理人所在地省、自治区、直辖市人民政府食品药品监督管理部门审查批准，并取得医疗器械广告批准文件。广告发布者发布医疗器械广告，应当事先核查广告的批准文件及其真实性；不得发布未取得批准文件、批准文件的真实性未经核实或者广告内容与批准文件不一致的医疗器械广告。省、自治区、直辖市人民政府食品药品监督管理部门应当公布并及时更新已经批准的医疗器械广告目录以及批准的广告内容（《医疗器械监督管理条例》第45条）。

（3）药品、保健食品、医疗器械、医疗广告应当符合下列要求〔《广告法》（修订草案）第16条〕：

1）不得含有不科学的表示功效的断言或者保证。

2）不得说明治愈率或者有效率。

3）不得与其他药品、医疗器械的功效和安全性或者其他医疗机构比较。

4）不得利用医药科研单位、学术机构、医疗机构、行业协会或者专业人士、患者的名义作推荐、证明。

5）不得含有法律、行政法规规定禁止的其他内容。

6）麻醉药品、精神药品、医疗用毒性药品、放射性药品等特殊药品以及戒毒治疗的药品、医疗器械和治疗方法，不得作广告。

（4）不得在针对未成年人的大众传播媒介上或者在针对未成年人的频率、频道、节目、栏目上发布药品、医疗器械、医疗广告［《广告法》（修订草案）第40条第2款］。

（5）除药品、医疗器械、医疗广告外，禁止其他任何广告涉及疾病治疗功能，并不得使用医疗用语或者易使推销的商品与药品、医疗器械相混淆的用语［《广告法》（修订草案）第25条］。

2. 农药、兽药、饲料和饲料添加剂广告

农药、兽药、饲料和饲料添加剂广告应当符合下列要求［《广告法》（修订草案）第19条］：

（1）不得含有表明安全性的绝对化断言。

（2）不得含有不科学的表示功效的断言或者保证。

（3）不得利用科研单位、学术机构、技术推广机构、行业协会或者专业人士、用户的名义作推荐、证明。

（4）不得说明有效率。

（5）不得含有违反安全使用规程的文字、语言或者画面。

（6）不得含有法律、行政法规规定禁止的其他内容。

3. 烟草、酒类广告

（1）关于发布烟草广告的媒体及场所的禁止性规定［《广告法》（修订草案）第40条］：

1）禁止利用广播、电影、电视、报纸、期刊、图书、音像制品、电子出版物、移动通信网络、互联网等大众传播媒介和形式发布或者变相发布烟草广告。

2）禁止在各类等候室、影剧院、会议厅堂、体育比赛场馆、图书馆、文化馆、博物馆、公园等公共场所以及医院和学校的建筑控制地带、公共交通工具设置烟草广告。禁止设置户外烟草广告。

（2）烟草、酒类广告应当符合下列要求［《广告法》（修订草案）第21条］：

1）不得出现吸烟、饮酒形象。

2）不得使用未成年人的名义或者形象。

3）不得诱导、怂恿吸烟、饮酒或者宣传无节制饮酒。

4）不得明示或者暗示吸烟、饮酒有消除紧张和焦虑、增加体力等功效。

发布烟草广告，应当经县级以上地方工商行政管理部门批准。经批准发布的烟草广告中应当标明"吸烟有害健康"字样。

4. 教育、培训广告

教育、培训广告应当符合下列要求［《广告法》（修订草案）第22条］：

（1）不得对升学、通过考试、获得学位、学历、合格证书，或者对教育、培训的效果作出保证性承诺。

（2）不得宣传有考试机构或者其工作人员、考试命题人员参与教育、培训。

（3）不得利用科研机构、学术机构、行业协会、专业人士、受益者的名义作推荐、证明。

5. 招商等有投资回报预期的商品或者服务广告

招商等有投资回报预期的商品或服务广告应当符合下列要求［《广告法》（修订草案）第23条］：

（1）对可能存在的风险以及风险责任承担有合理提示或者警示。

（2）不得对未来效果、收益或者与其相关的情况作出保证性承诺，不得明示或者暗示保本、无风险或者保收益等，国家另有规定的除外。

（3）不得利用学术机构、行业协会、专业人士、受益者的名义作推荐、证明。

6. 房地产广告

房地产广告应当符合下列要求［《广告法》（修订草案）第24条］：

（1）不得出现融资或变相融资的内容，不得含有升值或投资回报的承诺。

（2）项目位置应当以该项目到达某一具体参照物的现有交通干道的实际距离表示，不得以所需时间表示。

（3）涉及价格的应当符合国家有关规定，并明示价格的有效期限。

（4）涉及规划或者建设中的交通、商业、文化教育设施以及其他市政条件的，应当明确表示。

（5）面积应当表明为建筑面积或者套内建筑面积。

（6）房源信息应当真实。

7. 农作物种子、林木种子、草种子、种畜禽、水产苗种和种养殖广告

关于品种名称、生产性能、生长量或者产量、品质、抗性、特殊使用价值、经济价值、适宜种植或者养殖的范围和条件等方面的表述应当真实、清楚、明白，并应当符合下列要求［《广告法》（修订草案）第25条］：

（1）不得作科学上无法验证的断言。

（2）不得含有不科学的表示功效的断言或者保证。

（3）不得对经济效益进行分析、预测或者作保证性承诺。

（4）不得利用科研单位、学术机构、技术推广机构、行业协会或者专业人士、用户的名义作推荐、证明。

第三节
广告违法行为及其处罚

广告违法行为是指广告活动的主体在广告经营、广告发布、广告荐证及其他广告活动中，违反我国广告管理的相关法律和行政法规，并危害社会的有过错的行为。广告违法主要涉及广告内容违法、广告表现形式违法、广告经营过程违法及广告荐证行为违法等。广告违法行为的社会危害性大，它不仅会严重扰乱市场秩序，侵害消费者利益，损害其他经营者的合法权，还在客观上影响了我国社会主义市场经济的健康发展。因此，广告监督管理机关和司法机关必须对广告违法行为严加防范和严厉查处。

一、广告违法行为的法律责任及法律制裁

广告违法行为的法律责任主要包括民事责任、经济责任、行政责任和刑事责任。违法广告行为分为一般违法行为和严重违法行为两类。一般违法行为的责任者或单位应承担经济责任、民事责任和行政责任；严重违法行为的直接责任者应承担刑事责任。

广告监督管理机关和司法机关依据违法主体应承担的法律责任，给予违法主体以法律制裁。法律制裁包括行政处罚和刑事处罚。

1. 行政处罚

行政处罚是工商行政管理机关对违反广告管理法规的广告市场主体，依照行政程序和权限所给予的行政制裁，包括以下几项：

（1）停止发布广告，公开更正。

（2）停业整顿。

（3）吊销营业证照。

（4）没收非法所得。

（5）罚款。

2. 刑事处罚

刑事处罚，是我国司法机关对违反广告监督管理法规造成严重后果，触犯刑律的犯罪分子给予的法律制裁。

在这里，应注意区分刑事处罚与广告监督管理执法的联系与区别：①二者制裁的对象都是广告违法行为者。但是，违反广告监督管理法规，受到工商行政管理机关处罚的既有法人，也有自然人；受刑事处罚的，通常只有自然人。②二者处罚的程度不同。在广告监督管理法规的处罚中，最重的处罚只是吊销营业证照。而刑法处罚却对犯罪分子处以有期徒刑、无期徒刑乃至死刑。③法律处罚执行机关不同。行使广告法处罚的机关是工商行政管理机关，行使刑法处罚的机关是司法机关。

二、主要的广告违法行为及其处罚

1. 无证照经营

无证照经营行为是指未经工商行政管理机关签发营业证照而擅自承办广告业务的行为。我国《广告管理条例》第 6 条规定："经营广告业务的单位和个体工商户（以下简称广告经营者），应当按照本条例和有关法规的规定，向工商行政管理机关申请，分别情况办理审批登记手续。"未经登记，或者申请登记未获批准者，不得承办广告业务。

（1）无证照经营的主要表现形式。无证照经营的表现形式主要有以下几种：

1）企事业单位未经工商行政管理机关和有关部门批准，自行设置路牌等户外广告设施，发布广告。

2）个体工商户未经工商行政管理机关批准承办、制作、代理和发布广告业务。

3）新闻出版部门未经工商行政管理机关批准而承办广告业务。

4）兼营广告业务的单位中，非广告经营部门经营广告业务。

5）未经有关部门批准，大量发行邮寄广告。

6）未经有关部门批准，承办经营性印刷品广告。

7）未经有关部门批准，承办赞助广告等。

（2）对无证照经营的处罚。根据 2005 年 1 月 1 日起正式实施的《广告管理条例施行细则》第 19 条规定，广告经营者违反《条例》第 6 条规定，无证照经营广告业务的，按照《无照经营查处取缔办法》有关规定予以处罚。

《无照经营查处取缔办法》第 14 条规定：对于无照经营行为，由工商行政管理部门依法予以取缔，没收违法所得；触犯刑律的，依照刑法关于非法经营罪、重大责任事故罪、重大劳动安全事故罪、危险物品肇事罪或者其他罪的规定，依法追究刑事责任；尚不够刑事处罚的，并处 2 万元以下的罚款；无照经营行为规模较大、社会危害严重的，并处 2 万元以上 20 万元以下的罚款；无照经营行为危害人体健康、存在重大安全隐患、威胁公共安全、破坏环境资源的，没收专门用于从事无照经营的工具、设备、原材料、产品（商品）等财物，并处 5 万元以上 50 万元以下的罚款。

2. 超越经营范围

超越经营范围是指广告经营者和广告客户超越工商行政管理机关批准营业证照所明确规定的营业范围而经营广告业务的行为。

（1）超越经营范围的主要表现。超越经营范围主要有以下几种形式：

1）广告兼营单位跨媒介代理广告业务。

2）仅被批准经营国内广告业务的广告经营者承办外商来华广告。

3）仅被批准设计和制作广告业务，而承办代理和发布广告业务，等等。

（2）对超越经营范围的处罚。根据《细则》的规定，超越经营范围经营广告业务的，按照企业登记管理法规的有关规定予以处罚。

我国《公司登记管理条例实施细则》第 63 条第 4 款规定：超出核准登记的经营范围或者经营方式从事经营活动的，视其情节轻重，予以警告，没收非法所得，处以非法所得额 3 倍以下的罚款，但最高不超过 3 万元，没有非法所得的，处以 1 万元以下的罚款。同时违反国家其他有关规定，从事非法经营的，责令停业整顿，没收非法所得，处以非法所得额 3 倍以下的罚款，但最高不超过 3 万元，没有非法所得的，处以 1 万元以下的罚款；情节严重的，吊销营业执照。

3. 垄断和不正当竞争

（1）垄断和不正当竞争的主要表现。《条例》第 4 条规定：在广告经营中，禁止垄断和不正当竞争行为。第 8 条第（6）项规定：贬低同类产品的广告，不得刊播、设置、张贴。

广告经营中的垄断行为是指广告活动的当事人或经济组织对广告市场运行过程或这一过程的某些方面的排他性控制，即对广告竞争的限制和遏制行为。

广告经营中的不正当竞争行为主要有两种：一是采取贿赂、变相贿赂的手段招揽广告业务；二是编造、散布损害竞争对手商业信誉的不实消息，或用贬低同类产品以及其他手段侵害竞争对手的正当经营活动。

链接：不正当竞争——蒙牛陷害门事件

2010年7月16日，某报刊登了一篇所谓"深海鱼油造假严重"的新闻，随即网上相继出现大量宣传"深海鱼油不如地沟油"的攻击性文章。之后，网络攻击深海鱼油的行动有组织地向深层次发展，攻击添加深海鱼油的产品不能食用，最后矛头直指伊利实业集团股份有限公司生产的"QQ星儿童奶"，煽动消费者抵制加入了深海鱼油的伊利"QQ星儿童奶"。随后，相关文章纷纷出现在我国大型门户网站论坛、个人博客和百度等主流网站的问答栏目。

警方经过为期2个多月的缜密侦查发现，这起看似商战的事件，确系一网络公关公司受人雇用，有组织、有预谋、有目的、有计划，以牟利为目的实施的损害企业商业信誉案。警方证实：蒙牛"未来星"品牌经理安勇与北京博思智奇公关顾问有限公司共同商讨炒作打击竞争对手——伊利"QQ星儿童奶"的相关事宜，并制定网络攻击方案。这些网络攻击手段包括：寻找网络写手撰写攻击帖子，并在近百个论坛上发帖炒作，煽动网民情绪；联系点击量较高的个人博客博主撰写文章发表在博客上，并通过"推荐到门户网站首页"、"置顶"、"加精"等操作提高影响力；以儿童家长、孕妇等身份拟定问答稿件，"控诉"伊利乳业公司，并发动大量网络新闻及草根博客进行转载和评述，总计涉及费用约28万元。

（2）对广告垄断和不正当竞争的处罚。《细则》第18条规定：违反《条例》第4条、第8条第（6）项规定的，视其情节予以通报批评、没收非法所得、处五千元以下罚款或责令停业整顿；《广告法》（修订草案）第55条规定：广告贬低其他生产经营者或者其商品、服务的，由工商行政管理部门责令停止发布广告，没收广告费用，并处广告费用1倍以上3倍以下的罚款，广告费用无法计算的，处

10 万元以上 20 万元以下的罚款；情节严重的，并处广告费用 3 倍以上 5 倍以下的罚款，依法停止其广告业务，由有关许可部门吊销许可证件，直至吊销营业执照，广告费用无法计算的，处 20 万元以上 100 万元以下的罚款。

4. 虚假广告

《广告法》（修订草案）第 27 条规定：广告以虚假或者引人误解的内容欺骗、误导消费者的，构成虚假广告。

（1）虚假广告的主要表现。虚假广告的主要表现形式有下列几种：

1）推销的商品或者服务不存在。

2）推销的商品的性能、功能、产地、用途、质量、规格、成分、价格、生产者、有效期限、销售状况、曾获荣誉等信息，或者服务的内容、形式、质量、价格、销售状况、曾获荣誉等信息，以及与商品或者服务有关的允诺等与实际情况不符，对购买行为有实质性影响。

3）使用虚构、伪造或者无法验证的科研成果、统计资料、调查结果、文摘、引用语等信息作证明材料。

4）虚构使用商品或者接受服务的效果。

（2）对虚假广告的处罚。《广告法》（修订草案）第 54 条规定：由工商行政管理部门责令停止发布广告，责令广告主或者负有责任的广告经营者、广告发布者在相应范围内消除影响，没收广告费用，并处广告费用 3 倍以上 5 倍以下的罚款，广告费用无法计算的，处 20 万元以上 100 万元以下的罚款。

2 年内有 3 次以上虚假广告违法行为或者有其他严重情节的，并处广告费用 5 倍以上 10 倍以下的罚款，依法停止其广告业务，由有关许可部门吊销许可证件，直至吊销营业执照。广告费用无法计算的，处 100 万元以上 200 万元以下的罚款。

5. 新闻广告

（1）新闻广告及其危害。新闻广告是指新闻采编单位以新闻采编或新闻报道的名义经营与发布广告，收取广告费用或进行有偿采访的新闻行为。新闻是无偿的，而新闻广告是有偿的。新闻是由报刊社、通讯社、广播电台、电视台等新闻机构对当前社会事件所做的客观报道。而新闻广告则是一种商业行为，其内容由广告主提供，并支付给媒体广告费用。

新闻广告混淆了新闻报道和广告的界限。使人将广告误以为是新闻，利用了受众对新闻的信任，本身就是带有主观误导意图的虚假性信息，是违反新闻道德，带有欺骗性质的不法行为。新闻广告严重干扰了广告市场秩序，欺骗了消费者，是一种常见的违法广告行为。

（2）对新闻广告的处罚。我国《广告法》（修订草案）保留了《广告法》的规定："广告应当具有可识别性，能够使消费者辨明其为广告。大众传播媒介不得以新闻报道形式发布广告。通过大众传播媒介发布的广告应当有广告标记，与其他非广告信息相区别，不得使消费者产生误解。"《广告管理条例》第9条规定："新闻单位刊播广告，应当有明确的标志。新闻单位不得以新闻报道形式刊播广告，收取费用；新闻记者不得以采访的名义招揽广告。"

《细则》规定，新闻单位违反《条例》第9条规定的，视其情节予以通报批评、没收非法所得、处1万元以下罚款；《广告法》（修订草案）第55条也规定了对新闻广告的处罚方法：由工商行政管理部门责令停止发布广告，没收广告费用，并处广告费用1倍以上3倍以下的罚款，广告费用无法计算的，处10万元以上20万元以下的罚款；情节严重的，并处广告费用3倍以上5倍以下的罚款，依法停止其广告业务，由有关许可部门吊销许可证件，直至吊销营业执照，广告费用无法计算的，处20万元以上100万元以下的罚款。

6. 广告发布禁止的烟酒广告

（1）发布禁止的烟酒广告。发布禁止的烟酒广告是指广告主或广告经营者违反有关烟酒广告法律、法规规定的行为。我国《广告法》等有关法律对烟酒广告做出了一些禁止性规定（见本章第二节之特殊广告准则之烟草、酒类广告）。

（2）对发布禁止的烟酒广告的处罚。《广告法》（修订草案）第54条规定，对发布禁止的烟酒广告的处罚如下：由工商行政管理部门责令停止发布广告，责令广告主或者负有责任的广告经营者、发布者在相应范围内消除影响，没收广告费用，并处广告费用3倍以上5倍以下的罚款，广告费用无法计算的，处20万元以上100万元以下的罚款。

2年内有3次以上违法行为或者有其他严重情节的，并处广告费用5倍以上10倍以下的罚款，依法停止其广告业务，由有关许可部门吊销许可证件，直至吊销营业执照。广告费用无法计算的，处100万元以上200万元以下的罚款。

三、涉及广告的犯罪行为

任何犯罪都具有三个基本待证：社会危害性、刑事违法性和应受惩罚性。任何广告违法行为都具有社会危害性，但只有当广告违法行为的社会危害达到触犯刑律的程度时，才构成犯罪。涉及广告的犯罪行为主要包括以下几种：

1. 破坏社会主义经济秩序罪

破坏社会主义经济秩序罪是指违反国家财政经济管理法规，破坏国家经济管理活动，使社会主义国民经济遭受严重损害的行为。

此类犯罪有四个特点：①此类犯罪侵犯的客体是社会主义市场经济秩序。②客观方面表现为违反国家经济管理法规，破坏国家经济管理活动，严重扰乱破坏社会主义市场经济秩序的行为。③犯罪主体多数为一般主体，即具备责任能力的公民，少数是特殊主体，即国家工作人员。④有犯罪的主观故意，并且有特定的犯罪目的。

此类犯罪中涉及广告的犯罪行为主要有：

（1）生产、销售伪劣商品罪。《中华人民共和国产品质量法》中对生产、销售伪劣商品罪的描述是指：生产者、销售者在产品中掺杂、掺假，以假充真，以次充好或者以不合格产品冒充合格产品，销售金额达5万元以上的行为。违反广告管理的法律、法规，进行非法广告宣传，帮助生产、销售伪劣产品的行为，涉及金额达5万元以上的行为应当属于此类犯罪行为。

（2）扰乱市场秩序罪。扰乱市场秩序罪主要包括损害他人商业信誉和商品声誉罪、虚假广告罪、合同诈骗罪、串通投标罪、非法转让和倒卖土地使用权罪、逃避商检罪等。《刑法》第222条规定：广告主、广告经营者、广告发布者违反国家规定，利用广告对商品或者服务作虚假宣传，情节严重的，处2年以下有期徒刑或者拘役，并处或者单处罚金。

（3）假冒注册商标罪。假冒注册商标罪，是指违反国家商标管理法规，未经注册商标所有人许可，在同一种商品上使用与其注册商标相同的商标，情节严重的行为。在广告活动中假冒优质、名牌商标犯罪行为即属于此类犯罪。

2. 侵犯财产罪

指以非法占有为目的攫取公私财物，或者故意毁坏公私财物的犯罪行为。本罪的客体是社会主义财产关系，包括全民所有和劳动群众集体所有以及公民私人合法所有的财产关系。这种财产关系的物质表现是各种具体财物。无主物不属于侵犯财产罪的对象。此类犯罪涉及广告的犯罪行为主要有：

（1）诈骗罪。诈骗罪是指为非法占有公、私财物，利用广告宣传，用虚构事实或隐瞒真相的方法，骗取较大数额财物的行为。

（2）敲诈勒索罪。敲诈勒索罪是指以非法占有公、私财物为目的，利用广告宣传，对财物所有者或财物保管者实施威胁或要挟的方法，迫使他人交出财物的犯罪行为。

3. 妨害社会管理秩序罪

妨害社会管理秩序罪，是指危害国家机关的管理活动，破坏公共秩序、公共卫生、历史文化遗产、环境自然资源以及危害公共健康和社会风化一类的犯罪行为。这一类犯罪的基本特征：①侵犯的客体是国家对社会公共生活秩序以及环境自然资源的管理活动。②在客观方面，具有危害国家机关的管理活动，破坏社会秩序、环境自然资源的行为。这类犯罪的客观方面大多以情节严重或者造成较为严重的结果为必要条件。③在主观方面，大多数犯罪必须是故意，少数犯罪主观方面有过失。④这类犯罪的主体，多数犯罪为一般主体，少数犯罪为特殊主体，其中一些犯罪的主体既可以是自然人也可以是单位。

此类犯罪涉及广告的犯罪行为主要有：妨害公文、证件、印章罪，扰乱公共场所秩序罪。

附 录

附录 一
中华人民共和国广告法

1994 年 10 月 27 日第八届全国人民代表大会常务委员会第十次会议通过。
1994 年 10 月 27 日中华人民共和国主席令第 34 号公布。

第一章 总 则

第一条 为了规范广告活动，促进广告业的健康发展，保护消费者的合法权益，维护社会经济秩序，发挥广告在社会主义市场经济中的积极作用，制定本法。

第二条 广告主、广告经营者、广告发布者在中华人民共和国境内从事广告活动，应当遵守本法。

本法所称广告，是指商品经营者或者服务提供者承担费用，通过一定媒介和形式直接或者间接地介绍自己所推销的商品或者所提供的服务的商业广告。

本法所称广告主，是指为推销商品或者提供服务，自行或者委托他人设计、制作、发布广告的法人、其他经济组织或者个人。

本法所称广告经营者，是指受委托提供广告设计、制作、代理服务的法人、其他经济组织或者个人。

本法所称广告发布者，是指为广告主或者广告主委托的广告经营者发布广告的法人或者其他经济组织。

第三条 广告应当真实、合法，符合社会主义精神文明建设的要求。

第四条 广告不得含有虚假的内容，不得欺骗和误导消费者。

第五条 广告主、广告经营者、广告发布者从事广告活动，应当遵守法律、行政法规，遵循公平、诚实信用的原则。

第六条 县级以上人民政府工商行政管理部门是广告监督管理机关。

第二章　广告准则

第七条 广告内容应当有利于人民的身心健康，促进商品和服务质量的提高，保护消费者的合法权益，遵守社会公德和职业道德，维护国家的尊严和利益。

广告不得有下列情形：

（一）使用中华人民共和国国旗、国徽、国歌；

（二）使用国家机关和国家机关工作人员的名义；

（三）使用国家级、最高级、最佳等用语；

（四）妨碍社会安定和危害人身、财产安全，损害社会公共利益；

（五）妨碍社会公共秩序和违背社会良好风尚；

（六）含有淫秽、迷信、恐怖、暴力、丑恶的内容；

（七）含有民族、种族、宗教、性别歧视的内容；

（八）妨碍环境和自然资源保护；

（九）法律、行政法规规定禁止的其他情形。

第八条 广告不得损害未成年人和残疾人的身心健康。

第九条 广告中对商品的性能、产地、用途、质量、价格、生产者、有效期限、允诺或者对服务的内容、形式、质量、价格、允诺有表示的，应当清楚、明白。广告中表明推销商品、提供服务附带赠送礼品的，应当标明赠送的品种和数量。

第十条 广告使用数据、统计资料、调查结果、文摘、引用语，应当真实、准确，并表明出处。

第十一条 广告中涉及专利产品或者专利方法的，应当标明专利号和专利种类。未取得专利权的，不得在广告中谎称取得专利权。禁止使用未授予专利权的专利申请和已经终止、撤销、无效的专利做广告。

第十二条 广告不得贬低其他生产经营者的商品或者服务。

第十三条 广告应当具有可识别性，能够使消费者辨明其为广告。大众传播媒介不得以新闻报道形式发布广告。通过大众传播媒介发布的广告应当有广告标记，与其他非广告信息相区别，不得使消费者产生误解。

第十四条 药品、医疗器械广告不得有下列内容：

（一）含有不科学的表示功效的断言或者保证的；

（二）说明治愈率或者有效率的；

（三）与其他药品、医疗器械的功效和安全性比较的；

（四）利用医药科研单位、学术机构、医疗机构或者专家、医生、患者的名义和形象作证明的；

（五）法律、行政法规规定禁止的其他内容。

第十五条 药品广告的内容必须以国务院卫生行政部门或者省、自治区、直辖市卫生行政部门批准的说明书为准。国家规定的应当在医生指导下使用的治疗性药品广告中，必须注明"按医生处方购买和使用"。

第十六条 麻醉药品、精神药品、毒性药品、放射性药品等特殊药品，不得做广告。

第十七条 农药广告不得有下列内容：

（一）使用无毒、无害等表明安全性的绝对化断言的；

（二）含有不科学的表示功效的断言或者保证的；

（三）含有违反农药安全使用规程的文字、语言或者画面的；

（四）法律、行政法规规定禁止的其他内容。

第十八条 禁止利用广播、电影、电视、报纸、期刊发布烟草广告。禁止在各类等候室、影剧院、会议厅堂、体育比赛场馆等公共场所设置烟草广告。烟草广告中必须标明"吸烟有害健康"。

第十九条 食品、酒类、化妆品广告的内容必须符合卫生许可的事项，并不得使用医疗用语或者易与药品混淆的用语。

第三章　广告活动

第二十条　广告主、广告经营者、广告发布者之间在广告活动中应当依法订立书面合同，明确各方的权利和义务。

第二十一条　广告主、广告经营者、广告发布者不得在广告活动中进行任何形式的不正当竞争。

第二十二条　广告主自行或者委托他人设计、制作、发布广告，所推销的商品或者所提供的服务应当符合广告主的经营范围。

第二十三条　广告主委托设计、制作、发布广告，应当委托具有合法经营资格的广告经营者、广告发布者。

第二十四条　广告主自行或者委托他人设计、制作、发布广告，应当具有或者提供真实、合法、有效的下列证明文件：

（一）营业执照以及其他生产、经营资格的证明文件；

（二）质量检验机构对广告中有关商品质量内容出具的证明文件；

（三）确认广告内容真实性的其他证明文件。依照本法第三十四条的规定，发布广告需要经有关行政主管部门审查的，还应当提供有关批准文件。

第二十五条　广告主或者广告经营者在广告中使用他人名义、形象的，应当事先取得他人的书面同意；使用无民事行为能力人、限制民事行为能力人的名义、形象的，应当事先取得其监护人的书面同意。

第二十六条　从事广告经营的，应当具有必要的专业技术人员、制作设备，并依法办理公司或者广告经营登记，方可从事广告活动。广播电台、电视台、报刊出版单位的广告业务，应当由其专门从事广告业务的机构办理，并依法办理兼营广告的登记。

第二十七条　广告经营者、广告发布者依据法律、行政法规查验有关证明文件，核实广告内容。对内容不实或者证明文件不全的广告，广告经营者不得提供设计、制作、代理服务，广告发布者不得发布。

第二十八条　广告经营者、广告发布者按照国家有关规定，建立、健全广告业务的承接登记、审核、档案管理制度。

第二十九条　广告收费应当合理、公开，收费标准和收费办法应当向物价和工商行政管理部门备案。广告经营者、广告发布者应当公布其收费标准和收费办法。

第三十条 广告发布者向广告主、广告经营者提供的媒介覆盖率、收视率、发行量等资料应当真实。

第三十一条 法律、行政法规规定禁止生产、销售的商品或者提供的服务，以及禁止发布广告的商品或者服务，不得设计、制作、发布广告。

第三十二条 有下列情形之一的，不得设置户外广告：

（一）利用交通安全设施、交通标志的；

（二）影响市政公共设施、交通安全设施、交通标志使用的；

（三）妨碍生产或者人民生活，损害市容市貌的；

（四）国家机关、文物保护单位和名胜风景点的建筑控制地带；

（五）当地县级以上地方人民政府禁止设置户外广告的区域。

第三十三条 户外广告的设置规划和管理办法，由当地县级以上地方人民政府组织广告监督管理、城市建设、环境保护、公安等有关部门制定。

第四章 广告的审查

第三十四条 利用广播、电影、电视、报纸、期刊以及其他媒介发布药品、医疗器械、农药、兽药等商品的广告和法律、行政法规规定应当进行审查的其他广告，必须在发布前依照有关法律、行政法规由有关行政主管部门（以下简称广告审查机关）对广告内容进行审查；未经审查，不得发布。

第三十五条 广告主申请广告审查，应当依照法律、行政法规向广告审查机关提交有关证明文件。广告审查机关应当依照法律、行政法规作出审查决定。

第三十六条 任何单位和个人不得伪造、变造或者转让广告审查决定文件。

第五章 法律责任

第三十七条 违反本法规定，利用广告对商品或者服务作虚假宣传的，由广告监督管理机关责令广告主停止发布，并以等额广告费用在相应范围内公开更正消除影响，并处广告费用一倍以上五倍以下的罚款；对负有责任的广告经营者、广告发布者没收广告费用，并处广告费用一倍以上五倍以下的罚款；情节严重的，依法停止其广告业务。构成犯罪的，依法追究刑事责任。

第三十八条　违反本法规定，发布虚假广告，欺骗和误导消费者，使购买商品或者接受服务的消费者的合法权益受到损害的，由广告主依法承担民事责任；广告经营者、广告发布者明知或者应知广告虚假仍设计、制作、发布的，应当依法承担连带责任。广告经营者、广告发布者不能提供广告主的真实名称、地址的，应当承担全部民事责任。社会团体或者其他组织，在虚假广告中向消费者推荐商品或者服务，使消费者的合法权益受到损害的，应当依法承担连带责任。

第三十九条　发布广告违反本法第七条第二款规定的，由广告监督管理机关责令负有责任的广告主、广告经营者、广告发布者停止发布、公开更正，没收广告费用，并处广告费用一倍以上五倍以下的罚款；情节严重的，依法停止其广告业务。构成犯罪的，依法追究刑事责任。

第四十条　发布广告违反本法第九条至第十二条规定的，由广告监督管理机关责令负有责任的广告主、广告经营者、广告发布者停止发布、公开更正，没收广告费用，可以并处广告费用一倍以上五倍以下的罚款。发布广告违反本法第十三条规定的，由广告监督管理机关责令广告发布者改正，处以一千元以上一万元以下的罚款。

第四十一条　违反本法第十四条至第十七条、第十九条规定，发布药品、医疗器械、农药、食品、酒类、化妆品广告的，或者违反本法第三十一条规定发布广告的，由广告监督管理机关责令负有责任的广告主、广告经营者、广告发布者改正或者停止发布，没收广告费用，可以并处广告费用一倍以上五倍以下的罚款；情节严重的，依法停止其广告业务。

第四十二条　违反本法第十八条的规定，利用广播、电影、电视、报纸、期刊发布烟草广告，或者在公共场所设置烟草广告的，由广告监督管理机关责令负有责任的广告主、广告经营者、广告发布者停止发布，没收广告费用，可以并处广告费用一倍以上五倍以下的罚款。

第四十三条　违反本法第三十四条的规定，未经广告审查机关审查批准，发布广告的，由广告监督管理机关责令负有责任的广告主、广告经营者、广告发布者停止发布，没收广告费用，并处广告费用一倍以上五倍以下的罚款。

第四十四条　广告主提供虚假证明文件的，由广告监督管理机关处以一万元以上十万元以下的罚款。伪造、变造或者转让广告审查决定文件的，由广告监督管理机关没收违法所得，并处一万元以上十万元以下的罚款。构成犯罪的，依法追究刑事责任。

第四十五条　广告审查机关对违法的广告内容作出审查批准决定的，对直接负责的主管人员和其他直接责任人员，由其所在单位、上级机关、行政监察部门依法给予行政处分。

第四十六条　广告监督管理机关和广告审查机关的工作人员玩忽职守、滥用职权、徇私舞弊的，给予行政处分。构成犯罪的，依法追究刑事责任。

第四十七条　广告主、广告经营者、广告发布者违反本法规定，有下列侵权行为之一的，依法承担民事责任：

（一）在广告中损害未成年人或者残疾人的身心健康的；

（二）假冒他人专利的；

（三）贬低其他生产经营者的商品或者服务的；

（四）广告中未经同意使用他人名义、形象的；

（五）其他侵犯他人合法民事权益的。

第四十八条　当事人对行政处罚决定不服的，可以在接到处罚通知之日起十五日内向作出处罚决定的机关的上一级机关申请复议；当事人也可以在接到处罚通知之日起十五日内直接向人民法院起诉。复议机关应当在接到复议申请之日起六十日内作出复议决定。当事人对复议决定不服的，可以在接到复议决定之日起十五日内向人民法院起诉。复议机关逾期不作出复议决定的，当事人可以在复议期满之日起十五日内向人民法院起诉。当事人逾期不申请复议也不向人民法院起诉，又不履行处罚决定的，作出处罚决定的机关可以申请人民法院强制执行。

第六章　附　则

第四十九条　本法自 1995 年 2 月 1 日起施行。本法施行前制定的其他有关广告的法律、法规的内容与本法不符的，以本法为准。

附录 一
中华人民共和国广告法（修订草案 2014 年）

第一章 总 则

第一条 为了规范广告活动，促进广告业的健康发展，保护消费者的合法权益，维护社会经济秩序，发挥广告在社会主义市场经济中的积极作用，制定本法。

第二条 广告主、广告经营者、广告发布者、广告荐证者在中华人民共和国境内从事广告活动，应当遵守本法。

本法所称广告，是指商品经营者或者服务提供者承担费用，通过一定媒介和形式直接或者间接地介绍自己所推销的商品或者所提供服务的商业广告。

本法所称广告主，是指为推销商品或者服务，自行或者委托他人设计、制作、发布广告的自然人、法人或者其他组织。

本法所称广告经营者，是指接受委托提供广告设计、制作、代理服务的自然人、法人或者其他组织。

本法所称广告发布者，是指为广告主或者广告主委托的广告经营者发布广告的自然人、法人或者其他组织。

本法所称广告荐证者，是指广告主以外的，在广告中对商品、服务作推荐、证明的自然人、法人或者其他组织。

第三条 国家鼓励、支持发展广告业，国务院有关主管部门应当制定和实施有利于广告业健康发展的政策措施。

第四条 广告应当真实、合法，符合社会主义精神文明建设和弘扬中华民族优秀传统文化的要求。

第五条 广告不得含有虚假的内容，不得欺骗和误导消费者。

第六条 广告主、广告经营者、广告发布者、广告荐证者从事广告活动，应当遵守法律、行政法规，遵循公平、诚实信用的原则。

第七条 国务院工商行政管理部门主管全国的广告监督管理工作，国务院有关部门在各自的职责范围内负责广告管理相关工作。

县级以上地方工商行政管理部门主管本行政区域的广告监督管理工作，县级以上地方人民政府有关部门在各自的职责范围内负责广告管理相关工作。

第八条 广告行业组织应当加强行业自律，引导广告主、广告经营者、广告发布者、广告荐证者依法从事广告活动，推动广告行业诚信建设。

第二章 广告准则

第九条 广告应当符合下列要求：

（一）广告中对商品的性能、功能、产地、用途、质量、成分、价格、生产者、有效期限、允诺等或者对服务的内容、提供者、形式、质量、价格、允诺等有表示的，应当清楚、明白；

（二）广告中表明推销的商品或者服务附带赠送的，应当明示赠送的品种、规格、数量、有效期限和方式；

（三）法律、行政法规规定广告中应当明示的内容，应当显著、清晰表示。

第十条 广告不得有下列情形：

（一）使用或者变相使用中华人民共和国国旗、国徽、国歌；

（二）使用或者变相使用国家机关或者国家机关工作人员的名义或者形象；

（三）使用"国家级"、"最高级"、"最佳"等用语，但是依法取得的除外；

（四）损害国家的尊严或者利益，泄露国家秘密；

（五）妨碍社会安定，损害社会公共利益；

（六）危害人身、财产安全，泄露个人隐私；

（七）妨碍社会公共秩序或者违背社会良好风尚；

（八）含有淫秽、色情、赌博、迷信、恐怖、暴力的内容；

（九）含有民族、种族、宗教、性别歧视的内容；

（十）妨碍环境、自然资源或者文化遗产保护；

（十一）法律、行政法规规定禁止的其他情形。

第十一条 广告不得损害未成年人和残疾人的身心健康。

第十二条 广告内容涉及的事项需要取得行政许可的，应当与许可的内容相符合。

广告使用数据、统计资料、调查结果、文摘、引用语等引证内容的，应当真实、准确，并表明出处。引证内容有适用范围和有效期限的，应当明确表示。

第十三条 广告中涉及专利产品或者专利方法的，应当标明专利号和专利种类。

未取得专利权的，不得在广告中谎称取得专利权。

禁止使用未授予专利权的专利申请和已经终止、撤销、无效的专利作广告。

第十四条 广告不得贬低其他生产经营者及其商品或者服务。

第十五条 广告应当具有可识别性，能够使消费者辨明其为广告。

大众传播媒介不得以新闻报道形式发布广告。通过大众传播媒介发布的广告应当有广告标记，与其他非广告信息相区别，不得使消费者产生误解。

第十六条 禁止在依照药品管理法律、行政法规确定的药学、医学专业刊物以外的媒介发布处方药广告。处方药广告应当在显著位置标明"本广告仅供医学药学专业人士阅读"字样，非处方药广告应当在显著位置标明"请按药品说明书或者在药师指导下购买和使用"字样。

推荐给个人自用的医疗器械的广告，应当标明"请仔细阅读产品说明书或者在医务人员的指导下购买和使用"字样。医疗器械产品注册证明文件中有禁忌内容、注意事项的，广告中应当标明"禁忌内容或者注意事项详见说明书"字样。

第十七条 药品、保健食品、医疗器械、医疗广告应当符合下列要求：

（一）不得含有不科学的表示功效的断言或者保证；

（二）不得说明治愈率或者有效率；

（三）不得与其他药品、医疗器械的功效和安全性或者其他医疗机构比较；

（四）不得利用医药科研单位、学术机构、医疗机构、行业协会或者专业人士、患者的名义作推荐、证明；

（五）不得含有法律、行政法规规定禁止的其他内容。

第十八条 麻醉药品、精神药品、医疗用毒性药品、放射性药品等特殊药品以及戒毒治疗的药品、医疗器械和治疗方法，不得作广告。

第十九条 农药、兽药、饲料和饲料添加剂广告应当符合下列要求：

（一）不得含有表明安全性的绝对化断言；

（二）不得含有不科学的表示功效的断言或者保证；

（三）不得利用科研单位、学术机构、技术推广机构、行业协会或者专业人士、用户的名义作推荐、证明；

（四）不得说明有效率；

（五）不得含有违反安全使用规程的文字、语言或者画面；

（六）不得含有法律、行政法规规定禁止的其他内容。

第二十条　禁止利用广播、电影、电视、报纸、期刊、图书、音像制品、电子出版物、移动通信网络、互联网等大众传播媒介和形式发布或者变相发布烟草广告。

禁止在各类等候室、影剧院、会议厅堂、体育比赛场馆、图书馆、文化馆、博物馆、公园等公共场所以及医院和学校的建筑控制地带、公共交通工具设置烟草广告。禁止设置户外烟草广告。

第二十一条　烟草、酒类广告应当符合下列要求：

（一）不得出现吸烟、饮酒形象；

（二）不得使用未成年人的名义或者形象；

（三）不得诱导、怂恿吸烟、饮酒或者宣传无节制饮酒；

（四）不得明示或者暗示吸烟、饮酒有消除紧张和焦虑、增加体力等功效。

发布烟草广告，应当经县级以上地方工商行政管理部门批准。经批准发布的烟草广告中应当标明"吸烟有害健康"字样。

第二十二条　教育、培训广告应当符合下列要求：

（一）不得对升学、通过考试、获得学位学历或者合格证书，或者对教育、培训的效果作出保证性承诺；

（二）不得宣传有考试机构或者其工作人员、考试命题人员参与教育、培训；

（三）不得利用科研机构、学术机构、行业协会、专业人士、受益者的名义作推荐、证明。

第二十三条　招商等有投资回报预期的商品或者服务广告应当符合下列要求：

（一）对可能存在的风险以及风险责任承担有合理提示或者警示；

（二）不得对未来效果、收益或者与其相关的情况作出保证性承诺，不得明示或者暗示保本、无风险或者保收益等，国家另有规定的除外；

（三）不得利用学术机构、行业协会、专业人士、受益者的名义作推荐、证明。

第二十四条　房地产广告应当符合下列要求：

（一）不得出现融资或者变相融资的内容，不得含有升值或者投资回报的承诺；

（二）项目位置应当以该项目到达某一具体参照物的现有交通干道的实际距离表示，不得以所需时间表示；

（三）涉及价格的应当符合国家有关规定，并明示价格的有效期限；

（四）涉及规划或者建设中的交通、商业、文化教育设施以及其他市政条件的，应当明确表示；

（五）面积应当表明为建筑面积或者套内建筑面积；

（六）房源信息应当真实。

第二十五条 农作物种子、林木种子、草种子、种畜禽、水产苗种和种养殖广告关于品种名称、生产性能、生长量或者产量、品质、抗性、特殊使用价值、经济价值、适宜种植或者养殖的范围和条件等方面的表述应当真实、清楚、明白，并应当符合下列要求：

（一）不得作科学上无法验证的断言；

（二）不得含有不科学的表示功效的断言或者保证；

（三）不得对经济效益进行分析、预测或者作保证性承诺；

（四）不得利用科研单位、学术机构、技术推广机构、行业协会或者专业人士、用户的名义作推荐、证明。

第二十六条 除药品、医疗器械、医疗广告外，禁止其他任何广告涉及疾病治疗功能，并不得使用医疗用语或者易使推销的商品与药品、医疗器械相混淆的用语。

第二十七条 广告以虚假或者引人误解的内容欺骗、误导消费者的，构成虚假广告。

广告有下列情形之一的，为虚假广告：

（一）推销的商品或者服务不存在的；

（二）推销的商品的性能、功能、产地、用途、质量、规格、成分、价格、生产者、有效期限、销售状况、曾获荣誉等信息，或者服务的内容、形式、质量、价格、销售状况、曾获荣誉等信息，以及与商品或者服务有关的允诺等与实际情况不符，对购买行为有实质性影响的；

（三）使用虚构、伪造或者无法验证的科研成果、统计资料、调查结果、文摘、引用语等信息作证明材料的；

（四）虚构使用商品或者接受服务的效果的。

第二十八条　国务院工商行政管理部门应当根据本法，单独或者会同国务院有关部门制定广告准则的具体规范。

第三章　广告活动

第二十九条　广播电台、电视台、报刊出版单位从事广告发布业务的，应当设有专门从事广告业务的机构，配备必要的人员，具有与发布广告相适应的场所、设备，并向县级以上地方工商行政管理部门办理广告发布登记。

第三十条　广告主、广告经营者、广告发布者、广告荐证者之间在广告活动中应当依法订立书面合同。

第三十一条　广告主、广告经营者、广告发布者、广告荐证者不得在广告活动中进行任何形式的不正当竞争。

第三十二条　广告主委托设计、制作、发布广告，应当委托具有合法经营资格的广告经营者、广告发布者。

第三十三条　广告主应当对广告内容的真实性负责。

第三十四条　广告主或者广告经营者在广告中使用他人名义或者形象的，应当事先取得其书面同意；使用无民事行为能力人、限制民事行为能力人的名义、形象的，应当事先取得其监护人的书面同意。

第三十五条　广告经营者、广告发布者应当按照国家有关规定，建立、健全广告业务的承接登记、审核、档案管理制度。

第三十六条　广告经营者、广告发布者应当公布其收费标准和收费办法。

第三十七条　广告发布者向广告主、广告经营者提供的覆盖率、收视率、点击率、发行量等资料应当真实。

第三十八条　法律、行政法规规定禁止生产、销售的商品或者提供的服务，以及禁止发布广告的商品或者服务，任何单位或者个人不得设计、制作、发布广告。

第三十九条　广告荐证者在广告中对商品、服务作推荐、证明，应当依据事实，并符合本法和有关法律、行政法规规定。

广告荐证者不得为其未使用过的商品或者未接受过的服务作证明。

第四十条　不得在中小学校、幼儿园内开展广告活动，不得利用中小学生、幼儿的教科书、教辅材料、练习册、校服、校车等发布广告。

不得在针对未成年人的大众传播媒介上或者在针对未成年人的频率、频道、节目、栏目上发布药品、医疗器械、医疗、网络游戏、酒类广告。

第四十一条　有下列情形之一的，不得设置户外广告：

（一）利用交通安全设施、交通标志设置的；

（二）影响市政公共设施、交通安全设施、交通标志使用的；

（三）妨碍生产或者人民生活，损害市容市貌的；

（四）在国家机关、文物保护单位、风景名胜区等的建筑控制地带，或者县级以上地方人民政府禁止设置户外广告的区域设置的。

第四十二条　户外广告的设置规划和管理办法，由县级以上地方人民政府组织工商行政管理、城乡规划、城市建设、环境保护、公安、交通运输等有关部门制定。

第四十三条　任何单位或者个人未经当事人同意或者请求，或者当事人明确表示拒绝的，不得向其住宅、交通工具、固定电话、移动电话或者个人电子邮箱等发送广告。

第四十四条　公共场所的管理者或者电信业务经营者、互联网信息服务提供者对其明知或者应知的利用其场所或者信息传输平台发布违法广告的，应当予以制止。

第四章　监督管理

第四十五条　发布药品、医疗器械、农药、兽药等商品、服务的广告和法律、行政法规规定应当进行审查的其他广告，应当在发布前依照有关法律、行政法规规定由有关部门（以下称广告审查机关）对广告内容进行审查。未经审查，不得发布。

第四十六条　广告主申请广告审查，应当依照法律、行政法规向广告审查机关提交有关证明文件。

广告审查机关应当依照法律、行政法规规定作出审查决定。广告审查机关应当通过政府网站及时向社会公布批准的广告。

第四十七条　任何单位或者个人不得伪造、变造或者转让广告审查决定文件。

第四十八条　工商行政管理部门履行广告监督管理职责，可以行使下列职权：

（一）对涉嫌从事违法广告活动的场所、财物实施现场检查；

（二）询问涉嫌违法当事人或者其法定代表人、主要负责人和其他有关人员，对有关单位或者个人进行调查；

（三）要求涉嫌违法当事人限期提供有关证明文件；

（四）查阅、复制与涉嫌违法广告有关的合同、票据、账簿、广告作品和其他有关资料；

（五）查封、扣押与涉嫌违法广告有关的广告物品、经营工具、设备等财物；

（六）责令暂停发布可能造成严重后果的涉嫌违法广告；

（七）法律、行政法规规定的其他职权。

有关部门履行广告管理职责，依照相关法律、行政法规规定行使职权。

第四十九条　国务院工商行政管理部门会同国务院新闻出版广电、电信主管等部门，制定利用广播、电影、电视、报纸、期刊、移动通信网络、互联网等大众传播媒介发布广告的行为规范。

第五十条　工商行政管理部门依照本法规定行使职权，当事人应当协助、配合，不得拒绝、阻挠。

第五十一条　国务院工商行政管理部门应当建立广告监督管理信息系统，将广告主、广告经营者、广告发布者、广告荐证者的违法广告行为记入信用档案，并依照有关法律、行政法规规定予以公示。

第五十二条　工商行政管理部门和有关部门及其工作人员对其在广告监督管理活动中知悉的商业秘密负有保密义务。

第五十三条　任何单位或者个人有权向工商行政管理部门和有关部门投诉、举报违反本法的行为。工商行政管理部门应当向社会公开受理投诉、举报的电话、信箱或者电子邮件地址，接到投诉、举报应当依法作出处理，并将处理结果及时告知投诉、举报人。

第五章　法律责任

第五十四条　违反本法规定，有下列行为之一的，由工商行政管理部门责令停止发布广告，责令广告主或者负有责任的广告经营者、广告发布者在相应范围内消除影响，没收广告费用，并处广告费用3倍以上5倍以下的罚款，广告费用无法计算的，处20万元以上100万元以下的罚款：

（一）发布虚假广告的；

（二）发布有本法第十条规定禁止情形的广告的；

（三）违反本法规定，发布药品、保健食品、医疗器械、医疗、农药、兽药广告的；

（四）违反本法第二十条、第二十一条、第二十六条规定，发布广告的；

（五）违反法律、行政法规规定，利用广告推销禁止生产、销售的商品或者提供的服务，或者禁止发布广告的商品或者服务的。

2年内有3次以上前款规定违法行为或者有其他严重情节的，并处广告费用5倍以上10倍以下的罚款，依法停止其广告业务，由有关许可部门吊销许可证件，直至吊销营业执照。广告费用无法计算的，处100万元以上200万元以下的罚款。

第五十五条　违反本法规定，有下列行为之一的，由工商行政管理部门责令停止发布广告，没收广告费用，并处广告费用1倍以上3倍以下的罚款，广告费用无法计算的，处10万元以上20万元以下的罚款；情节严重的，并处广告费用3倍以上5倍以下的罚款，依法停止其广告业务，由有关许可部门吊销许可证件，直至吊销营业执照，广告费用无法计算的，处20万元以上100万元以下的罚款：

（一）广告不符合本法第九条规定的；

（二）广告引证内容不符合本法第十二条规定的；

（三）涉及专利的广告不符合本法第十三条规定的；

（四）违反本法第十四条规定，广告贬低其他生产经营者或者其商品、服务的；

（五）广告不符合本法第十五条规定，不具有可识别性的；

（六）违反本法第十九条规定，发布饲料和饲料添加剂广告的；

（七）违反本法第二十二条至第二十五条、第四十条规定，发布广告的；

（八）未经批准，发布依法应当进行审查的广告的。

有前款规定违法行为的，必要时由工商行政管理部门责令广告主或者负有责任的广告经营者、广告发布者在相应范围内消除影响。

第五十六条　违反本法第二十九条规定，广播电台、电视台、报刊出版单位未办理广告发布登记，擅自从事广告发布业务的，由工商行政管理部门责令改正，没收违法所得，违法所得 1 万元以上的，并处违法所得 1 倍以上 3 倍以下的罚款；违法所得不足 1 万元的，并处 5000 元以上 3 万元以下的罚款。

第五十七条　广告经营者、广告发布者违反本法第三十五条、第三十六条规定的，由工商行政管理部门责令改正，可以处 5 万元以下的罚款；情节严重的，处 5 万元以上 10 万元以下的罚款。

第五十八条　违反本法规定，广告荐证者明知或者应知广告虚假仍在广告中对商品、服务作推荐、证明的，由工商行政管理部门没收违法所得，并处违法所得 1 倍以上 2 倍以下的罚款；损害消费者合法权益的，依法承担连带责任。

第五十九条　违反本法第四十三条规定，向住宅、交通工具、固定电话、移动电话或者个人电子邮箱等发送广告的，由有关部门依照相关法律、行政法规规定查处。

第六十条　违反本法第四十四条规定，公共场所的管理者和电信业务经营者、互联网信息服务提供者，明知或者应知广告活动违法不予制止的，由工商行政管理部门没收违法所得，违法所得 5 万元以上的，并处违法所得 1 倍以上 3 倍以下的罚款，违法所得不足 5 万元的，并处 1 万元以上 5 万元以下的罚款；情节严重的，由有关部门依法停止相关业务。

第六十一条　违反本法规定，隐瞒真实情况或者提供虚假材料申请广告审查的，广告审查机关不予受理或者不予颁发广告批准文号，予以警告，1 年内不受理该申请人的该商品或者服务的广告审查申请；以欺骗、贿赂等不正当手段取得广告批准文号的，广告审查机关撤销广告批准文号，处 10 万元以上 20 万元以下的罚款，3 年内不受理该申请人的该商品或者服务的广告审查申请。

第六十二条　违反本法规定，伪造、变造或者转让广告审查决定文件的，由工商行政管理部门没收违法所得，并处 1 万元以上 10 万元以下的罚款。

第六十三条　违反本法规定，拒绝、阻挠工商行政管理部门监督检查的，由工商行政管理部门责令改正，对个人可以处 2 万元以下的罚款，对单位可以处 10 万元以下的罚款。

第六十四条　广播电台、电视台、报刊出版单位违反本法规定，发布违法广告，工商行政管理部门作出行政处罚决定的，应当通报新闻出版广电部门；情节严重的，新闻出版广电部门应当停止媒体的相关业务，对负有责任的领导人员和直接责任人员依法给予处分。

第六十五条　违反本法规定，发布虚假广告，欺骗、误导消费者，使购买商品或者接受服务的消费者的合法权益受到损害的，由广告主依法承担民事责任；广告经营者、广告发布者明知或者应知广告虚假仍设计、制作、发布的，应当依法承担连带责任。

广告经营者、广告发布者不能提供广告主的真实名称、地址的，应当承担全部民事责任。

第六十六条　广告主、广告经营者、广告发布者违反本法规定，有下列侵权行为之一的，依法承担民事责任：

（一）在广告中损害未成年人或者残疾人的身心健康的；

（二）假冒他人专利的；

（三）贬低其他生产经营者及其商品、服务的；

（四）广告中未经同意使用他人名义或者形象的；

（五）其他侵犯他人合法民事权益的。

广告主、广告经营者、广告发布者、广告荐证者违反其他法律、行政法规规定，损害消费者合法权益的，消费者有权依照有关产品质量、消费者权益保护、合同、侵权责任、食品安全等法律、行政法规规定，要求其承担相应法律责任。

第六十七条　工商行政管理部门及其工作人员应当严格按照本法规定的处罚种类和幅度，根据违法行为的性质和具体情节行使行政处罚权，具体办法由国务院工商行政管理部门规定。

第六十八条　实施本法第五十四条、第五十五条规定的行政处罚，对广告费用明显偏低的，由工商行政管理部门根据广告发布者公布的收费标准确定广告费用。

第六十九条　因违反本法规定被吊销营业执照的公司、企业的法定代表人，对违法行为负有个人责任的，自该公司、企业被吊销营业执照之日起 3 年内不得担任公司、企业的董事、监事、高级管理人员。

第七十条 违反本法规定，构成违反治安管理行为的，依法给予治安管理处罚；构成犯罪的，依法追究刑事责任。

第七十一条 广告审查机关对违法的广告内容作出审查批准决定的，对负有责任的领导人员和直接责任人员，由任免机关、监察机关依法给予处分。

第七十二条 工商行政管理部门和广告审查机关的工作人员玩忽职守、滥用职权、徇私舞弊的，依法给予处分。

第六章　附　则

第七十三条 非商业广告的管理参照本法有关规定执行。

国家鼓励、支持开展公益广告宣传活动，广告发布者有义务刊播公益广告，传播社会主义核心价值观，倡导文明风尚。有关单位和个人应当遵守国家公益广告规定，承担公益广告刊播职责。公益广告的管理办法，由国务院工商行政管理部门会同有关部门制定。

第七十四条 本法自　　年　月　日起施行。

主要参考文献

［1］樊志育.广告效果测定技术 ［M］.上海：上海人民出版社，2000.

［2］丁俊杰.广告学导论：现代广告运作原理与实务 ［M］.长沙：中南大学出版社，2003.

［3］何修猛.现代广告学 ［M］.上海：复旦大学出版社，1996.

［4］何修猛.现代广告学（第6版）［M］.上海：复旦大学出版社，2005.

［5］余明阳，陈先红.广告策划创意学（第2版）［M］.上海：复旦大学出版社，2005.

［6］余明阳，陈先红.广告策划创意学（第3版）［M］.上海：复旦大学出版社，2007.

［7］余明阳，陈先红.广告学 ［M］.合肥：安徽人民出版社，1997.

［8］苗杰.现代广告学 ［M］.北京：中国人民大学出版社，2011.

［9］孙有为.广告学 ［M］.北京：世界知识出版社，1991.

［10］［美］大卫·奥格威（David Ogilvy）.一个广告人的自白 ［M］.林桦译.北京：中信出版社，2010.

［11］［美］大卫·奥格威（David Ogilvy）.奥格威谈广告 ［M］.曾晶译.北京：机械工业出版社，2013.

［12］黄升民，段晶晶.广告策划（第2版）［M］.北京：中国传媒大学出版社，2013.

［13］王志.广告文案 ［M］.武汉：华中科技大学出版社，2014.

［14］丁俊杰，康瑾.现代广告通论（第3版）［M］.北京：中国传媒大学出

版社，2013.

[15] 黄合水等.广告调研技巧 [M].厦门：厦门大学出版社，2012.

[16] 陈培爱.现代广告学概论 [M].北京：北京首都经济贸易大学出版社，2013.

[17] 王宗元.广告创意设计 [M].北京：机械工业出版社，2012.

[18] 陈培爱.广告传播学 [M].厦门：厦门大学出版社，2009.

[19] 倪嵎.广告法规与管理 [M].上海：上海人民美术出版社，2012.

[20] 陈培爱.广告学原理（第2版）[M].上海：复旦大学出版社，2008.

[21] 李晶，昌蕾，吴文涛.广告效果测评理论与方法 [M].北京：社会科学文献出版社，2014.

[22] 崔银河.广告媒体研究 [M].北京：中国传媒大学出版社，2008.

[23] 左晶.西方广告经典原著选读 [M].北京：知识产权出版社，2013.

[24] [美] 威廉·阿伦斯（William F. Arens），维戈尔德（Michael F. Weigold），克里斯蒂安·阿伦斯（Christian Arens）.当代广告学 [M].丁俊杰，程坪，陈志娟等译.北京：人民邮电出版社，2013.

[25] 初广志.广告文案写作 [M].北京：高等教育出版社，2013.

[26] 倪宁.广告学教程 [M].北京：中国人民大学出版社，2009.

[27] 许俊基.中国广告史 [M].北京：中国传媒大学出版社，2006.

[28] 陈培爱.中外广告史教程 [M].北京：中央广播电视大学出版社，2010.

[29] 杨海军.中外广告史新编 [M].上海：复旦大学出版社，2009.

[30] 陶应虎等.广告理论与策划 [M].北京：清华大学出版社，2007.

[31] 赵琛.中国广告史（修订版）[M].北京：高等教育出版社，2008.

[32] 朱李明，杭中东，王丹妮.广告监督管理 [M].南京：河海大学出版社，1997.

[33] [美] 威廉·威尔斯（William Wells），约翰·伯奈特（John Burnett），桑德拉·莫利亚提（Sandra Moriarty）.广告学原理与实务（第6版）[M].张红霞主译.北京：北京大学出版社，2007.

[34] 新媒体蓝皮书：中国新媒体发展报告 No.5（2014）[M].北京：社会科学文献出版社，2014.

[35] 吴健安.市场营销学（第4版）[M].北京：高等教育出版社，2011.

后　记

　　因为教学需要，几年前就有了写这本书的想法。近两年，全球经济环境、广告媒体环境、各国广告组织运作模式以及我国广告管理环境等都发生了一系列较大的变化，现有的教科书和参考书已明显滞后，因此，促成我写作此书。通过我对多年积累的广告基本理论的进一步更新、补充和完善，加上对广告发展所面临的新的环境、新动向的及时把握，经过近一年的整理，终于如期完成了本书。需要说明的是，在写作过程中，本人借鉴了前人大量的研究成果，特别是，为增加理论的说服力，书中使用了一些精彩的图片，这些图片大都是通过网络渠道获得的，因为无法联系到作者或版权人，所以未能获得授权、同意或按规定付费。如果确实侵犯到作者或版权人的版权或其他利益，请及时联系本人，本人定会做出应有的回应。联系方式：654706739@qq.com。

哈金芳

二○一五年三月